国家出版基金项目
绿色制造丛书
组织单位 | 中国机械工程学会

再制造服务理论与方法

王 蕾　夏绪辉
［英］ 史蒂夫·埃文斯（Steve Evans）　著

本书较全面和详细地介绍了再制造服务方面的最新研究成果与进展。全书共分 10 章，主要内容按再制造服务的提出与理论体系、基础理论与方法递进展开，包括再制造服务的提出、相关理论基础、研究现状与发展趋势；再制造服务系统概念、广义内涵和体系结构；再制造服务需求动态获取方法；再制造服务任务分解与服务资源选择方法；再制造服务组合优化方法；再制造服务时间预测和剩余寿命预测方法；再制造服务对象回收数量预测和再制造服务物流网络优化方法；再制造拆卸服务及其生产线平衡方法；考虑再制造后零部件寿命均衡的再制造零部件选配和再制造产品寿命预测方法；以及再制造服务供应商评价与决策方法。本书内容来自企业实际调研、省部级、国家级科研项目研究成果，在写作上遵循了"理论—方法—应用技术—案例"的思路。

本书对再制造行业的研究和工程人员具有重要的理论指导和工程参考价值，也可作为高校相关专业研究生的教材。

北京市版权局著作权合同登记　图字：01-2021-6190 号。

图书在版编目（CIP）数据

再制造服务理论与方法 / 王蕾，夏绪辉，（英）史蒂夫·埃文斯（Steve Evans）著 .—北京：机械工业出版社，2021.7

（国家出版基金项目·绿色制造丛书）

ISBN 978-7-111-69548-6

Ⅰ. ①再… Ⅱ. ①王…②夏…③史… Ⅲ. ①制造工业-服务经济-研究 Ⅳ. ①F407.4

中国版本图书馆 CIP 数据核字（2021）第 225160 号

机械工业出版社（北京市百万庄大街 22 号　邮政编码 100037）
策划编辑：罗晓琪　　　　　责任编辑：罗晓琪　戴　琳
责任校对：陈　越　刘雅娜　责任印制：李　楠
北京宝昌彩色印刷有限公司印刷
2021 年 10 月第 1 版第 1 次印刷
169mm×239mm · 20 印张 · 387 千字
标准书号：ISBN 978-7-111-69548-6
定价：98.00 元

电话服务　　　　　　　　　网络服务
客服电话：010-88361066　　机　工　官　网：www.cmpbook.com
　　　　　010-88379833　　机　工　官　博：weibo.com/cmp1952
　　　　　010-68326294　　金　书　网：www.golden-book.com
封底无防伪标均为盗版　机工教育服务网：www.cmpedu.com

"绿色制造丛书" 编撰委员会

主 任
宋天虎　中国机械工程学会
刘　飞　重庆大学

副主任（排名不分先后）
陈学东　中国工程院院士，中国机械工业集团有限公司
单忠德　中国工程院院士，南京航空航天大学
李　奇　机械工业信息研究院，机械工业出版社
陈超志　中国机械工程学会
曹华军　重庆大学

委　员（排名不分先后）
李培根　中国工程院院士，华中科技大学
徐滨士　中国工程院院士，中国人民解放军陆军装甲兵学院
卢秉恒　中国工程院院士，西安交通大学
王玉明　中国工程院院士，清华大学
黄庆学　中国工程院院士，太原理工大学
段广洪　清华大学
刘光复　合肥工业大学
陆大明　中国机械工程学会
方　杰　中国机械工业联合会绿色制造分会
郭　锐　机械工业信息研究院，机械工业出版社
徐格宁　太原科技大学
向　东　北京科技大学
石　勇　机械工业信息研究院，机械工业出版社
王兆华　北京理工大学
左晓卫　中国机械工程学会
朱　胜　再制造技术国家重点实验室
刘志峰　合肥工业大学
朱庆华　上海交通大学

张洪潮	大连理工大学
李方义	山东大学
刘红旗	中机生产力促进中心
李聪波	重庆大学
邱　城	中机生产力促进中心
何　彦	重庆大学
宋守许	合肥工业大学
张超勇	华中科技大学
陈　铭	上海交通大学
姜　涛	工业和信息化部电子第五研究所
姚建华	浙江工业大学
袁松梅	北京航空航天大学
夏绪辉	武汉科技大学
顾新建	浙江大学
黄海鸿	合肥工业大学
符永高	中国电器科学研究院股份有限公司
范志超	合肥通用机械研究院有限公司
张　华	武汉科技大学
张钦红	上海交通大学
江志刚	武汉科技大学
李　涛	大连理工大学
王　蕾	武汉科技大学
邓业林	苏州大学
姚巨坤	再制造技术国家重点实验室
王禹林	南京理工大学
李洪丞	重庆邮电大学

"绿色制造丛书" 编撰委员会办公室

主　任
刘成忠　陈超志

成　员（排名不分先后）
王淑芹　曹　军　孙　翠　郑小光　罗晓琪　罗丹青　张　强　赵范心　李　楠
郭英玲　权淑静　钟永刚　张　辉　金　程

丛书序一

制造是改善人类生活质量的重要途径，制造也创造了人类灿烂的物质文明。

也许在远古时代，人类从工具的制作中体会到生存的不易，生命和生活似乎注定就是要和劳作联系在一起的。工具的制作大概真正开启了人类的文明。但即便在农业时代，古代先贤也认识到在某些情况下要慎用工具，如孟子言："数罟不入洿池，鱼鳖不可胜食也；斧斤以时入山林，材木不可胜用也。"可是，我们没能记住古训，直到 20 世纪后期我国乱砍滥伐的现象比较突出。

到工业时代，制造所产生的丰富物质使人们感受到的更多是愉悦，似乎自然界的一切都可以为人的目的服务。恩格斯告诫过：我们统治自然界，决不像征服者统治异民族一样，决不像站在自然以外的人一样，相反地，我们同我们的肉、血和头脑一起都是属于自然界，存在于自然界的；我们对自然界的整个统治，仅是我们胜于其他一切生物，能够认识和正确运用自然规律而已（《劳动在从猿到人转变过程中的作用》）。遗憾的是，很长时期内我们并没有听从恩格斯的告诫，却陶醉在"人定胜天"的臆想中。

信息时代乃至即将进入的数字智能时代，人们惊叹欣喜，日益增长的自动化、数字化以及智能化将人从本是其生命动力的劳作中逐步解放出来。可是蓦然回首，倏地发现环境退化、气候变化又大大降低了我们不得不依存的自然生态系统的承载力。

不得不承认，人类显然是对地球生态破坏力最大的物种。好在人类毕竟是理性的物种，诚如海德格尔所言：我们就是除了其他可能的存在方式以外还能够对存在发问的存在者。人类存在的本性是要考虑"去存在"，要面向未来的存在。人类必须对自己未来的存在方式、自己依赖的存在环境发问！

1987 年，以挪威首相布伦特兰夫人为主席的联合国世界环境与发展委员会发表报告《我们共同的未来》，将可持续发展定义为：既满足当代人的需要，又不对后代人满足其需要的能力构成危害的发展。1991 年，由世界自然保护联盟、联合国环境规划署和世界自然基金会出版的《保护地球——可持续生存战略》一书，将可持续发展定义为：在不超出支持它的生态系统承载能力的情况下改善人类的生活质量。很容易看出，可持续发展的理念之要在于环境保护、人的生存和发展。

世界各国正逐步形成应对气候变化的国际共识，绿色低碳转型成为各国实现可持续发展的必由之路。

中国面临的可持续发展的压力尤甚。经过数十年来的发展，2020年我国制造业增加值突破26万亿元，约占国民生产总值的26%，已连续多年成为世界第一制造大国。但我国制造业资源消耗大、污染排放量高的局面并未发生根本性改变。2020年我国碳排放总量惊人，约占全球总碳排放量30%，已经接近排名第2~5位的美国、印度、俄罗斯、日本4个国家的总和。

工业中最重要的部分是制造，而制造施加于自然之上的压力似乎在接近临界点。那么，为了可持续发展，难道舍弃先进的制造？非也！想想庄子笔下的圃畦丈人，宁愿抱瓮舀水，也不愿意使用桔槔那种杠杆装置来灌溉。他曾教训子贡："有机械者必有机事，有机事者必有机心。机心存于胸中，则纯白不备；纯白不备，则神生不定；神生不定者，道之所不载也。"（《庄子·外篇·天地》）单纯守纯朴而弃先进技术，显然不是当代人应守之道。怀旧在现代世界中没有存在价值，只能被当作追逐幻境。

既要保护环境，又要先进的制造，从而维系人类的可持续发展。这才是制造之道！绿色制造之理念如是。

在应对国际金融危机和气候变化的背景下，世界各国无论是发达国家还是新型经济体，都把发展绿色制造作为赢得未来产业竞争的关键领域，纷纷出台国家战略和计划，强化实施手段。欧盟的"未来十年能源绿色战略"、美国的"先进制造伙伴计划2.0"、日本的"绿色发展战略总体规划"、韩国的"低碳绿色增长基本法"、印度的"气候变化国家行动计划"等，都将绿色制造列为国家的发展战略，计划实施绿色发展，打造绿色制造竞争力。我国也高度重视绿色制造，《中国制造2025》中将绿色制造列为五大工程之一。中国承诺在2030年前实现碳达峰，2060年前实现碳中和，国家战略将进一步推动绿色制造科技创新和产业绿色转型发展。

为了助力我国制造业绿色低碳转型升级，推动我国新一代绿色制造技术发展，解决我国长久以来对绿色制造科技创新成果及产业应用总结、凝练和推广不足的问题，中国机械工程学会和机械工业出版社组织国内知名院士和专家编写了"绿色制造丛书"。我很荣幸为本丛书作序，更乐意向广大读者推荐这套丛书。

编委会遴选了国内从事绿色制造研究的权威科研单位、学术带头人及其团队参与编著工作。丛书包含了作者们对绿色制造前沿探索的思考与体会，以及对绿色制造技术创新实践与应用的经验总结，非常具有前沿性、前瞻性和实用性，值得一读。

丛书的作者们不仅是中国制造领域中对人类未来存在方式、人类可持续发展的发问者，更是先行者。希望中国制造业的管理者和技术人员跟随他们的足迹，通过阅读丛书，深入推进绿色制造！

华中科技大学　李培根

2021 年 9 月 9 日于武汉

丛书序二

在全球碳排放量激增、气候加速变暖的背景下,资源与环境问题成为人类面临的共同挑战,可持续发展日益成为全球共识。发展绿色经济、抢占未来全球竞争的制高点,通过技术创新、制度创新促进产业结构调整,降低能耗物耗、减少环境压力、促进经济绿色发展,已成为国家重要战略。我国明确将绿色制造列为《中国制造2025》五大工程之一,制造业的"绿色特性"对整个国民经济的可持续发展具有重大意义。

随着科技的发展和人们对绿色制造研究的深入,绿色制造的内涵不断丰富,绿色制造是一种综合考虑环境影响和资源消耗的现代制造业可持续发展模式,涉及整个制造业,涵盖产品整个生命周期,是制造、环境、资源三大领域的交叉与集成,正成为全球新一轮工业革命和科技竞争的重要新兴领域。

在绿色制造技术研究与应用方面,围绕量大面广的汽车、工程机械、机床、家电产品、石化装备、大型矿山机械、大型流体机械、船用柴油机等领域,重点开展绿色设计、绿色生产工艺、高耗能产品节能技术、工业废弃物回收拆解与资源化等共性关键技术研究,开发出成套工艺装备以及相关试验平台,制定了一批绿色制造国家和行业技术标准,开展了行业与区域示范应用。

在绿色产业推进方面,开发绿色产品,推行生态设计,提升产品节能环保低碳水平,引导绿色生产和绿色消费。建设绿色工厂,实现厂房集约化、原料无害化、生产洁净化、废物资源化、能源低碳化。打造绿色供应链,建立以资源节约、环境友好为导向的采购、生产、营销、回收及物流体系,落实生产者责任延伸制度。壮大绿色企业,引导企业实施绿色战略、绿色标准、绿色管理和绿色生产。强化绿色监管,健全节能环保法规、标准体系,加强节能环保监察,推行企业社会责任报告制度。制定绿色产品、绿色工厂、绿色园区标准,构建企业绿色发展标准体系,开展绿色评价。一批重要企业实施了绿色制造系统集成项目,以绿色产品、绿色工厂、绿色园区、绿色供应链为代表的绿色制造工业体系基本建立。我国在绿色制造基础与共性技术研究、离散制造业传统工艺绿色生产技术、流程工业新型绿色制造工艺技术与设备、典型机电产品节能减排技术、退役机电产品拆解与再制造技术等方面取得了较好的成果。

但是作为制造大国，我国仍未摆脱高投入、高消耗、高排放的发展方式，资源能源消耗和污染排放与国际先进水平仍存在差距，制造业绿色发展的目标尚未完成，社会技术创新仍以政府投入主导为主；人们虽然就绿色制造理念形成共识，但绿色制造技术创新与我国制造业绿色发展战略需求还有很大差距，一些亟待解决的主要问题依然突出。绿色制造基础理论研究仍主要以跟踪为主，原创性的基础研究仍较少；在先进绿色新工艺、新材料研究方面部分研究领域有一定进展，但颠覆性和引领性绿色制造技术创新不足；绿色制造的相关产业还处于孕育和初期发展阶段。制造业绿色发展仍然任重道远。

本丛书面向构建未来经济竞争优势，进一步阐述了深化绿色制造前沿技术研究，全面推动绿色制造基础理论、共性关键技术与智能制造、大数据等技术深度融合，构建我国绿色制造先发优势，培育持续创新能力。加强基础原材料的绿色制备和加工技术研究，推动实现功能材料特性的调控与设计和绿色制造工艺，大幅度地提高资源生产率水平，提高关键基础件的寿命、高分子材料回收利用率以及可再生材料利用率。加强基础制造工艺和过程绿色化技术研究，形成一批高效、节能、环保和可循环的新型制造工艺，降低生产过程的资源能源消耗强度，加速主要污染排放总量与经济增长脱钩。加强机械制造系统能量效率研究，攻克离散制造系统的能量效率建模、产品能耗预测、能量效率精细评价、产品能耗定额的科学制定以及高能效多目标优化等关键技术问题，在机械制造系统能量效率研究方面率先取得突破，实现国际领先。开展以提高装备运行能效为目标的大数据支撑设计平台，基于环境的材料数据库、工业装备与过程匹配自适应设计技术、工业性试验技术与验证技术研究，夯实绿色制造技术发展基础。

在服务当前产业动力转换方面，持续深入细致地开展基础制造工艺和过程的绿色优化技术、绿色产品技术、再制造关键技术和资源化技术核心研究，研究开发一批经济性好的绿色制造技术，服务经济建设主战场，为绿色发展做出应有的贡献。开展铸造、锻压、焊接、表面处理、切削等基础制造工艺和生产过程绿色优化技术研究，大幅降低能耗、物耗和污染物排放水平，为实现绿色生产方式提供技术支撑。开展在役再设计再制造技术关键技术研究，掌握重大装备与生产过程匹配的核心技术，提高其健康、能效和智能化水平，降低生产过程的资源能源消耗强度，助推传统制造业转型升级。积极发展绿色产品技术，研究开发轻量化、低功耗、易回收等技术工艺，研究开发高效能电机、锅炉、内燃机及电器等终端用能产品，研究开发绿色电子信息产品，引导绿色消费。开展新型过程绿色化技术研究，全面推进钢铁、化工、建材、轻工、印染等行业绿色制造流程技术创新，新型化工过程强化技术节能环保集成优化技术创新。开展再制造与资源化技术研究，研究开发新一代再制造技术与装备，深入推进废旧汽车（含新能源汽车）零部件和退役机电产品回收逆向物流系统、拆解/破碎/分离、高附加值资源化等关键技术与装备研究并应用示范，实现机电、汽车等产品的可拆卸和易回收。研究开发钢铁、冶金、石化、轻工等制造流程副产品绿色协同处理与循环利用技术，提高流程制造资源高效利用绿色产业链技术创新能力。

在培育绿色新兴产业过程中，加强绿色制造基础共性技术研究，提升绿色制造科技创新与保障能力，培育形成新的经济增长点。持续开展绿色设计、产品全生命周期评价方法与工具的研究开发，加强绿色制造标准法规和合格评判程序与范式研究，针对不同行业形成方法体系。建设绿色数据中心、绿色基站、绿色制造技术服务平台，建立健全绿色制造技术创新服务体系。探索绿色材料制备技术，培育形成新的经济增长点。开展战略新兴产业市场需求的绿色评价研究，积极引领新兴产业高起点绿色发展，大力促进新材料、新能源、高端装备、生物产业绿色低碳发展。推动绿色制造技术与信息的深度融合，积极发展绿色车间、绿色工厂系统、绿色制造技术服务业。

非常高兴为本丛书作序。我们既面临赶超跨越的难得历史机遇，也面临差距拉大的严峻挑战，唯有勇立世界技术创新潮头，才能赢得发展主动权，为人类文明进步做出更大贡献。相信这套丛书的出版能够推动我国绿色科技创新，实现绿色产业引领式发展。绿色制造从概念提出至今，取得了长足进步，希望未来有更多青年人才积极参与到国家制造业绿色发展与转型中，推动国家绿色制造产业发展，实现制造强国战略。

中国机械工业集团有限公司　陈学东
2021 年 7 月 5 日于北京

丛书序三

绿色制造是绿色科技创新与制造业转型发展深度融合而形成的新技术、新产业、新业态、新模式,是绿色发展理念在制造业的具体体现,是全球新一轮工业革命和科技竞争的重要新兴领域。

我国自20世纪90年代正式提出绿色制造以来,科学技术部、工业和信息化部、国家自然科学基金委员会等在"十一五""十二五""十三五"期间先后对绿色制造给予了大力支持,绿色制造已经成为我国制造业科技创新的一面重要旗帜。多年来我国在绿色制造模式、绿色制造共性基础理论与技术、绿色设计、绿色制造工艺与装备、绿色工厂和绿色再制造等关键技术方面形成了大量优秀的科技创新成果,建立了一批绿色制造科技创新研发机构,培育了一批绿色制造创新企业,推动了全国绿色产品、绿色工厂、绿色示范园区的蓬勃发展。

为促进我国绿色制造科技创新发展,加快我国制造企业绿色转型及绿色产业进步,中国机械工程学会和机械工业出版社联合中国机械工程学会环境保护与绿色制造技术分会、中国机械工业联合会绿色制造分会,组织高校、科研院所及企业共同策划了"绿色制造丛书"。

丛书成立了包括李培根院士、徐滨士院士、卢秉恒院士、王玉明院士、黄庆学院士等50多位顶级专家在内的编委会团队,他们确定选题方向,规划丛书内容,审核学术质量,为丛书的高水平出版发挥了重要作用。作者团队由国内绿色制造重要创导者与开拓者刘飞教授牵头,陈学东院士、单忠德院士等100余位专家学者参与编写,涉及20多家科研单位。

丛书共计32册,分三大部分:① 总论,1册;② 绿色制造专题技术系列,25册,包括绿色制造基础共性技术、绿色设计理论与方法、绿色制造工艺与装备、绿色供应链管理、绿色再制造工程5大专题技术;③ 绿色制造典型行业系列,6册,涉及压力容器行业、电子电器行业、汽车行业、机床行业、工程机械行业、冶金设备行业等6大典型行业应用案例。

丛书获得了2020年度国家出版基金项目资助。

丛书系统总结了"十一五""十二五""十三五"期间,绿色制造关键技术与装备、国家绿色制造科技重点专项等重大项目取得的基础理论、关键技术和装备成果，凝结了广大绿色制造科技创新研究人员的心血，也包含了作者对绿色制造前沿探索的思考与体会，为我国绿色制造发展提供了一套具有前瞻性、系统性、实用性、引领性的高品质专著。丛书可为广大高等院校师生、科研院所研发人员以及企业工程技术人员提供参考，对加快绿色制造创新科技在制造业中的推广、应用，促进制造业绿色、高质量发展具有重要意义。

当前我国提出了 2030 年前碳排放达峰目标以及 2060 年前实现碳中和的目标，绿色制造是实现碳达峰和碳中和的重要抓手，可以驱动我国制造产业升级、工艺装备升级、重大技术革新等。因此，丛书的出版非常及时。

绿色制造是一个需要持续实现的目标。相信未来在绿色制造领域我国会形成更多具有颠覆性、突破性、全球引领性的科技创新成果，丛书也将持续更新，不断完善，及时为产业绿色发展建言献策，为实现我国制造强国目标贡献力量。

中国机械工程学会　宋天虎
2021 年 6 月 23 日于北京

前　言

　　工业经济的迅猛发展为人类创造了丰富的物质财富，促进了人类文明的进步，但与此同时也带来了资源和环境问题，人类面临着生态环境恶化和资源耗竭的严峻挑战。机电产品作为工业经济发展的代表性产物，量大面广，目前已进入报废的高峰期。这些机电产品在生产制造环节消耗了大量不可再生的自然资源，退役后若不能合理充分利用，将产生巨大的资源浪费和环境污染，严重制约国民经济的可持续发展。鉴于此，如何提高退役机电产品利用率和减轻环境污染压力是二十一世纪制造业面临的重大问题之一，于是产生了一种新的绿色制造管理模式——再制造服务（Remanufacturing Services，RMS）。

　　再制造服务是服务型制造模式下充分利用再制造可被整合资源，实现再制造企业价值链的扩展，以满足再制造个性化服务需求的新模式，其目标是在面向再制造的产品回收、运输、检测/分类、库存、再制造或处置、产品输出等过程中，使得资源综合利用率极高，对环境负面影响极小。目前，随着发达国家"再工业化"战略的实施以及制造业竞争新优势的重塑，清洁、高效、低碳、循环等绿色理念、政策和法规的影响力不断提升。再制造作为循环经济发展的重要支撑，已成为我国大力支持和推动发展的战略性新兴产业。"制造强国"建设战略、《工业绿色发展规划（2016—2020年）》将绿色发展作为基本方针，强调"发展循环经济，提高资源回收利用效率，构建绿色制造体系，走生态文明的发展道路""积极发展再制造"。中国工程院徐滨士院士在解读《高端智能再制造行动计划（2018—2020年）》时指出：进入"十三五"时期，需要以再制造全产业链建设为核心，探索建立上下游链条相协调再制造生态圈；以信息化、互联网技术应用为突破，构建新型高端智能再制造技术、管理与服务体系。对废旧机电产品再制造及服务进行研究是贯通"资源—产品—报废—再制造产品"循环型产业链的策略之一，也是实现其节能、环保、可持续发展的重要途径。近年来，科学技术部、国家自然科学基金和国家863计划资助了一些绿色制造、逆向供应链、再制造、服务型制造等方面的研究项目，推动了我国相关研究的蓬勃发展。对于再制造服务这一新概念，目前的相关理论及方法体系尚不够完善,但部分学者开展的再制造相关研究中已经体现出服务的思想。近年来,本书作者在国家自然科学基金、湖北省自然科学基金的资助下一直从事逆向供应链服务和再制造服务方面的研究,取得了一定的研究成果,并收集了大量的国内外研究文献资料。这些研究成果经过整理,构成了本书的主要内容。

本书共分 10 章,主要内容按再制造服务的提出与理论体系、基础理论与方法递进展开。再制造服务的提出与理论体系部分包含 2 章:第 1 章概述了再制造服务的提出、相关理论基础、研究现状及发展趋势;第 2 章从再制造服务系统体系构架和运行模式的角度出发,阐述了再制造服务的基本概念、广义内涵和体系结构。再制造服务基础理论与方法部分依再制造服务过程递进展开,包含 8 章:第 3 章针对再制造服务源于客户需求的个性化特点,介绍了一种再制造服务需求动态发展与获取方法;第 4 章探讨一种面向再制造服务需求的服务任务分解与服务资源选择方法;第 5 章提出面向再制造服务方案制定的再制造服务组合与优化方法;第 6 章考虑再制造服务对象的不确定性,提出了针对在役对象的最佳再制造服务时间预测和针对退役对象的剩余寿命预测方法;第 7 章主要围绕再制造回收服务,对再制造服务对象回收数量预测和再制造服务物流网络优化方法进行了研究;第 8 章介绍了再制造拆卸服务及其生产线平衡方法;第 9 章提出了一种考虑再制造后零部件寿命均衡的再制造零部件选配优化和再制造产品寿命预测方法;第 10 章则进一步分析了再制造服务供应方评价与决策方法。

本书由王蕾副教授主笔,夏绪辉教授和 Steve Evans 教授参与著作,张泽琳、曹建华、刘翔等参与部分研究工作,郭钰瑶、周文斌、赵慧等参与校对工作。

本书涉及的有关研究工作得到国家自然科学基金的资助(No. 51805385),本书的出版获得 2020 年度国家出版基金资助,本书的撰写和出版得到机械工业出版社的大力支持,在此一并表示衷心的感谢。

此外,本书在写作过程中参考了大量文献,作者尽可能将其列在了每章后的参考文献中,在此向所有相关作者表示诚挚的谢意。

由于再制造服务涉及正在迅速发展的综合性交叉学科,涉及面广,技术难度大,加上作者水平的局限,书中不妥之处在所难免,敬请广大读者批评指正。

作 者

2020 年 9 月

目录 CONTENTS

丛书序一
丛书序二
丛书序三
前　言
第1章　绪论 ··· 1
1.1　再制造服务的提出 ·· 2
1.2　再制造服务相关理论基础 ·· 2
　　1.2.1　再制造服务宏观理论基础 ···································· 3
　　1.2.2　再制造服务微观理论基础 ···································· 3
1.3　再制造服务相关研究应用现状及发展趋势 ························ 6
　　1.3.1　再制造服务相关研究现状 ···································· 6
　　1.3.2　再制造服务的应用现状 ······································· 9
　　1.3.3　再制造服务研究发展趋势 ··································· 10
1.4　本章小结 ·· 12
　　参考文献 ·· 12
第2章　再制造服务的广义内涵及体系结构 ······························ 19
2.1　再制造服务的广义内涵 ··· 20
　　2.1.1　再制造服务的基本概念 ······································ 20
　　2.1.2　再制造服务过程 ·· 21
　　2.1.3　服务型制造、再制造、逆向供应链服务与再制造服务的
　　　　　关系 ··· 24
　　2.1.4　再制造服务广义产品 ·· 25
　　2.1.5　再制造服务价值链 ··· 27
2.2　再制造服务的体系结构 ··· 28

  2.2.1 再制造服务的总体系结构 ·················· 28
  2.2.2 再制造服务的视图构成 ·················· 30
  2.2.3 再制造服务的技术体系 ·················· 31
 2.3 工程实例：一种轧辊再制造服务系统应用体系 ·················· 34
  2.3.1 工程实例背景 ·················· 34
  2.3.2 一种轧辊再制造服务系统应用体系的构建 ·················· 35
 2.4 本章小结 ·················· 37
 参考文献 ·················· 37

第3章 再制造服务需求动态发现与获取 ·················· 39
 3.1 再制造服务需求动态发现与获取策略 ·················· 40
  3.1.1 再制造服务需求分类与转化 ·················· 40
  3.1.2 需求动态获取策略模型 ·················· 41
  3.1.3 基于语义网络-本体学习的需求动态发现与获取流程 ·················· 42
 3.2 再制造服务需求动态获取方法 ·················· 43
  3.2.1 再制造服务需求候选本体语义模型 ·················· 43
  3.2.2 基于本体学习的再制造服务需求自动获取 ·················· 45
 3.3 基于情景语义网络的服务需求发现方法 ·················· 49
  3.3.1 客户注册关键词语义网络构建 ·················· 49
  3.3.2 客户检索关键词语义网络构建 ·················· 52
  3.3.3 客户情景语义网络提取 ·················· 54
  3.3.4 基于客户情景语义网络的需求推送 ·················· 56
 3.4 工程实例：热轧机工作辊轴承再制造服务需求获取 ·················· 57
 3.5 本章小结 ·················· 61
 参数说明 ·················· 62
 参考文献 ·················· 63

第4章 再制造服务任务分解与服务资源选择 ·················· 65
 4.1 基于HTN的再制造服务任务分解 ·················· 66
  4.1.1 再制造服务任务分解原则及其约束结构描述 ·················· 66
  4.1.2 再制造服务任务关联特性分析 ·················· 68

  4.1.3 基于 HTN 的再制造服务任务分解方法 …………………… 70
 4.2 基于 DANP-GS 的再制造服务资源选择 ………………………… 73
  4.2.1 再制造服务资源选择流程 ………………………………… 73
  4.2.2 再制造服务资源选择模型 ………………………………… 74
 4.3 工程实例：某 X4105 柴油机再制造设计服务任务分解与服务
    资源选择 ………………………………………………………… 77
  4.3.1 再制造设计服务任务分解 ………………………………… 77
  4.3.2 再制造服务资源选择 ……………………………………… 81
 4.4 本章小结 ………………………………………………………… 88
 参数说明 ……………………………………………………………… 88
 附录 再制造服务资源评估指标体系 DEMATEL 问卷 ……………… 90
 参考文献 ……………………………………………………………… 92

第 5 章 再制造服务组合与优化 …………………………………… 95
 5.1 再制造服务组合方法 …………………………………………… 96
  5.1.1 再制造服务组合模式 ……………………………………… 96
  5.1.2 再制造服务语义描述 ……………………………………… 97
  5.1.3 再制造服务组合 …………………………………………… 100
 5.2 再制造服务组合优化方法 ……………………………………… 101
  5.2.1 再制造服务组合优化模型 ………………………………… 101
  5.2.2 带约束的双种群遗传优化算法 …………………………… 103
 5.3 工程实例：废旧发动机再制造服务组合及优化 ……………… 103
  5.3.1 服务组合及优化模型建立 ………………………………… 104
  5.3.2 算法求解 …………………………………………………… 108
  5.3.3 算法优越性评估 …………………………………………… 110
 5.4 本章小结 ………………………………………………………… 110
 参数说明 ……………………………………………………………… 111
 参考文献 ……………………………………………………………… 112

第 6 章 再制造服务时间及剩余寿命预测 …………………………… 115
 6.1 在役设备最佳再制造服务时间预测 …………………………… 116

6.1.1	设备最佳再制造时间	116
6.1.2	设备再制造时间估算方法	120
6.1.3	工程实例：某轧机 ZDR200 变速箱最佳再制造时间预测	124

6.2 退役设备零部件剩余寿命预测 127
    6.2.1 退役设备零部件剩余寿命分析 127
    6.2.2 灰色神经网络模型 131
    6.2.3 基于灰色神经网络的退役设备零部件剩余寿命预测模型 ... 133
    6.2.4 工程实例：某退役减速器高速轴剩余寿命预测 134

6.3 本章小结 138
参数说明 138
参考文献 141

第 7 章 再制造回收数量预测与物流网络优化 143

7.1 废旧产品回收数量预测 144
    7.1.1 回收物流网络及其不确定性 144
    7.1.2 回收数量预测模型 145

7.2 再制造物流服务网络优化设计 154
    7.2.1 基于物流设施不可扩展的回收物流网络选址模型 ... 154
    7.2.2 基于物流设施可扩展的回收物流网络选址模型 157
    7.2.3 基于目标加权遗传算法的模型求解 161
    7.2.4 工程实例：废旧汽车产品回收物流网络规划分析 ... 164

7.3 本章小结 172
参数说明 173
参考文献 175

第 8 章 再制造拆卸服务及其生产线平衡 177

8.1 再制造拆卸服务生产线 178
    8.1.1 再制造拆卸及其服务 178
    8.1.2 再制造拆卸服务生产线类型 181
    8.1.3 生产线平衡问题 182

8.2 确定环境下再制造拆卸服务生产线平衡 183

8.2.1　确定环境下单产品拆卸服务生产线平衡 ·················· 183
　　　8.2.2　确定环境下多产品混流拆卸服务生产线平衡 ·············· 196
　　　8.2.3　工程实例：确定环境下某企业减速器拆卸线平衡 ·········· 211
　8.3　随机环境下再制造拆卸服务生产线平衡 ························ 216
　　　8.3.1　再制造拆卸服务生产线的随机性及处理方法 ·············· 216
　　　8.3.2　随机作业环境下混流完全拆卸线平衡 ···················· 220
　　　8.3.3　顺序相依随机混流不完全拆卸线平衡问题研究 ············ 232
　　　8.3.4　工程实例：多品种减速器批量拆卸 ······················ 239
　8.4　本章小结 ·· 246
　参数说明 ·· 247
　参考文献 ·· 251

第9章　再制造选配优化及产品寿命预测　253

　9.1　考虑寿命均衡的再制造零部件选配优化 ························ 254
　　　9.1.1　再制造零部件寿命均衡 ································ 254
　　　9.1.2　考虑寿命均衡的零部件选配模型 ························ 257
　　　9.1.3　基于蚁群算法的模型求解 ······························ 259
　9.2　再制造产品市场寿命预测 ···································· 262
　　　9.2.1　再制造产品市场寿命预测分析 ·························· 263
　　　9.2.2　再制造产品市场寿命预测模型 ·························· 264
　9.3　工程实例：批量再制造减速器零部件选配及成品寿命预测 ········ 264
　　　9.3.1　再制造零部件选配优化 ································ 265
　　　9.3.2　再制造产品市场寿命预测 ······························ 270
　9.4　本章小结 ·· 271
　参数说明 ·· 272
　参考文献 ·· 273

第10章　再制造服务供应方评价与决策　275

　10.1　再制造服务供应方 ·· 276
　10.2　再制造服务供应方评价 ···································· 276
　　　10.2.1　再制造服务供应方评价与决策流程 ···················· 276

XXI

  10.2.2　再制造服务供应方评价与决策指标体系 …………………… 277
  10.2.3　基于AHP和模糊评价的再制造服务供应方评价 …………… 283
 10.3　再制造服务供应方决策 ……………………………………………… 285
  10.3.1　再制造服务供应方决策指标规范化处理 …………………… 286
  10.3.2　再制造服务供应方决策框架模型 …………………………… 287
  10.3.3　权重的确定方法 ……………………………………………… 288
  10.3.4　基于VIKOR的供应方决策 ………………………………… 289
 10.4　工程实例：轧辊再制造服务供应方评价与决策 …………………… 291
  10.4.1　轧辊再制造服务供应方的评价 ……………………………… 291
  10.4.2　轧辊再制造服务供应方的决策 ……………………………… 295
 10.5　本章小结 ……………………………………………………………… 298
参数说明 ……………………………………………………………………… 298
参考文献 ……………………………………………………………………… 300

第1章

绪 论

1.1 再制造服务的提出

如何实现自然与社会的和谐发展，使人类社会的文明进入一个更高的阶段，是人类社会面临的严峻挑战。在世界经济陷入持续滞胀的情势下，人类开始重新全面总结自然发展历程，审视自己的社会经济行为，提出了一种新的发展思路和发展战略——可持续发展战略。逆向供应链（Reverse Supply Chain，RSC）作为综合考虑废旧产品（物资）回收再利用和最终处置的现代制造管理模式，不仅是可持续发展的一个重要组成部分，更是可持续发展战略思想在制造业中的体现，或者说逆向供应链是 21 世纪制造业的可持续发展模式。

再制造是逆向供应链的重要环节，是实现退役产品再利用和经济可持续发展的重要途径。再制造服务（Remanufacturing Services，RMS）起源于逆向供应链服务思想的提出，以及先进制造和现代服务的融合。服务型制造是服务与传统制造的融合，再制造是传统制造的拓展。再制造涉及传统制造领域中设计、工艺等共性环节和特点，同时又与传统制造在毛坯初始状态、加工对象、质量控制手段、加工工艺等诸多方面有较大区别。考虑再制造对象、工艺模式等特点，借鉴服务型制造理念，使再制造资源得到合理充分利用，实现再制造企业价值链的扩展，同样需要以服务化的运作模式来满足再制造的个性化服务需求，由此会产生再制造服务，包括"服务企业面向再制造企业的再制造生产服务"和"再制造企业面向客户需求的服务"二者相结合的综合性服务模式。

为了系统开展再制造服务及其过程实现的相关研究，本书作者结合逆向供应链服务和服务型制造的思想，提出了再制造服务的概念，并针对再制造服务这一复杂系统运作过程中涉及的服务需求获取、服务资源模块化组织模式等方法进行了研究。本书将对相关研究成果进行梳理，从再制造服务基础理论与方法及关键技术两大部分对研究成果进行介绍。

1.2 再制造服务相关理论基础

为了提升再制造资源利用率和扩展企业价值链，再制造企业对再制造与服务的融合提出了广泛需求，催生了产业间的融合与创新，并促进了再制造理论的服务化拓展，产生了再制造服务模式、理论与技术。本书借鉴逆向供应链服务、服务型制造和再制造相关理论，从宏观和微观两大方面，对再制造服务相关基础理论进行梳理。

1.2.1 再制造服务宏观理论基础

再制造服务作为逆向供应链服务的重要环节,是服务型制造模式下,充分利用再制造可被整合资源,实现再制造企业价值链的扩展,以满足再制造个性化服务需求的新模式。再制造服务相关技术要研究和解决的问题,不仅包括再制造工艺,更应该包括以再制造服务产品价值最大化为目标,对从用户手中回收产品、获取各种实时信息以及对回收产品做出快速处置等整个再制造服务过程及其绿色、经济性等进行研究。因此,再制造服务产生和发展的宏观理论基础主要包括以下三个方面:

1) 可持续发展理论。可持续发展是指既满足当代人的需要,又不对后代人满足其需要的能力构成危害。由于再制造服务涵盖以再制造处置为核心的整个逆向供应链,其物资在逆向供应的过程中不可避免地会消耗能源和资源,产生环境污染。因此,为了实现长期、持续发展,就必须采取各种措施来维护自然环境。再制造服务正是依据可持续发展理论,形成了再制造服务的逆向物流与环境之间相辅相成的推动和制约关系,达到环境与物流的共生。

2) 生态经济学理论。再制造服务中的逆向供应链是社会再生产过程中的重要一环,逆向供应链过程中不仅有物质循环利用、能源转化,而且有价值的转移和价值的实现。因此,再制造服务涉及了经济与生态环境两大系统,架起了经济效益与生态环境效益之间彼此联系的桥梁。再制造服务就是以生态经济学的一般原理为基础和指导,对再制造服务过程中的经济行为、经济关系和规律与生态系统之间的相互关系进行研究,以谋求在生态平衡、经济合理、技术先进条件下的生态与经济的最佳结合以及协调发展。

3) 生态伦理学理论。生态伦理学是从道德角度研究人与自然关系的交叉学科,它以道德为方法,从整体上协调人与自然环境的关系。生态伦理迫使人们对再制造服务中的环境问题进行深刻反思,从而产生一种强烈的责任心和义务感。为了子孙后代的切身利益,为了人类更健康安全地生存与发展,人类应当维护生态平衡。再制造服务正是从生态伦理学取得了道义上的支持。

1.2.2 再制造服务微观理论基础

与服务型制造模式类似,再制造服务是"服务企业面向再制造企业的再制造生产服务"和"再制造企业面向客户需求的服务"二者相结合的综合性服务模式。因此,下面从再制造服务系统、面向再制造企业的再制造生产服务、再制造企业面向客户的再制造产品服务三个角度,归纳再制造服务涉及的微观理论基础。

1. 再制造服务系统的关键理论基础

（1）社会网络理论　社会网络理论是集心理学、行为学、社会计量学、社会学、人类学、数学、统计学、概率论等多领域理论，形成的一种重要的社会结构研究范式，被广泛应用于企业研究领域。该理论将"网络"视为联结社会行动者的一系列社会联系或社会关系。由于再制造服务的集成运营模式导致再制造服务过程存在客户、服务供应方、服务集成方等多个服务主体，这些服务主体作为社会行动者，它们及其间的关系在一定时间范围内构成了一个相对稳定的再制造服务网络。由于再制造服务网络节点的功能和层次的多样性，打破了静态供应链拓扑结构一旦确立就无法变更的束缚，形成了一种动态稳定的有界社会网络拓扑结构。同时，再制造服务系统网络的运作是自组织的，是在自身利益的驱动下，以开放的结构实现分布式制造以及服务资源的聚集和协作，共同完成产品的生产和交付。因此，为了实现再制造服务系统长期、稳定的发展，就必须明确再制造服务系统中各社会行动者的结构和关系，分析系统自组织的特征和运行机制，从而找出网络系统的演化规律和优化控制方法，达到再制造服务主体的互利共赢。

（2）复杂系统理论　复杂系统理论作为系统科学中的一个前沿方向，其主要目的是用整体论和还原论相结合的方法去分析系统，并揭示复杂系统的一些难以用现有科学方法解释的动力学行为。再制造服务系统作为一种社会系统，是典型的复杂系统。为了解决再制造服务这一复杂系统问题，提高系统效率与效益，需要借鉴模块化思想，同时重视数学理论与计算机科学的结合，应用复杂系统理论中元胞自动机、人工生命、人工神经元网络、遗传算法等人工智能方法和虚拟实验手段，对再制造服务系统开展研究。

2. 再制造生产服务的关键理论基础

（1）价值链理论　价值链理论主要用于对增加一个企业的产品或服务的实用性或价值的一系列作业活动的描述，包括企业内部价值链、竞争对手价值链和行业价值链三部分。传统企业价值链的基本构成要素大部分来自企业内部，随着制造业服务化发展，企业生产活动的融入和企业集群的出现，再制造服务作为再制造业与服务深度融合的典型产物，在再制造服务过程中会出现越来越多的生产性服务活动，传统再制造产业内部不同类型的价值创造活动逐步由一个企业为主导分离为多个企业（生产性服务业）的活动，这些企业相互构成上下游关系，共同创造价值，并呈现系统网络化的特征。但对于某一再制造服务企业来说，再制造服务企业间呈现出的是链条结构。因此，提升再制造生产服务效率和效益，需要研究再制造服务链的价值增值机理，研究新环境下再制造业价值链的构成及其变化，从生产要素、业务流程和价值链角度来研究再制造服务链的全局增值，而非局部增值。

（2）调度理论　调度理论是一门关于调度、调用、管理、控制等的理论，其内容涵盖应用数学、运筹学、工程技术等多个领域。在再制造生产服务过程中，涉及多类服务动态调度管理问题，如：在设备出现故障需要及时维修的情况下，如何科学地选择服务人员进行维修；在对服务人员智能排序的过程中，如何科学地考虑服务人员的状态、服务人员的能力、故障难易程度、人员数量、人员层次搭配、服务人员已服务历史总时间、故障机器的历史维护人员等诸多因素。因此，需要应用现代调度理论中数学、人工智能、计算智能等的研究成果，找到合适的智能调度方法来解决再制造生产服务中的智能排序及调度问题。

3. 再制造产品服务的关键理论基础

（1）产品生命周期理论　传统的产品生命周期是产品的市场寿命，即一种新产品从开始进入市场到被市场淘汰的整个过程。随着再制造理论的提出，产品生命周期从全生命周期拓展为多生命周期，即产品从设计、制造、服役到经济寿命终止报废后，进入回收、再设计、再制造、再使用的多次再生周期循环，直到最后一次再生服役期结束所经历的全部时间。由于再制造产品服务过程中需要基于产品客户需求和产品数据对产品进行状态分析，继而开展可再制造性评估服务、再制造设计服务、再制造加工服务等，因此需要采用产品生命周期及其数据管理理论，实现再制造服务产品数据结构建模，研究再制造服务产品的服务数据与物理产品的融合机理和模型的演化机理，为建立再制造服务产品的统一数据模型奠定基础。

（2）产品开发设计理论　再制造服务产品的开发，包括服务产品和物理产品两个层面，而物理产品的开发设计又必须遵循产品客户需求和开发对象即废旧产品及其零部件的状态条件。因此，再制造服务产品的开发设计是一个相较制造产品开发更为复杂的过程。为了准确高效地实现再制造服务产品的开发设计，需要综合应用产品开发设计理论中的产品再制造设计、产品模块化、产品快速配置设计等方法，对再制造产品毛坯剩余寿命进行评估和预测，在考虑资源优化利用、可拆卸性和可回收性的条件下，构建产品模块及其关联模型，并研究基于复杂模块网络的快速组合配置设计方法。

（3）产品定价与成本评估理论　由于再制造服务产品是"物理产品＋服务"的集合，服务成本难以精确预算，导致再制造服务企业在产品服务周期内获得的纯利润变得复杂而难以计算。为了提高再制造服务产品定价与成本估算的准确性，需要在再制造广义产品的研究中，对纯物理产品、"物理产品＋服务"和纯服务等不同类型和不同层次的产品，采取不同的定价与成本估算方法，细化分类并研究对应的利润计算理论。

1.3 再制造服务相关研究应用现状及发展趋势

1.3.1 再制造服务相关研究现状

1. 逆向供应链服务

逆向供应链及服务是目前制造业服务化研究的新方向。逆向供应链作为实现资源化处理和综合利用的有效途径，近年来，其研究和应用已受到学术界和企业界的高度重视。逆向供应链是在逆向物流的基础上，相对于供应链提出来的。从早前 Daniel 等对逆向供应链的定义、内涵及体系结构的探讨，到近年 Govindan 等对逆向供应链协调机制的研究、Santibanez-Gonzalez 等对逆向供应链设计的研究、Das 等对集成逆向供应链系统动态架构的探究、Gou 等对逆向供应链中的典型多回收点-单回收中心的回收模式的研究、Jonrinaldi 等对制造供应链及其逆向供应链有限周期内产品和库存集成优化模型的研究、徐滨士等对逆向供应链中废旧产品再制造性评估的研究，等等，逆向供应链相关研究已经形成了一个较为完善的理论体系。

服务化是制造业发展的重要方向和新趋势，随着制造业产业集群内企业间的业务关系从制造型向服务型的转变，作为制造业信息化重要组成部分的供应链也逐渐向服务化方向发展，由此衍生了供应链服务或服务供应链。Waart 等对服务供应链的定义进行了探讨，Demirkan 等对应用服务供应链的风险和信息共享问题进行了研究，Dong 等提出了一种服务供应链管理性能的测度体系，Liu 等提出一种基于累积前景理论的 two-echelon 物流服务供应链订单分配模型和一种多阶段条件下的物流服务供应链质量监督和协调方法。

借鉴服务供应链理念，考虑收益及成本、资源、环境等因素，并以服务化的运作模式满足逆向供应链相关的个性化服务需求，逆向供应链服务（Reverse Supply Chain Services，RSCS）应运而生。针对逆向供应链服务这一新概念，本书从逆向供应链全局视角进行了逆向供应链服务的研究，提出了一种逆向供应链服务的体系架构、逆向供应链服务模块化方法及服务模块匹配方法等。目前，与逆向供应链服务领域直接相关的研究成果不多，但在研究者针对某项逆向供应链相关功能活动的研究中，已经开始体现出服务、协同和总体优化的思想。如：在逆向供应链产品回收服务方面，联想集团明确提出了回收服务的思想，并构建了基于第三方逆向物流服务企业产品回收网络的产品回收服务模式；Hokey 对回收网络优化服务中的回收中心选择非线性混合整数程序模型进行了研究，Kannan 从回收效率的角度，构建了一个用于研究回收影响的逆向供应链多产品回收分析模型；在逆向供应链库存服务方面，由于废旧产品回收状况的不确定性、逆向供应链物流过程中回收产品与需求关系的不稳定性以及再制造成品库存的双源性，使得逆向供应链库存服务远比供应链库存服务复杂，现有研究借鉴供应链库存管理和建模方法，开始对逆向供应链库存管理及服务进行研究，如 Hossein 针对逆向供应链中单独可用和可再制造产品的库存服务问题，构建了考虑产品 5 个生命周期阶段动态需求分布变化的库存控制模型，并提出了一种采用混合启发式算法的模型仿真求解方案；在逆向供应链知识服务方面，张旭梅等通过建立逆向供应链企业间知识共享的博弈模型，对逆向供应链知识共享的均衡策略进行了研究等。

上述内容表明，对逆向供应链及其服务的研究，前期重点关注对逆向供应链服务中某个环节或某种废弃产品单项回收/处理服务等的突破，如废旧产品回收及逆向物流网络设计服务、逆向供应链库存控制服务、再制造决策及生产计划控制服务等，近些年开始从逆向供应链全局视角进行逆向供应链服务的系统性研究，并提出了逆向供应链服务的定义与基本框架。这为本书在相关研究的基础上，对逆向供应链服务的关键环节——再制造服务的研究奠定了坚实的基础。

2. 服务型制造

随着世界经济从产品经济向服务经济转型，传统的制造价值链不断扩展和延伸，为了实现制造价值链中各利益相关者的价值增值，先进制造和现代服务逐步深层次融合，并产生了服务型制造模式。

服务型制造是一种制造与服务相融合的先进制造模式，在对制造服务基本概念、体系结构、与传统制造的差异性研究的基础上，国内外学者对制造服务需求模型及挖掘方法、制造服务的知识表达与知识共享方法、制造服务任务调度与优化方法等智能化方法体系进行了研究，并取得了丰富的研究成果。制造服务贯穿于产品的整个周期，必将对生产者与消费者的角色及其之间的关系定位产生影响。智能化方法体系为服务型制造的应用提供了理论基础和方向指引。在个性化需求的推动下，消费者将通过共享平台参与到产品设计的前端中，企业将从单一加工制造转向提供"产品+服务"的组合而走向"服务化"。生产者可以通过大数据、云计算、物联网等新信息技术推动传统制造模式向智能制造模式转变，在产品制造过程中强化制造与服务的融合，通过产品服务增值来拓展产品实体出售的盈利模式。随着现代产品复杂化程度的提升，生产者可以通过互联网交互技术，为消费者提供后续高效使用及维修的指导等相关服务。为了实现可持续发展，生产者还可以对产品的性能参数进行实时监测，及时为有需要的消费者提供相关的再制造服务和回收服务，减少环境污染和资源消耗。

通过全制造流程与全生命周期数据的互联互通，实现分布、异构制造资源与制造服务的动态协同联动及决策优化，已成为制造业发展的趋势。云制造指针对以上制造服务研究局限于设备、车间或单个企业的状态，将一切能封装和虚拟化的服务都作为制造云服务，推动了制造企业向服务型企业转变。制造服务增值还涉及供应商、服务商、制造商、分销商和用户节点企业等角色的耦合关系，服务主导的思想正成为重构供应链、实现价值共创的重要手段。企业间的合作模式由传统的单个核心企业主导转变为企业间的协同，制造服务越来越呈现出社群化的新特点。众多学者对云制造相关的个性化定制、资源优化配置、平台设计与管理、资源共享、制造服务评价等进行研究，丰富了云制造的内涵，扩大了其框架和范围，为企业动态联盟服务提供了指导。

服务型制造是产品、技术、用户需求、企业战略等内、外部因素共同作用的结果，对于解决新时代我国制造业发展面临的突出矛盾和问题具有重要作用。如今，服务型制造已经进入人们的日常生活中，在3D打印、产品设计开发、先进制造等领域发挥了巨大的作用。可以预见，将会有越来越多的传统企业转变为服务型制造企业。

▶ 3. 再制造及其服务

再制造是实现退役产品再利用和经济可持续发展的重要途径，自 Giutini 提出再制造的概念以来，国内外学者从面向再制造的设计、再制造回收、再制造拆卸、再制造性评价、再制造优化设计、再制造决策、再制造工艺技术、再制造产品计划等多个角度对再制造开展了系列研究，形成了再制造研究体系。

随着制造服务模式、云制造服务方式的广泛应用和逐步成熟，作为传统制造的拓展，再制造依托服务化的运作模式来提升其个性化服务能力的发展趋势受到了学者们的关注，如基于产品再制造特征的再制造产品服务系统模型定义及其运作模型研究，基于动态规划和遗传算法的混合服务型再制造过程动态生产批量计划问题研究，重庆机床集团针对企业机床维改提出的综合机床再制造服务模式等。相关研究对于促进再制造产业的发展具有积极的推动作用，但针对再制造服务及其过程实现的基础方法研究相对缺乏。再制造服务实施过程涉及面向需求的再制造设计服务、再制造服务匹配、再制造服务决策等软性服务活动。以及面向再制造生产的退役产品拆卸分解、零部件性能分析与加工、再制造产品装配等硬性服务活动。对于这种复杂的再制造服务系统，需要寻求一种有效的分析方法。为了系统开展再制造服务及其过程实现的相关研究，本书结合逆向供应链服务和服务型制造的思想，提出了再制造服务的概念，并针对再制造服务这一复杂系统运作过程中涉及的服务资源量大的问题，提出了一种多粒度再制造服务资源模块化组织模式及其模块化方法，并在此基础上，进一步针对产品多生命周期的再制造服务方案决策问题、基于服务质量（QoS）的再制造服务评价问题等开展了初步研究。

上述研究主要围绕退役产品再制造及其服务展开。但是，再制造服务是一个复杂的系统，涉及问题众多，如：如何通过标准的虚拟化与面向服务的技术，对各类服务活动、服务资源、服务知识进行自动配置与部署，构建一个自治的、自维护的、动态扩展的再制造服务体系；如何挖掘服务对象、服务活动和服务资源在各服务业务环节的关联关系，发现服务对象特征，获取和描述服务需求；如何针对多样化的服务对象、差异化的服务需求和不确定的系统因素，对各类服务活动、服务资源进行动态任务匹配，等等，都是需要研究的课题。本书将在已有研究成果的基础上，对再制造服务研究中服务需求获取、服务匹配等理论方法及部分关键技术进行探讨。

1.3.2 再制造服务的应用现状

将再制造服务的理论和方法应用于生产实践中，不仅可以为再制造企业提供额外的服务增值和资源配置优化，而且以用户为主导的个性化服务也能使用户成为再制造过程的决策者和参与者，从而拉近企业与用户的距离，最终提升再制造企业在其行业中的竞争力。基于再制造的理论和方法，国内外一些再制造企业将成功转型为再制造产品和服务融合的再制造服务企业。

瑞典 BT 叉车公司（丰田全资子公司，以下简称 BT 公司）是较早开始实践产品服务系统和再制造的公司，其建立的信息系统不仅可利用租赁服务获得电动式叉车再制造原料，也可为再制造性评价提供数据支撑，其服务闭环物流网络可为再制造产品提供销售渠道。该公司具有较强的数据分析能力和丰富的再制造经验，产品附加值高。

斯凯孚（SKF）齿轮箱再制造服务中心（天津）的主营业务包括轴承、润滑系统及密封件、机电一体化和服务等，具有全球领先的技术和产品。斯凯孚可根据客户个性化需求定制再制造产品和服务，以及整体解决方案，能够降低设备运行成本，提高产能和利润率。

施乐公司是复印机行业巨头之一，其再制造工厂遍布欧美、澳大利亚、日本和巴西等地。其再制造系统功能强大，对经过使用的打印机、复印机和墨盒等都设立了相应的再制造程序和重用方式，如复印机零件经再制造后有四种重用方式，即作为新产品中某一部件的零件、作为再制造产品中同一部件的零件、作为再制造产品中某再制造部件的零件、作为原材料再循环。施乐公司利用产品拆卸和再制造等方面获取的数据，进一步开展了产品再制造升级研究，研发了新一代模块化复印机——DC265 型复印机，使得复印机再制造具有更持久的生命力。

中国印家集团有限公司提出了"互联网+再制造"，探索以 O2O 模式培育线上线下相融合的产业生态圈，促进再制造打印复印机向产业链前后两端延伸。线上以打印复印机为基础扩大产品服务范围，建立"互联网+企事业服务"产业资源共享平台，为销售联盟商、供应商提供一项VIP服务及产品，如再制造打印复印机产品推出的"合约机服务"，以"价值分享"为手段，使再制造打印复印机成为"轻资产中的轻资产"，吸引上下游企业，推出"以租代售、按张收费"和"以换代修"销售服务体系，体现了办公文印现代服务模式。线下以"再制造"重构打印复印机产业链（Ecostar整机厂）为基础，实现产品生产低消耗，产业链上下游企业快速集聚，提升自主研发创新能力。Ecostar整机厂以"柔性标准化"的生产形式，针对不同机型所需工序、工时、工艺等要素制订规范，实现了规模化流水线生产，现已建成全球规模第一的打印复印机再制造生产线，年产能可达40万台。

工程机械是卡特彼勒公司的再制造对象，该公司利用先进的工艺和加工技术对废旧的零部件进行修复和再制造，产品性能和质量可达到新产品的水平。该公司建立了全球逆向物流体系，利用互联网及大数据等智能手段，实现实时旧件信息全球共享，补充了后市场产品供应类别。卡特彼勒将旧件作为原材料进行再设计和再制造，改变了传统供应链中寿命即将终结产品被报废的命运，形成了闭环供应链，使其具有可循环性和可持续性。

中国宝武设计院宝钢工程技术集团有限公司致力于"再制造+服务"的模式转型，服务模式主要有检修及再制造服务、备件无库存模式、备件总包模式、年标模式等。公司成立了专业的备件再制造团队，主要再制造修复产品有圆盘剪、碎边剪、摆动剪、各类卷筒（包括卡罗塞尔卷取机卷筒、热轧卷筒、冷轧卷筒）、传送带助卷器、连铸框架、连铸辊等，如图1-1所示。

图1-1 再制造产品（图片来源：中国宝武设计院宝钢工程技术集团有限公司官方网站）

从上述再制造服务企业的工业应用案例可知，再制造服务以"再制造+服务"为核心驱动力，使得再制造企业和用户双赢。再制造企业价值创造方式随着创造焦点的逐步转换发生了根本性的转变，再制造服务指明了再制造企业发展的方向。

1.3.3 再制造服务研究发展趋势

再制造服务是再制造与现代服务深度融合而产生的一个新概念，在再制造服务方面的研究和应用还仅仅处于起步阶段。再制造服务是一个复杂的系统，还有很多相关的技术需要研究。分析国内外已有研究，可对再制造服务的发展趋势总结如下：

1）从再制造服务概念模式向应用模式发展。再制造服务作为一种促使再制造产品广义生长，从而最大化其价值的广义再制造模式，其应用模式和实现方式将向多元化发展，并成为研究的主题之一，如面向分布式资源集成服务的网络化再制造新模式、面向服务资源供需关系多样化的区块产业集群柔性再制造模式、面向生产组织形态和服务流程快速可重组的快速响应再制造模式等。

2）从传统可再制造性设计与再设计向广义设计与众包服务设计进化。传统与再制造相关的设计包括可再制造性设计与再设计。前者，考虑可再制造性的设计，通常强调在产品设计源头，注重产品本身功能、性能及可再制造性。后者，考虑再设计，强调在再制造前以退役产品或零部件为毛坯对其进行的设计。二者随着再制造过程中服务化运作模式的融入和再制造服务广义产品的普及，不仅需要从单一提升产品可再制造性向综合优化广义生长产品性能扩展，而且需要将依附于产品的服务设计前移，在广义物理产品设计的同时考虑产品下一次生命周期的产品服务设计、运行维护服务设计、外/众包服务设计。同时，可再制造性设计与再设计的实现，均从依托单一设计团队的集中设计模式向依托网络化和服务需求方化的众包设计模式进化。

3）从再制造单项活动定向外包向服务外包与众包发展。依托第三方再制造服务集成方/平台的再制造服务过程，凭借区块链经济模式下各利益相关者互相监控的信用保障机制，打破了再制造设计或加工等单项活动定向外包给某固定服务供应方的局限，以及外包的时空约束，支持服务全流程成本最优条件下的全部服务活动外包与众包。这将成为再制造服务运作模式的核心发展内容。

4）从逆向供应链向以再制造服务为核心要素的再制造服务混合逆向供应链发展。由原制造商直接或间接主导的面向再制造的传统逆向供应链，以从消费者手中回收退役产品并对其进行重用、再制造或报废处理为核心业务，其运行多以环境、政策或消费者压力为驱动。而以价值增长为最终目标的再制造服务模式及其逆向供应链，则以服务再制造广义产品全生命周期为基点，构建再制造服务混合逆向供应链，是保障再制造服务实现的又一核心问题。其中，由于再制造服务混合逆向供应链所包含的面向服务需求方的闭环逆向供应链和面向市场用户的开环供应链在激励机制、运作模式上具有一定差异，因此，如何有针对性地把服务外包与众包机制、多元供需关系下的博弈与价值流模型等应用到混合逆向供应链的重构中，将是再制造服务混合逆向供应链发展亟需研究的重要内容。

5）从传统信息技术支撑的服务向依托新信息与智能技术的服务发展。下一代通信网络、物联网、大数据、以云计算和分布式计算为代表的高端软件平台，以及人工智能等新信息与智能技术的成熟为再制造服务的发展提供了新契机。如何将这些新技术融入到再制造服务需求获取、无损检测、智能加工、智慧逆向物流等各个环节，完善基于新信息与智能技术的再制造服务价值增值机理、服务模式等理论体系，研发新信息与智能技术支撑的再制造服务关键技术及信息平台，将是提升再制造服务技术水平需要研究的关键。

6) 从再制造服务理念向产业化实际应用推广。再制造服务理念及其理论与技术体系是一个新的概念。尽管考虑服务的再制造已有部分研究成果，且已一定规模地应用于工业实际，但仍需加强再制造服务基础理论研究力度，加强引导性的再制造服务标准体系构建，从而促使再制造服务工业应用向定量化、模块化、普适化、规模化发展。

1.4 本章小结

本章借鉴逆向供应链服务、服务型制造和再制造相关理论，从宏观和微观两方面，梳理了再制造服务相关理论基础，为再制造服务相关研究奠定基础。从逆向供应链服务、服务型制造、再制造及其服务三个方面总结了再制造服务的相关研究及应用现状。在此基础上，论述了再制造服务的发展趋势，主要包括：从再制造服务概念模式向应用模式发展、从传统可再制造性设计与再设计向广义设计与众包服务设计进化、从再制造单项活动定向外包向服务外包与众包发展、从逆向供应链向以再制造服务为核心要素的再制造服务混合逆向供应链发展、从传统信息技术支撑的服务向依托新信息与智能技术的服务发展、从再制造服务理念向产业化实际应用推广。

参 考 文 献

[1] 王蕾，夏绪辉，熊颖清，等. 逆向供应链服务及其系统体系结构研究 [J]. 计算机集成制造系统，2015，21 (10)：2720-2731.

[2] 李浩，纪杨建，祁国宁，等. 制造与服务融合的内涵、理论与关键技术体系 [J]. 计算机集成制造系统，2010，16 (11)：2521-2529.

[3] FAN J. Research on the coal equipment manufacturing model based on the life cycle [J]. China Management Informationization, 2014 (16): 108-111.

[4] 夏绪辉，刘飞. 逆向供应链物流的内涵及研究发展趋势 [J]. 机械工程学报，2005，41 (4)：103-108.

[5] GOVINDAN K, POPIUC M N. Reverse supply chain coordination by revenue sharing contract: A case for the personal computers industry [J]. European Journal of Operational Research,

2014, 233（2）: 326-336.

［6］ SANTIBANEZ-GONZALEZ D R, DIABAT A. Solving a reverse supply chain design problem by improved Benders decomposition schemes［J］. Computers & Industrial Engineering, 2013, 66（4）: 889-898.

［7］ DAS D, DUTTA P. A system dynamics framework for integrated reverse supply chain with three way recovery and product exchange policy［J］. Computers & Industrial Engineering, 2013, 66（4）: 720-733.

［8］ GOU Q L, LIANG L, HUANG Z M, et al. A joint inventory model for an open-loop reverse supply chain［J］. International Journal of Production economics, 2008, 116: 28-42.

［9］ JONRINALDI, ZHANG D Z. An integrated production and inventory model for a whole manufacturing supply chain involving reverse logistics with finite horizon period［J］. Omega, 2013, 41: 598-620.

［10］ 刘赟, 徐滨士, 史佩京, 等. 废旧产品再制造性评估指标［J］. 中国表面工程, 2011, 5（24）: 94-99.

［11］ 齐二石, 石学刚, 李晓梅. 现代制造服务业研究综述［J］. 工业工程, 2010, 13（5）: 1-7.

［12］ LIN L, WU G S. Service competition, firm performance and resource allocation in manufacturing: Evidence from firm-level data in China［J］. International Journal of Innovation and Technology Management, 2013, 10（4）: 1-40.

［13］ HE Y Q, LAI K K. Supply chain integration and service oriented transformation: Evidence from Chinese equipment manufacturers［J］. International Journal of Production Economics, 2012, 135（2）: 791-799.

［14］ WAART D D, KEMPER S. 5 Steps to service Supply chain excellence［J］. Supply Chain Management Review, 2004, 8（1）: 28-35.

［15］ DEMIRKAN H, CHENG H K. The risk and information sharing of application services supply chain［J］. European Journal of Operational Research, 2008, 187（3）: 765-784.

［16］ DONG W C, LEE Y H, AHN S H, et al. A framework for measuring the performance of service supply chain management［J］. Computers & Industrial Engineering, 2012, 62（3）: 801-818.

［17］ LIU W H, LIU C L, GE M Y. An order allocation model for the two-echelon logistics service supply chain based on cumulative prospect theory［J］. Journal of Purchasing & Supply Management, 2013, 19（1）: 39-48.

［18］ LIU W H, XIE D, XU X C. Quality supervision and coordination of logistic service supply chain under multi-period conditions［J］. International Journal of Production Economics, 2013, 142: 353-361.

［19］ 高举红, 侯丽婷, 王海燕, 等. 考虑碳排放的闭环供应链收益波动规律分析［J］. 机械工程学报, 2015, 51（2）: 190-197.

［20］ 王蕾, 夏绪辉, 曹建华. 逆向供应链概念性服务模块二层匹配方法及应用［J］. 机械工程学报, 2017, 53（2）: 164-174.

[21] 夏绪辉,王蕾. 逆向供应链及其服务 [M]. 北京:机械工业出版社,2018.
[22] HOKEY M, HYUN J K, CHANG S K. A genetic algorithm approach to developing the multi-echelon reverse logistics network for product returns [J]. Omega, 2006, 34 (2): 56-69.
[23] KANNAN G, MARIA N P. Reverse supply chain coordination by revenue sharing contract: A case for the personal computers industry [J]. European Journal of Operational Research, 2014, 233 (2): 326-336.
[24] HOSSEIN Z, MARYAM H, REZA Z F, el al. A hybrid two-stock inventory control model for a reverse supply chain [J]. Transportation Research Part E: Logistics and Transportation Review, 2014, 67: 141-161.
[25] 张旭梅,黄陈宣. 逆向供应链企业间知识共享的决策机制研究 [J]. 管理学报, 2013, 10 (2): 233-237.
[26] 孙林岩,李刚,江志斌,等. 21世纪的先进制造模式:服务型制造 [J]. 中国机械工程, 2007, 18 (19): 2307-2312.
[27] 李晓华,刘尚文. 服务型制造内涵与发展动因探析开发研究 [J]. 开发研究, 2019, 2: 94-101.
[28] 陈冠宏. 机械制造企业向服务型制造转型的理论与实际案例分析 [C] //2017年第七届全国地方机械工程学会学术年会暨海峡两岸机械科技学术论坛论文集, 中国会议, 海南文昌, 2017.
[29] 谢文明,江志斌,王康周,等. 服务型制造与传统制造的差异及新问题研究 [J]. 中国科技论坛, 2012 (9): 59-65.
[30] 张卫,李仁旺,石先蔚,等. 基于集对分析的制造服务需求动态挖掘方法 [J]. 计算机集成制造系统, 2016, 22 (1): 62-69.
[31] 李从东,谢天,汤勇力,等. 面向云制造服务的语义X列表知识表达与推理体系 [J]. 计算机集成制造系统, 2012, 18 (7): 1469-1484.
[32] GROMOFF A, KAZANTSEV N, BILINKIS J. An approach to knowledge management in construction service-oriented architecture [J]. Procedia Computer Science, 2016, 96: 1179-1185.
[33] LIU J, ZHANG Z N, RICHARD E, at el. Web services-based knowledge sharing, reuse and integration in the design evaluation of mechanical systems [J]. Robotics and Computer-Integrated Manufacturing, 2019, 57: 271-281.
[34] CHUNGOORA N, YOUNG R I, GUNENDRAN G, et al. A model-driven ontology approach for manufacturing system interoperability and knowledge sharing [J]. Computers in Industry, 2013, 64 (4): 392-401.
[35] 孙卫红,吴海元,吕文新,等. 云制造资源的工序级多目标调度方法研究 [J]. 南京航空航天大学学报, 2017, 49 (6): 773-778.
[36] GUO S S, DU B G, PENG Z, et al. Manufacturing resource combinatorial optimization for large complex equipment in group manufacturing: A cluster-based genetic algorithm [J]. Mechatronics, 2015, 31: 101-115.
[37] 张富强,江平宇,郭威. 服务型制造学术研究与工业应用综述 [J]. 中国机械工程,

2018, 29（18）：6-25.

［38］COSTA N, PATRÍCIO L, MORELLI N, et al. Bringing service design to manufacturing companies: Integrating PSS and service design approaches ［J］. Design Studies, 2018, 55: 112-145.

［39］FRANK A G, DALENOGARE L S, AYALA N F. Industry 4.0 technologies: Implementation patterns in manufacturing companies ［J］. International Journal of Production Economics, 2019, 210: 15-26.

［40］GIRET A, GARCIA E, BOTTI V. An engineering framework for service-oriented intelligent manufacturing systems ［J］. Computers in Industry, 2016, 81: 116-127.

［41］QUINTANILLA F G, CARDIN O, L'ANTON A, et al. A modeling framework for manufacturing services in service-oriented holonic manufacturing systems ［J］. Engineering Applications of Artificial Intelligence, 2016, 55: 26-36.

［42］方晓波. 服务型制造的发展路径与模式研究 ［J］. 学习与实践, 2016, 9: 27-34.

［43］刘洪伟, 郑飞, 杜文超, 等. 服务型制造模式下的风电场维护服务调度及服务成本研究 ［J］. 运筹与管理, 2016, 25（6）：242-249.

［44］EXNER K, SCHNÜRMACHER C, ADOLPHY S, et al. Proactive maintenance as success factor for use-oriented product-service systems ［J］. Procedia CIRP, 2017, 64: 330-335.

［45］江平宇, 冷杰武, 丁凯. 社群化制造模式的边界效应分析与界定 ［J］. 计算机集成制造系统, 2018, 24（4）：829-837.

［46］MATT D T, RAUCH E. Design of a network of scalable modular manufacturing systems to support geographically distributed production of mass customized goods ［J］. Procedia CIRP, 2013, 12: 438-443.

［47］ZHANG S Y, XU J H, GOU H W, et al. A research review on the key technologies of intelligent design for customized products ［J］. Engineering, 2017, 3（5）：631-640.

［48］ZHANG Y F, ZHANG G, QU T, et al. Analytical target cascading for optimal configuration of cloud manufacturing services ［J］. Journal of Cleaner Production, 2017, 151（Complete）: 330-343.

［49］蔡安江, 郭宗祥, 郭师虹, 等. 云制造环境下的知识服务组合优化策略 ［J］. 计算机集成制造系统, 2019, 25（2）：421-430.

［50］ZHANG G, ZHANG Y F, ZHONG R, et al. Extending augmented Lagrangian coordination for the optimal configuration of cloud-based smart manufacturing services with production capacity constraint ［J］. Robotics and Computer Integrated Manufacturing, 2019, 58: 21-32.

［51］YANG C, SHEN W M, LIN T Y, et al. IoT-enabled dynamic service selection across multiple manufacturing clouds ［J］. Manufacturing Letters, 2016, 7: 22-25.

［52］JUN C M, JU Y, YOON J, et al. Applications' integration and operation platform to support smart manufacturing by small and medium-sized enterprises ［J］. Procedia Manufacturing, 2017, 11: 1950-1957.

［53］ZHANG Y P, ZHANG P Y, TAO F, at al. Consensus aware manufacturing service collaboration optimization under blockchain based Industrial Internet platform ［J］. Computers & Industrial Engineering, 2019, 135: 1025-1035.

[54] ABDEL-BASSET M, MOHAMED M, CHANG V. NMCDA: A framework for evaluating cloud computing services [J]. Future Generation Computer Systems, 2018, 86: 12-29.

[55] 谭明智, 易树平, 曾锐. 基于服务满意度的云制造服务综合信任评价模型 [J]. 中国机械工程, 2015, 26 (18): 2473-2480.

[56] 齐二石, 李天博, 刘亮, 等. 云制造理论、技术及相关应用研究综述 [J]. 工业工程与管理, 2015 (1): 8-14.

[57] CHEN Z. The service-oriented manufacturing mode based on 3D printing: A case of personalized toy [J]. Procedia Engineering, 2017, 174 (Complete): 1315-1322.

[58] SAKAO T, SONG W Y, MATSCHEWSKY J. Creating service modules for customising product/service systems by extending DSM [J]. CIRP Annals-Manufacturing Technology, 2017, 66: 21-24.

[59] ZOHDI T I. Ultra-fast laser-patterning computation for advanced manufacturing of powdered materials exploiting knowledge-based heat-kernels [J]. Computer Methods in Applied Mechanics and Engineering, 2019, 343: 234-248.

[60] 徐滨士, 董世运, 朱胜, 等. 再制造成形技术发展及展望 [J]. 机械工程学报, 2012, 48 (15): 96-105.

[61] GIUTINI R, GAUDETTE K. Remanufacturing: the next great opportunity for boosting US productivity [J]. Business Horizons, 2003, 46 (6): 41-48.

[62] SOH S L, ONG S K, NEE A Y C. Design for assembly and disassembly for remanufacturing [J]. Assembly Automation, 2016, 36 (1): 12-24.

[63] AGUIAR J D, OLIVEIRA L D, SILVA J O D, et al. A design tool to diagnose product recyclability during product design phase [J]. Journal of Cleaner Production, 2017, 141: 219-229.

[64] BHATTACHARYA R, KAUR A. Allocation of external returns of different quality grades to multiple stages of a closed loop supply chain [J]. Journal of Manufacturing Systems, 2015, 37: 692-702.

[65] ZHAO S E, LI Y L, FU R, et al. Fuzzy reasoning Petri nets and its application to disassembly sequence decision-making for the end-of-life product recycling and remanufacturing [J]. International Journal of Computer Integrated Manufacturing, 2014, 27 (5): 415-421.

[66] GOODALL P, ROSAMOND E, HARDING J. A review of the state of the art in tools and techniques used to evaluate remanufacturing feasibility [J]. Journal of Cleaner Production, 2014, 81 (7): 1-15.

[67] 宋守许, 汪伟, 柯庆镝. 基于结构耦合矩阵的主动再制造优化设计 [J]. 计算机集成制造系统, 2017, 23 (4): 744-752.

[68] DU Y B, CAO H J, CHEN X, et al. Reuse-oriented redesign method of used products based on axiomatic design theory and QFD [J]. Journal of Cleaner Production, 2013, 39: 79-86.

[69] HE Y J. Acquisition pricing and remanufacturing decisions in a closed-loop supply chain [J]. International Journal of Production Economics, 2015 (163): 48-60.

[70] PAUL G, EMMA R, JENIFER H. A review of the state of the art in tools and techniques used to evaluate remanufacturing feasibility [J]. Journal of Cleaner Production, 2014, 8 (1): 1-15.

[71] MITSUTAKA M, SHINGO K. Demand forecasting for production planning in remanufacturing [J]. International Journal of Advanced Manufacturing Technology, 2015, 79: 161-175.

[72] WU S Y, ZHANG P, LI F, et al. A hybrid discrete particle swarm optimization-genetic algorithm for multi-task scheduling problem in service oriented manufacturing systems [J]. Journal of Central South University, 2016, 23 (2): 421-429.

[73] 李伯虎, 张霖, 任磊, 等. 云制造典型特征、关键技术与应用 [J]. 计算机集成制造系统, 2012, 18 (7): 1345-1356.

[74] GUIDAT T, BARQUET A P, WIDERA H, et al. Guidelines for the definition of innovative industrial product-service systems (PSS) business models for remanufacturing [J]. Procedia CIRP, 2014, 16: 193-198.

[75] 谢文明, 刘晓, 江志斌. 基于服务型制造的再制造批量计划问题 [J]. 系统管理学报, 2014, 23 (2): 271-276.

[76] 廖绍华, 陈时权, 李国龙, 等. 机床综合再制造服务模式及实践 [J]. 金属加工 (冷加工), 2009 (20): 16-17.

[77] 王蕾, 夏绪辉, 熊颖清, 等. 再制造服务资源模块化方法及应用 [J]. 计算机集成制造系统, 2016, 22 (9): 2204-2216.

[78] 熊颖清, 夏绪辉, 王蕾. 面向多生命周期的再制造服务活动决策方法研究 [J]. 机械设计与制造, 2017 (2): 108-111.

[79] 尹露, 夏绪辉, 周敏. 基于 QoS 的再制造服务评价方法 [J]. 机械设计与制造, 2016 (11): 265-269.

[80] BT Industries. BT Services and Solutions Brochure [Z]. 2011.

[81] KERR W, RYAN C. Eco-efficiency gains from remanufacturing: A case study of photocopier remanufacturing at Fuji Xerox Australia [J]. Journal of Cleaner Production, 2001 (9): 75-81.

[82] 卡特彼勒再制造获评"绿色循环再制造"优秀案例 [OL]. (2017-03-07). http://news.21-sun.com/detail/2017/03/2017030708223657.shtml.

第 2 章

再制造服务的广义内涵及体系结构

2.1 再制造服务的广义内涵

2.1.1 再制造服务的基本概念

服务型制造是通过产品融合服务、服务需求方全程参与、企业相互提供生产性服务和服务性生产，实现分散化制造资源的整合和各自核心竞争力的高度协同。借鉴服务型制造的思想，考虑再制造自身所具有的服务特性，可将再制造服务理解为以再制造服务集成方/集成平台为核心的再制造服务供应方集群面向服务需求方或其他服务相关方的服务，即以再制造服务化为基础，对再制造服务供应方在整个产业链上运作过程中与服务需求相关的价值增值活动提供服务，包括提供再制造工程整体解决方案和再制造产品服务；在再制造活动实施过程中，以生产性服务为基础，对失效或退役的产品，提供再制造回收、可再制造性评估决策、再制造设计、再制造加工、信息化再制造等再制造生产性专业服务，是一种将整合资源分散服务和提升再制造价值集成的服务方式。再制造服务的内涵随着社会发展和技术进步不断扩展。

再制造服务过程中涉及的资源、组织、服务价值及其关联关系和动态配置等，共同构成再制造服务系统。再制造服务系统不仅包含具有明确需求的服务需求方、需求响应方即服务集成方和服务供应方，还包含没有直接需求却仍与服务过程相关的其他服务相关方。这四个服务主体共同构成再制造服务链，服务在服务链中即时产生和传递，其概念模型如图2-1所示。

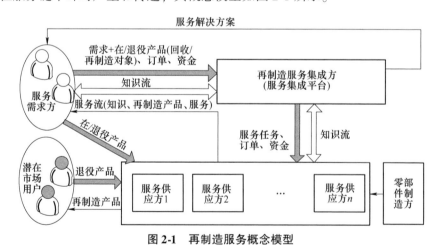

图 2-1 再制造服务概念模型

（1）再制造服务需求方 再制造服务需求方指一切具有主动服务需求的主体，包括普通用户、再制造企业法人、政府、投资者等。其既可因单纯需要技术服务或再制造产品,而主动向服务集成方提出服务需求;也可因其所拥有的在役产品部分功能故障/失效或退役产品具有重用价值,而主动向服务集成方提供在/退役产品和服务需求。再制造服务需求方为再制造服务过程的双元环节,再制造服务过程始于其服务需求的提出,止于其服务评价的给定,从而形成标准的闭环再制造服务链。

(2) 再制造服务集成方　再制造服务集成方了解再制造服务领域需求发展趋势并掌握服务供应方技术、产品与应用方案,依托再制造服务集成平台的支持,为服务需求方提供集成服务解决方案,作为产业链"中游"和整个服务系统的核心,以"总包"身份,选择和组织其"上游"分散的多个服务供应方为"下游"服务需求方提供再制造服务,同时参与再制造服务全过程,包括指导多服务供应方根据解决方案进行服务流程软重组、服务资源整合、服务过程管控、服务产品交付和服务评价等,对整个服务响应过程进行监管。

(3) 再制造服务供应方　再制造服务供应方是再制造服务链中再制造服务集成方"上游"的单体服务供应方,以"众包"身份参与再制造服务过程,提供服务资源并完成服务集成方指定的服务任务。再制造服务供应方可以是拥有相关设备、技术人员和资质的企业法人,也可以是具备经验和技术认证的技术个人。服务供应方的服务供应方式:既可以根据集成服务解决方案,在服务集成方的指导与管理下直接将支持性服务传递给服务需求方;也可以作为服务集成方或另一服务供应方的外包单位,为其提供人、物、技术等服务资源。

(4) 其他服务相关方　其他服务相关方是再制造服务过程中涉及的退役产品拥有方或潜在市场需求方、产品原制造方、新零部件制造方等无主动服务需求或无直接再制造服务活动的其他相关个人或企业法人。如拥有退役产品的用户,虽未主动提出服务需求,但可能因政策/市场引导而将其拥有的退役产品卖给再制造回收服务方,或因参与"以旧换再"的活动而成为再制造服务的原材料提供者和潜在市场用户。

2.1.2　再制造服务过程

再制造服务过程源于服务需求方主动提出服务需求、潜在市场用户需求的被动发现,或退役产品进入回收端,终止于"广义物理产品 + 广义服务"多类型服务产品包的交付和服务评价的完成。该过程以服务集成方为中心,随着服务需求和市场潜在需求的变化,再制造服务集成方不断更新集成服务方案,指导和管理再制造服务供应方不断进行服务流程软重组和分散服务资源集成服务,形成再制造服务供应方动态联盟。整个过程涉及无形活动、有形资源和服务知识等多个流,是一个复杂的动态系统过程,如图2-2所示。

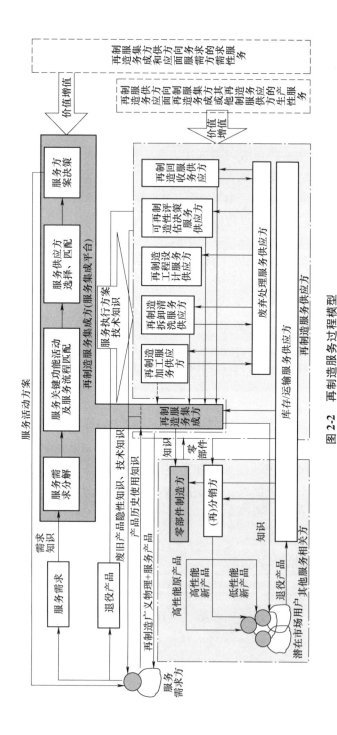

图 2-2 再制造服务过程模型

整个再制造服务过程包括两级服务响应，即第一级服务响应——需求性服务和第二级服务响应——生产性服务。完整的服务过程由第一级服务响应至第二级服务响应中的各模块依序逐级执行，但根据不同需要，第二级服务响应及其中的每个模块均可独立或跨序组合执行服务，并提供服务产品。

1. 第一级服务响应

第一级服务响应为再制造服务集成方和供应方面向服务需求方的需求性服务。该需求性服务响应级包括主动需求性服务和潜在需求性服务两类并行服务。

（1）面向服务需求方的主动需求性服务　面向服务需求方的主动需求性服务源于服务需求方主动向服务集成方提出明确的服务需求。服务过程可分为需求获取与分解、服务活动自适应匹配与服务供应方匹配，以及集成服务方案形成。

1）服务需求获取与分解。服务集成方对门户系统获取的主动服务需求，进行语义表达并形成服务需求本体，需求本体映射为服务总任务后，将其分解为合理粒度的服务活动任务和服务资源元任务。

2）服务活动自适应匹配与服务供应方匹配。根据服务活动任务，确定服务约束属性，构建并求解多维 QoS 服务约束模型，确定服务活动抽象模块，采用启发式算法对活动抽象模块进行检索、匹配，形成服务活动抽象模块序列；对可完成同类服务活动的服务资源知识本体按元需求进行匹配，形成可执行的服务业务流程方案。

3）集成服务方案形成。根据组合服务群决策，确定理想的集成服务方案。

（2）面向其他服务相关方的潜在需求性服务　面向其他服务相关方的潜在需求性服务是对没有主动提出再制造服务需求的潜在市场用户等其他服务相关方，通过引导其参与再制造服务过程的某个环节，并根据其参与效果为其提供一定价值回馈的过程，包括知识服务、销售服务等，进而使其发展为服务需求方。

1）面向其他服务相关方的知识服务。再制造服务集成方和供应方将所获取的失效信息、技术知识、产品知识等推送给潜在市场用户、新零部件制造方等其他服务相关方，为其提供购买和生产决策指导。如：拥有退役产品的潜在市场用户可根据再制造服务供应方提供的退役产品可再制造性知识服务，在"以旧换再"或选购新产品过程中做出更科学的决策；新的零部件制造方可以将再制造集成方提供的技术知识作为零件设计与生产计划的参考，如根据失效信息改善零部件部分结构和性能等。

2）面向潜在市场用户的销售服务。再制造服务集成方通过统计分析挖掘出潜在市场用户，通过政府或市场营销策略，引导潜在市场用户参与到再制造服务过程中,并获取一定价值回馈。如以"以旧换再"的方式,让其通过提供退役产品和抵扣购买再制造产品,参与到再制造回收服务和再分销服务等过程中。

▶ 2. 第二级服务响应

第二级服务响应为再制造服务供应方面向再制造服务集成方或其他再制造服务供应方的生产性服务。再制造服务集成方根据第一级响应得到的集成服务方案,组织再制造服务供应方进行"分散资源集成服务"的过程中,因单一服务供应方某项能力不足,从而产生多服务供应方面向服务集成方或其他服务供应方的生产性服务。第二级服务响应主要包括以下两个阶段。

1) 面向服务任务的服务供应方业务流程软重构。服务集成方根据集成服务方案,按服务任务,组织匹配选中的多个服务供应方进行服务流程"逻辑"上的重新组织,即适应性地转变各服务供应方在总服务过程中的作业次序、供需关系及运作方式等。同时,服务供应方依据具体服务任务,对企业内部服务资源进行"逻辑"上的重新组织。

2) 服务资源跨组织协同作业。服务供应方集群根据新的业务流程逻辑,在服务集成方指导下,执行跨组织的协同作业,直至整个服务过程结束。该过程中,服务集成方和各服务供应方将自身掌握的退役产品隐性知识、技术知识、产品数据知识等共享给合作方。

▶ 2.1.3 服务型制造、再制造、逆向供应链服务与再制造服务的关系

服务型制造是将基于制造的服务与面向服务的制造相融合,为产品全生命周期价值链中各利益相关者提供以促进价值增值为目标的服务性生产或生产性服务。再制造是机电产品逆向供应链中的重要价值增值环节,是实现产品多生命周期的关键。再制造服务衍生自服务型制造,又包含以再制造加工为核心的产品及其零部件的逆向供应链服务。因此,四者在集成内容、管理模式等方面有许多相似性,相关研究成果可以为再制造链服务的研究提供借鉴和参考。四者对比见表2-1。

表2-1 服务型制造、再制造、逆向供应链服务与再制造服务对比

对比指标	服务型制造	再制造	逆向供应链服务	再制造服务
主体渠道	服务需求方—服务集成方—服务供应方—服务需求方	旧产品拥有/需求方—旧产品回收/供应方—再制造方—新产品供应方—销售方—新产品需求方	旧产品拥有/服务需求方—服务集成方—服务供应方—原旧产品拥有/服务需求方或新产品服务需求方	旧产品拥有/服务需求方—服务集成方—服务供应方—原旧产品拥有/服务需求方或新产品服务需求方

(续)

对比指标	服务型制造	再制造	逆向供应链服务	再制造服务
体系核心	以制造服务集成方或产业链某供应方为核心	不同再制造产品，有多个不同的核心企业	以逆向供应链服务集成方或产业链某供应方为核心	以再制造服务集成方或产业链某供应方为核心
核心理念	制造及服务	在役产品升级或退役产品增值	废弃资源综合利用	在役/退役产品价值最大化
供应产品	物理产品、集成服务型产品、服务产品	物理产品	物理产品、服务产品、集成服务型产品	广义物理产品、广义集成服务型产品、广义服务产品
运营模式	需求拉动型	需求拉动型和推动型相结合	需求拉动型	需求拉动型和推动型相结合
产品生命周期	全生命周期	多生命周期	多生命周期	多生命周期
主体协调内容	服务计划协调、服务能力协调	生产计划协调、库存协调	服务计划协调、服务能力协调	服务计划协调、服务能力协调
盈利模式	提供综合性供应链服务业务	侧重在役产品升级或退役产品修复的短线/粗放盈利模式	注重可持续化盈利模式，对一切废弃物（废水、废气、废渣、废钢铁、废旧设备及零部件）资源化服务过程提供整体解决方案	注重可持续化盈利模式，对可再制造的废旧机电产品及零部件价值最大化服务过程提供整体解决方案

2.1.4 再制造服务广义产品

在服务型制造领域，广义产品是指根据服务需求方的多层次个性化需求，为其提供的"物理产品+多种服务"的多类型服务包。根据服务包中物理产品和服务占比不同可将其分为三类：纯物理产品、集成服务型产品（物理产品+服务）和纯服务产品。其中，因"通过提供服务实现物理产品价值增值"的指导思想，集成服务型产品成为服务型制造的主流产品形式。

再制造服务作为服务型制造、再制造、逆向供应链服务的延伸，再制造服务的广义产品继承并发展了现有广义产品的特性。再制造服务的广义产品是指在再制造服务的整个过程中，为满足多层次个性化服务需求方的直接需求或潜在市场用户需求，向需求方提供的"广义物理产品+广义服务产品"的多类型服务包，其形成如图 2-3 所示。

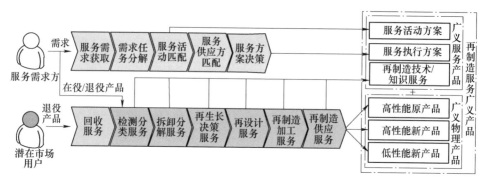

图 2-3 再制造服务广义产品的形成

1) 广义物理产品，是指以实现再制造物理产品对象价值最大化为目的，依据物理产品对象内部失效特征所确定的生长规律和外部环境约束（生长需求、生长成本、生长服务能力）所确定的广义生长方案，经过各类再制造广义生长加工过程产生的一系列物理产品，包括：退役产品性能提升或升级产生的高性能原产品，退役产品中高价值部件优化选配或再设计后产生的高性能新产品，低价值废旧部件降级再制造产生的低性能新产品及零部件。高性能原产品指再制造后物理产品与再制造前物理产品属于同类产品，即在不改变原物理产品设计的前提下对其进行性能恢复或功能升级，如某废旧发动机经再制造后仍为原型号发动机，且性能不低于该型号新制造发动机；高性能新产品指再制造后物理产品与再制造前物理产品不属于同类产品，即对原物理产品进行再设计，并再制造成一种新的再制造产品；低性能新产品及零部件指将再制造价值低的废旧部件作为坯料使用，再制造为与再制造前不同类产品。该低性能新产品虽与原产品相比价值降低，但其降级再制造后的剩余价值仍远大于直接报废所带来的剩余价值。

再制造广义物理产品生长是在役/退役物理产品及其零部件，经过再制造服务活动，实现性能提升或恰当重用的多层级多粒度生长过程，如图 2-4 所示。其中，层级是生长对象所在物理产品拓扑结构网深度的量化描述，粒度是各层级生长对象生长烈度的量化描述。

2) 广义集成服务型产品，是指基于再制造服务化，在整个产业链上，对再制造服务供应方集群提供与服务需求方相关的价值增值活动服务，包括提供再制造广义物理产品及其配套服务。

3) 广义服务产品，是指在再制造服务过程中，以服务需求相关的再制造品性服务为基础，对服务需求方提供再制造知识/技术咨询、再制造活动方案、再制造工程整体执行方案等纯专业服务，以及以再制造生产性服务为基础，对再制造物理产品对象或其他再制造企业，提供评估、设计、加工、信息化等再制造生产性专业服务。

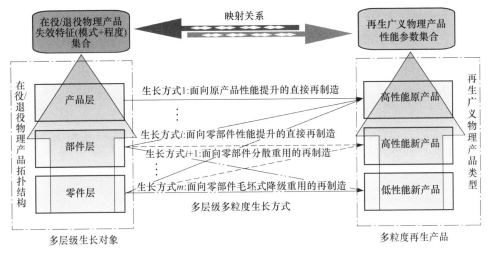

图 2-4　再制造服务广义产品多层级多粒度生长过程

2.1.5　再制造服务价值链

（1）再制造服务产品价值链　在服务经济环境下，企业要提高竞争力、获得新的利润增长，需要通过销售广义产品扩展产品价值链。广义产品中的物理产品价值在主体间的转化过程中以不同的形式呈现，企业通过再制造服务网络各环节中的多种业务模式，使该资源不断增值，从而获取增值部分和提供增值服务部分（即广义产品）的利润。

在再制造服务价值创造的过程中，物理产品的价值在多生命周期价值链中不同价值层之间传递和增值。广义物理产品的原始价值由旧产品服务需求方流入，通过再制造服务供应方一系列再制造服务活动实现产品价值增值，企业通过销售增值物理产品来获取利润，此时，再制造服务供应方跨越了多个价值层。广义集成服务型产品的原始价值由服务需求方和旧产品共同汇入，再制造服务供应方通过单个或多个活动提升物理产品价值和提供增值服务，企业通过销售增值产品和相关服务获取利润，此时，再制造服务供应方既可以处于单个价值层，又可以处于多个价值层。广义服务产品的原始价值由服务需求方汇入（主要指信息、数据等），再制造服务供应方以服务需求为导向，通过提供一系列再制造服务（方案、评估等）帮助服务需求方实现再制造物理产品增值，服务需求方给予企业一定比例的增值部分价值，此时，再制造服务供应方本身不处于任何价值层，却与产品多生命周期的所有价值层紧密相关。

（2）再制造服务知识价值链　在再制造服务过程中，由不同服务供应方提供的多项相互独立且分散的服务，通过服务聚合，集合成新的大粒度服务，并向外提供，以创造出全新的服务价值。整个过程伴随着服务需求正向知识流、再制造产品逆向物流和产品知识流。在该过程中，与企业价值增值类似，再制造服务知识价值由各种增值活动来达成。延伸此观念，可认为：再制造服务中的知识价值链是由服务主体运作环节中知识增值的活动所组成的动态过程。其中，知识以多元管道汇入知识库中，通过知识获取、共享、应用、创新等活动实现增值，再以经济增长、流程优化、员工成长、服务需求方满意、全面创新等发散式的多元价值形式输出，如图 2-5 所示。在整个再制造服务知识价值链中，不断伴随着知识的转移及知识与服务资源的结合。

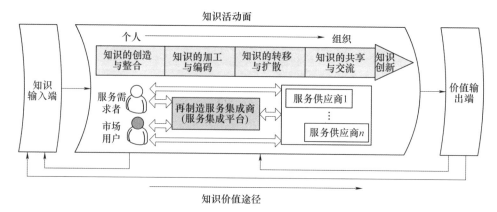

图 2-5　再制造服务知识价值链模型

2.2　再制造服务的体系结构

2.2.1　再制造服务的总体系结构

再制造服务是以再制造服务集成方/集成平台为核心的再制造服务供应方集群面向服务需求方或其他服务相关方的服务，是一种将整合资源分散服务和提升再制造价值的集成服务方式。再制造服务系统中各服务主体之间的交互过程同样涉及资源、组织、服务价值及其关联关系和动态配置等。为有效支持服务集成方与服务供应方的动态联盟和服务资源的动态配置，优化再制造服务总体服务水平，客观上要求再制造服务系统以服务知识平台作为知识集成共享和配置方案决策的基础，且具有良好的动态可重构性和协同控制机制。

根据再制造服务的内涵及特点，建立一种集合再制造服务目标、服务对象、服务内容和服务多技术支持的再制造服务的体系结构,如图 2-6 所示。

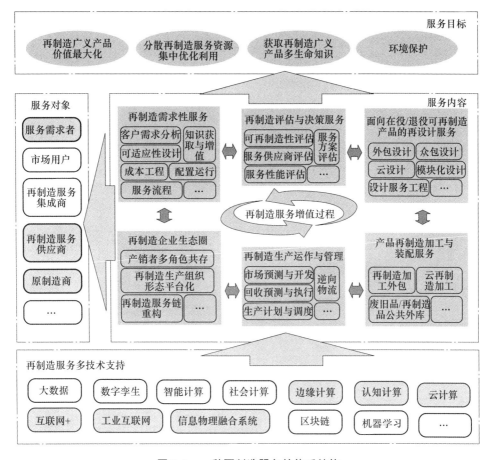

图 2-6 一种再制造服务的体系结构

服务目标和对象描述再制造服务系统的适用范围,由于再制造服务既要考虑产品价值最大化,又要考虑服务资源的优化利用、环境保护等多因素,因此,再制造服务目标是由多目标因素构成的目标体系,服务对象则主要描述再制造服务过程涉及的各类服务主体及其关系。

再制造服务内容依据再制造服务动态过程及其价值链所涉及的核心服务环节展开,主要包括再制造需求性服务、再制造评估与决策服务、面向在役/退役可再制造产品的再设计服务、产品再制造加工与装配服务、再制造生产运作与管理、再制造企业生态圈等。再制造服务的这些核心内容所需要研究的全部理论,构成了再制造服务核心理论体系。

再制造服务多技术支持是指再制造服务理论及技术体系研究与应用过程中所涉及的全部技术基础,如大数据技术、云计算技术、互联网+技术、区块链技术等。

再制造服务的体系结构应能给人们研究和实施再制造服务提供多方位的视图和模型。此外，再制造服务的概念和内容还处于探索与发展阶段，没有形成完整的体系结构和系统模型，需要根据发展不断扩展和深化。

2.2.2 再制造服务的视图构成

再制造服务是以服务需求方或其他服务相关方需求或产品增值为导向，建立在服务集成方和服务供应方的企业联盟模式基础上的，包括信息、物流、资源、功能、组织、过程的集成系统。再制造服务体系结构包括过程视图、功能视图、知识视图、资源视图和组织视图五个视图，如图2-7所示。

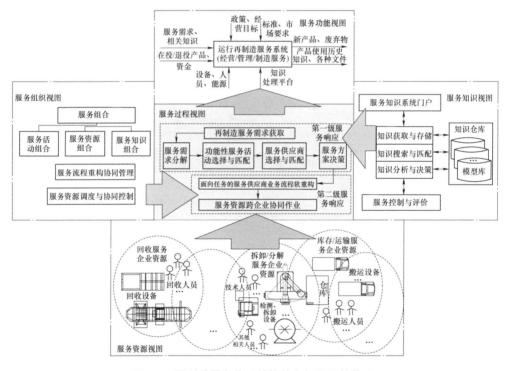

图 2-7 再制造服务体系结构的多视图及其关系

1) 过程视图：将服务功能、服务知识、服务资源和服务组织相关联，描述再制造服务系统的业务流程构成与运行过程，为再制造服务各视图表示的子系统提供指导。

2) 功能视图：描述再制造服务系统的静态功能组成（静态视图）和动态功能联系（动态视图）。由于服务功能来源于企业联盟中单个企业自身功能与不同组织和管理模式下的集成功能，其根据集成模式的变化而变化，具有多样性。

因此，根据需求变化合理规划系统的组成部分及集成模式是再制造服务系统必须考虑的。

3）知识视图：描述再制造服务系统的知识平台架构、知识构成（静态视图）、知识联系及其内部的知识价值链和处理过程（动态视图）。考虑到服务主体在地理位置上的分散性及组织管理上的分布性，其知识间的交互应是基于标准的，即使用通用的知识描述方法，以便实现知识共享。

4）资源视图：描述再制造服务系统中的设备、物流等系统资源构成（静态视图）、协作方式以及物流、资源流模型（动态视图）。再制造服务资源在再制造服务活动所构成的价值链中不断转化和增值。

5）组织视图：描述逆向供应链系统中的组织构成（静态视图）和组织方式（动态视图）。由于参与再制造服务的各企业之间具有不同层次和不同程度的关联关系，各企业间不同的组织模式有着不同的输出，所以要求能根据需求评估确定最佳的再制造服务组织模式，实现不同程度的服务组合。

总之，再制造服务要求能够根据需求变化提供一系列集成服务方案，合理规划系统组成部分，进行不同层次和不同程度的重构。

2.2.3　再制造服务的技术体系

1. 再制造组织与运行模式及技术

再制造与服务的融合首先要求重构再制造生产者与生产者、生产者与消费者之间的链接。组织关系由链式供应方式向网状生态共创体系改变，再制造工业服务逻辑正在出现。依托于再制造产品，将再制造生产性服务、服务性生产以及用户全程参与再制造及服务过程引入传统的制造价值链，扩展价值链的涵盖范围，通过企业间的再制造专业化分工和协作及网络化协作实现资源整合、价值增值和知识创新。解决这些问题依赖于对再制造组织与运行模式及技术的研究，需要对再制造生产性服务、服务性生产等进行定义和描述，给出再制造与服务融合的技术支持框架，对再制造资源的供需匹配进行系统研究，尤其是对再制造生产者与生产者、生产者与消费者之间的角色定位和链接关系的系统性描述和演变规律进行深度解析。

2. 再制造服务增值技术

再制造本身具有服务特性，充分体现了从产品经济到服务经济的转变，可促使国内外越来越多再制造企业通过运用服务来增强自身产品竞争力以及向服务转型以获取价值来源，这使得依托再制造服务实现价值增值成为解决问题的核心。再制造服务增值涉及供应商、服务商、再制造商、分销商以及用户节点企业等角色的耦合关系。再制造节点企业紧密围绕其核心能力开展业务，并将非核心业务外包,通过相互提供再制造生产性服务、分工合作实现高效生产服务再制造协作。此外,再制造协同再设计、回收商库存管理、远程维护等都体现了再制造生产服务网络上的新型服务关系,包括服务增值策略、增值机理、服务价值网络、服务成本工程、再制造与服务的可持续融合框架等。再制造服务增值主要体现在两个方面:再制造过程的服务化,在废旧产品再制造过程中,所需的再制造生产性服务性要素在再制造及其价值创造中的投入增加,成为再制造企业竞争力的关键来源;再制造产品的服务化,再制造商以"再制造产品+服务"进行供应商角色转型。

3. 面向再制造的设计与生产性服务技术

(1)面向再制造产品的再设计服务技术　再设计服务是再制造服务的重要组成部分,提升再设计服务能力是基于废旧产品特性,提高再制造产业链产品开发效率的关键。再制造产品再设计服务的实现框架包括外包设计、众包设计、云设计等。基于以上模式的再制造产品再设计服务是一种在线的、分布式的、高效的问题解决方案,通过整合利用分散的设计资源来完成再制造产品协同开发。这个方案能有效降低成本、增强再制造企业核心竞争力,将成为越来越多再制造企业凝聚核心竞争力的重要举措。

(2)再制造加工与再制造产品装配服务技术　再制造生产服务的主要形式是生产外包,其核心思想是以再制造外协加工的方式将生产任务委托给外部专业化细分下的再制造加工企业来完成,以达到降低成本、分散风险、提高效率、增强竞争力的目的。对再制造生产外包模式的研究主要包括概念框架研究、外包调度规划研究、外包决策支持研究等。

再制造加工外包和装配是废旧零件再制造加工与生产任务的主要模式,该模式中,外包服务需求方可以将非核心的再制造生产服务转移到外部企业,从而有更多精力提升自己的核心业务,而外包服务提供方可以聚焦专业化再制造加工服务,与其他提供方一起形成以某类废旧产品的重要工序或核心部件的再制造加工组装为核心的再制造中心,从而占据市场位置。共享仓库和仓储等服务模式为再制造产品零部件的存储和配送提供了新的解决思路,该模式可实现需求方和提供方的双赢。

4. 再制造产品服务系统技术

21世纪初,联合国环境规划署(UNEP)提出了产品服务系统(PSS)的概念,最初的目的是实现人、产品、企业和环境的可持续发展。借鉴此概念,再制造产品服务系统可通过系统地集成再制造产品和服务,为用户提供再制造产品功能而不是产品本身以满足他们的需求,从而在再制造产品生命周期内实现价值增值、再制造生产与消费的可持续发展。在此基础上,再制造产品服务系统是指由再制造核心企业或第三服务方主导的,通过附加无形的产品服务到有形的再制造物理产品上,以达到在再制造产品生命周期内再设计、再制造、销售、配置、运控和维护好再制造产品的工作能力,提升再制造产品环保性能的一种系统性解决方案,并希望通过这种"再设计—再制造—服务"一体化解决方案,在经济、资源环境方面实现服务驱动的价值增值。再制造产品服务系统的关键使能技术可以从用户需求分析、再设计、配置、运行服务、服务性能评估等方面展开。再制造产品服务系统是从以再制造产品为主导的传统运作方式转变为以服务为主导的合作方式,并为用户提供系统化服务解决方案的一种再制造企业可持续发展模式。再制造生产者和消费者的角色均需重新定位,他们之间的价值关系也需重构。可见,再制造产品服务系统是造就再制造服务核心价值的原动力。

5. 再制造服务逆向供应链技术

在再制造生产外包和再制造产品服务等多服务再制造模式的联合驱动下,再制造企业和服务企业之间的合作模式也发生了相应改变,服务主导的思想正成为重构逆向供应链实现价值共创的重要手段。逆向供应链企业间的合作模式转变为企业间的协同,企业间的行为也相互交错,形成密集而动态的逆向供应链服务。再制造服务逆向供应链涉及服务回收管理、服务需求管理和服务逆向供应链协调等方面的主要研究内容。再制造逆向供应链在盈利模式、组织行为和价值形式等方面与传统的制造物流供应链有显著差异。参考针对较为成熟的产品制造供应链研究所得的共性基础理论,可通过抽象出再制造服务逆向供应链具有的与产品制造供应链截然不同的特征,来构筑适应于再制造服务自身特点、并能将再制造产品制造供应链的相关共性理论融合应用到再制造服务逆向供应链的新模式、新方法、新模型和新技术。因此,加强对再制造服务逆向供应链运营的基础理论研究将成为一种趋势。

6. 支持再制造服务的信息与智能技术

信息与智能技术包括互联网+、服务计算、云计算、大数据、边缘计算、智能计算、数字孪生、信息物理融合系统(CPS)及工业互联网等,其快速发展可推动再制造与服务的深度融合,能够提升再制造的资源配置效率,优化再制造企业的生产组织和运营管理方式,为再制造的推广应用创造先决条件,加速再制造服务研究的进程。如:CPS、大数据和智能计算技术对再制造服务过程的支撑;云计算技术对再制造服务平台以及被封装的云服务资源、集中式调度与管理、云服务请求、再制造知识服务技术等的支持;数据挖掘技术在再制造产品质量改进方面的支撑,包括考虑再制造产品质量描述、质量预测、质量分类和参数优化等;服务计算支持面向服务的架构体系;边缘计算在工业互联网条件下，可强化再制造数据的分布化处理能力；数字孪生则是实现再制造物理世界和信息世界智能互联与交互融合的一种潜在的有效途径，物理融合、模型融合、数据融合和服务融合是它需要解决的技术难点。可见，再制造会因信息化和智能化的深度引入而发挥出它在服务价值增值方面的更大潜能。具有智能技术的工业互联网增加了服务化内容，通过对废旧产品状态数据的全面深度感知、实时动态传输与高级建模分析，可形成再制造的智能决策与控制机制。

2.3 工程实例：一种轧辊再制造服务系统应用体系

2.3.1 工程实例背景

钢铁工业是我国国民经济的重要基础产业，作为产业链的前端，带动机械制造、航空、机车、汽车、建筑等诸多行业发展，在工业化进程中具有战略地位。目前，我国钢铁行业正处于转变发展方式的关键阶段，既面临结构调整、转型升级的发展机遇，又面临资源价格上涨、产能明显过剩、环境保护压力增大、自主创新能力不足等严峻挑战。《2014—2018年中国钢铁物流业投资分析及前景预测报告》指出，典型的逆向供应链及逆向信息流是钢铁行业循环经济产业链的重要组成部分。构建钢铁工业逆向供应链服务体系是钢铁行业从粗放型向集约型转变的策略之一，也是实现其可持续发展的重要途径。钢铁冶金工业包含几十道工序，复杂的生产过程中产生了大量固体废弃物、废液、废气以及废旧备品备件等废弃物，由于相关技术支持不够和管理不到位，这些废弃物长期处于低水平利用状态。而对钢铁生产产生的废弃物进行资源化处理以及综合利用，如利用高炉渣、转炉渣生产水泥等建材产品，废旧备品备件可进行再制造循环利用或重用，废钢铁回炉再生产，利用焦油、焦炉煤气、粗苯等焦化副产品生产化工产品，对废水可分质串级循环利用或重用，对退役设备及关键零部件进行再制造，等等，并将这些独立的资源化处理与综合利用的相关企业或企业部门进行服务网络化集成，形成钢铁工业逆向供应链，将推动钢铁工业的绿色变革与可持续发展。

工作轧辊及其轴承是影响轧机工作辊单元滚动功能的关键部件。钢铁工业生产中通常涉及一系列轧辊，如热轧辊、冷轧辊、CSP 轧辊等，其在实际生产中会产生不同程度、不同形式的损坏，如图 2-8 所示。尽管当前在各轧钢生产线周边设置有磨辊车间，可以处理正常磨损或损伤程度低的轧辊，为生产正常运行提供了一定保障，但对于大量严重损伤或已完成生命周期的轧辊的修复/再制造，则需要第三方再制造服务提供商完成，其专业的整体工程解决方案和资源整合将极大地降低再制造成本并提高服务质量。轧辊再制造服务过程将涉及前文所述的各类再制造服务活动及资源。本节以钢铁工业废旧轧辊再制造服务为例，对上述再制造服务体系结构进行验证性研究。

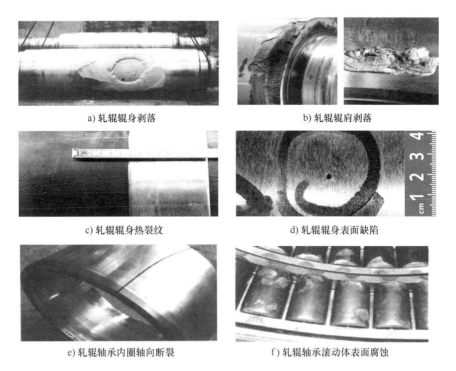

a) 轧辊辊身剥落　　　　　　　　b) 轧辊辊肩剥落

c) 轧辊辊身热裂纹　　　　　　　d) 轧辊辊身表面缺陷

e) 轧辊轴承内圈轴向断裂　　　　f) 轧辊轴承滚动体表面腐蚀

图 2-8　轧辊辊身及其轴承常见的失效形式

2.3.2　一种轧辊再制造服务系统应用体系的构建

针对我国废旧轧辊回收利用行业现状及对废旧轧辊再制造服务体系的迫切需求，依据以上再制造服务系统基本体系结构的研究，以及对某钢铁企业废旧轧辊回收再制造利用模式的调研情况，构建了一种以再制造加工服务为核心的废旧轧辊再制造服务系统应用体系，如图 2-9 所示。

轧辊再制造服务系统应用体系涵盖四个服务主体：①服务需求方，主要为该钢铁企业内部以轧辊为生产装备主要部件的连铸连轧/热轧/冷轧厂、市场提供废旧轧辊并有委托再制造加工需求的客户；②其他服务相关方，如需要将废旧轧辊兑换其残值的社会用户等；③服务供应方集群，以具有废旧轧辊总成拆卸、清洗、磨辊等综合服务能力的某钢铁企业轧辊磨辊厂为核心服务供应方，辅以再制造设计服务供应商、轧辊堆焊/激光熔覆再制造加工服务供应商等再制造服务供应商，以及废旧轧辊回收服务供应商、废旧轧辊储运服务商、再制造

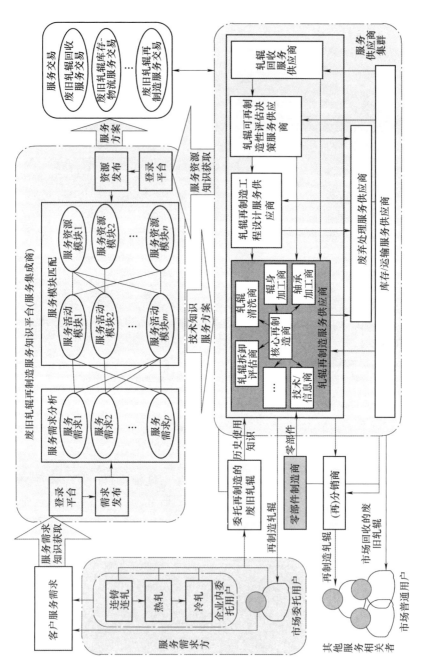

图 2-9 一种轧辊再制造服务系统应用体系

轧辊成品库存/运输服务商、再分销商、轧辊废弃处理服务供应商等轧辊逆向供应链服务供应方；④服务集成方为第三方服务平台运营商，服务知识平台作为废旧轧辊再制造服务的信息化支撑，其功能主要包括统一用户管理、需求/资源发布、服务需求分析、服务模块匹配、服务交易管理、服务过程管理与评估、服务知识聚集与知识共享应用等。服务供应方在服务知识平台进行注册后，服务知识平台定时与服务供应链交互并更新服务资源知识；当有服务需求方完成平台注册和需求发布后，服务知识平台通过需求分析、服务活动模块匹配、服务资源匹配等推理计算，得到综合效益最合理的集成服务方案，反馈给服务需求方和相关服务供应方，并完成服务交易。

2.4 本章小结

本章从再制造服务的基本概念、服务过程、再制造服务相关关系、再制造服务广义产品及服务价值链等方面分析了再制造服务的广义内涵，阐述了再制造服务四个主体间的关联关系、广义产品的输入与输出以及两级服务响应过程。在此基础上，建立了一种集合再制造服务目标、服务对象、服务内容和服务多技术支持的再制造服务的体系结构。从过程视图、功能视图、知识视图、资源视图和组织视图五个视图的角度阐述了再制造服务体系结构的多视图及其关系。从再制造组织与运行模式及技术、再制造服务增值技术、面向再制造的设计与生产性服务技术、再制造产品服务系统技术、再制造服务逆向供应链技术、支持再制造服务的信息与智能技术等方面论述了再制造服务的技术体系。

参 考 文 献

[1] 孙林岩，李刚，江志斌，等. 21世纪的先进制造模式：服务型制造[J]. 中国机械工程，2007，18（19）：2307-2312.
[2] PAUL P, STEPHEN L V, NATHAN C, et al. The service system is the basic abstraction of service science [J]. Information Systems and e-Business Management, 2009, 7 (4): 395-406.
[3] 李浩，纪杨建，祁国宁，等. 制造与服务融合的内涵、理论与关键技术体系[J]. 计算机集成制造系统，2010，16（11）：2521-2529.
[4] 刘伟华，季建华，王振强. 基于服务产品的服务供应链设计[J]. 工业工程，2008，11（4）：60-65.

第 3 章

再制造服务需求动态发现与获取

3.1 再制造服务需求动态发现与获取策略

3.1.1 再制造服务需求分类与转化

1. 服务需求分类

面向再制造服务的客户需求呈现模糊性、动态性、复杂性及隐蔽性等特点。客户需求作为一种知识资源,可借鉴知识获取的思路,将外部与内部环境中的需求知识从信息系统或客户大脑等不同知识源中抽取出来,用特定的计算机语言结构表示,然后转换到再制造服务系统知识库中,以备调用。由于需求获取的方法较多,不同的方法适用于不同类型的需求知识,为了制订科学的需求发现与获取策略,需要对典型的再制造服务需求进行分类。

通常,知识可以从适用领域、保密程度、经济分析、存在形式、决策分析等多角度进行分类,考虑到再制造服务需求知识获取方式的选择主要取决于需求知识的存在形式,故从存在形式的角度,将客户需求知识分为显性知识与隐性知识两种:① 显性客户需求知识,即客户了解或曾经关注,并能够用言语或文字内容的形式表达的可编码需求知识,如客户在信息系统中用于需求检索而录入的需求描述文字等;② 隐性客户需求知识,即以非结构化的、非正式的方式存在于客户大脑中的客户没有明确提出的需求,如客户认识到某个轴承可能失效需要再制造,但尚未对其进行语言或文字描述。

2. 需求知识的 "显-隐" 转化

宏观上,客户隐性需求知识的产生和积累与普通知识的形成原理相符,即知识来源于实践。微观上,客户隐性需求知识是客户对复杂情景结构的一种抽象,是其在"行为—认知"循环中主动构建的意识。从认识论和知识链的角度看,客户的显性需求知识和隐性需求知识处于相互转化与转移的动态循环中,如图 3-1a 所示。其中,隐性知识的形成及其显性转化过程为:① 客户通过同行交流(隐性知识社会化)、观察实践或资料查阅行为(显性知识隐性化)等,在大脑中主动构建隐性需求意识,即隐性需求知识形成;② 客户直接用文字描述其隐性需求知识,或通过与专业知识工程师(知识平台)的交流,从行业背景及专业概念出发,逐层完善和精细化客户隐性需求概念体系,从而实现隐性需求知识的逐步结构化,即隐性需求知识的显性转化(隐性知识显性化),如图 3-1b 所示。显性知识通过网络、书籍等转移,供客户学习、进行需求挖掘分析等(显性知识共享化),从而形成了闭环知识价值链,并在知识螺旋中实现知识增值。

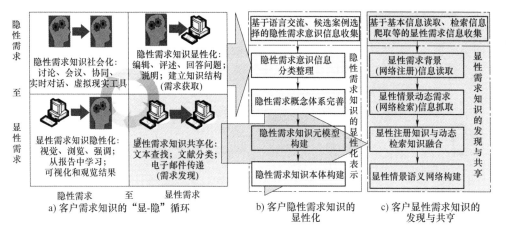

图 3-1 再制造服务需求知识的转化

3.1.2 需求动态获取策略模型

从图 3-1 可知,基于再制造服务知识平台的客户需求知识获取主要包括:隐性需求知识显性化和显性需求知识挖掘。前者是通过知识平台与客户的交互实现"隐性需求意识信息"收集,进而完成对隐性需求知识的获取;后者是通过需求挖掘发现存在于服务知识平台中的显性需求知识。

考虑客户因受领域知识或表达能力等限制,导致其在人机交互过程中所输入的关键词并不能完整表达出其真实需求,从而影响再制造服务知识平台服务模块匹配及方案决策的准确性。为了提高"隐性需求意识信息"收集的可靠性,本章结合图 3-1b 中隐性需求知识显性化的思想,提出一种再制造服务需求动态获取策略,如图 3-2 所示。其需求获取流程包括如下三个核心步骤:

1) 隐性需求知识获取。构建再制造服务需求候选本体,在人机交互 Web 网页上,引导客户逐层细化选择,实现隐性需求知识信息的收集;整理相关知识信息,构建客户隐性需求概念体系和知识元模型,建立其知识本体,实现隐性需求知识的显性转化。

2) 显性需求知识发现。根据客户在系统注册的领域关键词,构建"客户注册关键词语义网络";根据客户检索行为记录,构建"客户检索关键词语义网络",进而提取"客户情景语义网络",并与多级获取页面关键词网络进行动态匹配,确定相似度最高的需求关键词,将其作为"潜在需求"向客户推送。

3) 再制造服务知识平台将所获取的需求通过元数据构建、映射及抽取,最后得到客户需求文档，为后期再制造服务模块选择匹配与方案决策提供依据。

整个需求获取过程多以图形和选择的形式呈现，减少了模糊文本的录入。此外，通过充分利用候选本体和挖掘的潜在需求，使客户逐步明确并量化其隐性需求意识，从而保障了隐性需求知识获取的准确性与完整性。

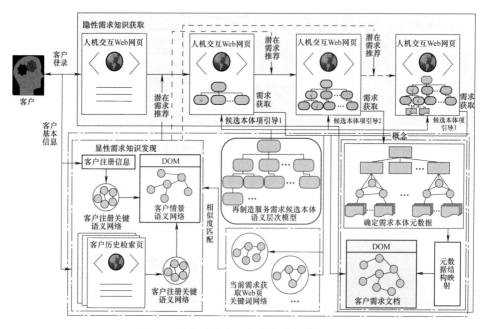

图 3-2　再制造服务需求动态获取策略模型

3.1.3　基于语义网络-本体学习的需求动态发现与获取流程

再制造服务动态需求发现与获取过程是一个复杂的知识获取过程，由于直接从客户大脑中准确获取非结构化的隐性需求知识，通常需要进行大量的访谈、问卷调查等反复、繁琐的过程，为了能通过短时间的人机交互过程实现上述隐性需求知识的获取，从而减少其工作量，并保证所获取需求知识的准确率，希望能在人机交互界面展示候选需求样本，用于引导客户准确描述其大脑中的隐性需求知识。

本体是一种用概念化表示方式规范说明群体共享知识的有效工具，基于本体的知识匹配、检索等实现方式灵活且具有更高的准确率。本体学习是一种知识自动获取方式，即从特定的知识源中利用知识发现技术提取概念和关系，并构建知识本体。本章基于 Stojanovic 等提出的通过构建、评价和精炼候选本体来生成最终本体的思路，结合本体学习的方法，提出基于本体学习的再制造服务需求动态发现与获取方法，其主要思路为：构建用于客户勾选的再制造服务需求候选本体,并以 Web 表格的形式呈现在再制造服务需求人机交互 Web 网页(Man-machine interactive web pages for reverse supply chain services demand,M2M Web-RSCSD);采用基于本体学习的需求知识自动获取技术,获取人机交互 Web 表格中客户勾选的有效需求概念和其录入的有效概念值,构建客户需求本体;同时,通过建立面向再制造服务资源的客户偏好情景语义网络,发现并构建客户潜在需求,作为服务需求本体的补充,从而构建最终的客户需求本体,并生成客户需求 DOM 文档。该需求动态发现与获取流程如图 3-3 所示。

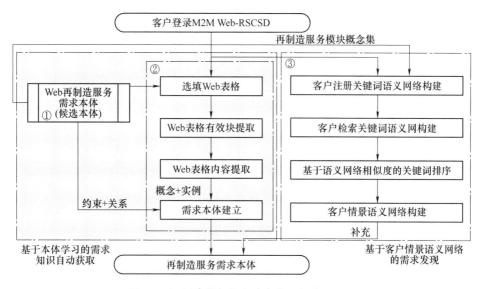

图 3-3 再制造服务需求动态发现与获取流程

3.2 再制造服务需求动态获取方法

再制造服务需求动态获取过程是一个复杂的知识获取过程,本节重点研究图 3-2 中隐性需求知识的获取方法。

3.2.1 再制造服务需求候选本体语义模型

再制造涉及传统制造领域中的制造设计、制造工艺等共性环节和特点,其服务具有制造服务的基本属性和特征,服务需求知识的获取方法也具有高度的相似性。但是,由于再制造又与传统制造在毛坯初始状态、加工对象、质量控制手段、加工工艺等诸多方面有较大区别,且存在更多不确定因素,从而导致再制造服务需求候选本体与制造服务需求候选本体的概念集、元数据模型等具有较大差异。借鉴制造资源本体建模的思想,针对再制造及其服务领域特点,将广泛存在于各类信息系统中的显性再制造服务资源和服务需求知识作为一个庞大的知识资源库,对其中存在一定描述差异的知识进行融合,构建一个完整且专业化的再制造服务需求候选本体及其语义表达模型,一方面能给客户提供合理的再制造服务候选项,另一方面能提高知识平台构建客户服务需求本体的效率。

1. 再制造服务需求本体概念集

在前期再制造服务研究和大量调研工作的基础上,在基于 Web 的再制造服务知识平台中,将再制造服务需求本体的概念集归纳为如下两类:

1) 再制造服务对象,主要是具有再制造价值的在役/退役设备或其零部件。再制造服务对象概念集包括设备和零部件的全部子类,以及服务对象名称、数量、结构参数、性能状态、失效形式等属性概念集,为实现再制造服务需求的准确获取和再制造服务方案匹配提供依据。

2) 再制造服务方式,主要包括再制造加工服务、再制造产品服务、再制造技术服务和再制造人员服务。再制造加工服务方式需求,即面向设备或零部件的再制造工艺方案设计、再制造生产等服务需求;再制造产品服务方式需求,即再制造设备或零部件等再制造产品的采购/销售、运输、租赁等服务需求;再制造技术服务方式需求,即面向再制造设计、再制造加工的技术支持服务需求;再制造人员服务方式需求,即面向再制造设计、再制造加工管理及实施、再制造产品采购/销售等方面的管理人员、技术人员、操作技工、专家等人员需求。

2. 再制造服务需求本体关系定义

服务需求本体的关系定义是影响本体知识库中服务需求知识描述准确性和完整性的重要因素,也是知识推理的基础。根据对再制造服务需求本体概念集的分析,将其本体关系主要定义为如下两大类:

1) 种属关系(Is-a relation,Attribute-of relation),描述不同逻辑层次上的父子概念(属性)之间的关系。

【定义 3-1】 种属关系 Is-a relation,是指本体概念集(Ontology concept set,S_{oc})中的概念 oc_1,$oc_2 \in S_{oc}$,在满足 oc_1 的内涵 $I(oc_1)$ 包含 oc_2 的内涵 $I(oc_2)$ 时的关系,记为 Is-a relation(oc_1,oc_2)。

【定义 3-2】 属性关系 Attribute-of relation,是指属性集 S_A 中的元素 a($a \in S_A$)与概念 oc 之间的关系,记为 Attribute-of relation(a,oc)。

2) 实例关系(Instance-of relation),描述处于不同逻辑抽象层次上的概念与实例之间的关系。

【定义 3-3】 实例关系 Instance-of relation,是指实例集 S_{Ic} 中的实例 i($i \in$

S_{Ic}) 和概念 oc 之间的关系，记为 Instance-of relation（i, oc）。$i \in S_{\text{Ic}}$ 将继承概念的数据属性和对象属性，并给出属性值。

3. 再制造服务需求候选本体的语义元数据模型

采用面向对象的方法，确定再制造服务需求本体各概念集的概念分类体系和组合结构，并构建再制造服务需求两层语义元数据模型，如图3-4所示。概念层是一种描述需求候选本体的概念集（类）、概念语义关系及约束的网状结构。其中，概念语义关系主要包括可用 Is-a 关系表达的种属层次关系和表达概念间的基本横向联系的相关关系，这两种基本语义关系构成了可作为初级服务需求候选本体的概念语义网络。元数据层是为了在某概念集中引入某个描述性元数据模式及其定义作为概念类，而引入都柏林核心（Dublin Core，DC）元数据作为属性集，在概念层下构建的概念语义网络模型描述层。元数据层可以更好地服务于细粒度再制造服务需求知识资源的语义应用。

3.2.2　基于本体学习的再制造服务需求自动获取

存放于 Web 服务器端数据库中的再制造服务需求候选本体的语义元数据模型（图3-4）所包含的概念集，将以 Web 表格的形式展现在人机交互 Web 网页中，客户在 Web 网页中勾选再制造服务需求概念并录入再制造服务对象参数，再制造服务知识平台以 Web 表格形式的半结构化数据进行本体学习，提取并识别 Web 表格内容，并结合元数据模型（图3-4）和一定的规则映射为再制造服务需求语义模型，从而完成再制造服务需求本体构建。

1. Web 表格有效块提取

由于再制造服务需求人机交互 Web 网页（M2M Web-RSCSD）是数据密集型网页，对某单个客户，只有部分网页信息有效，因此，本节将同层网页按照一定粒度划分为 n 个不相交的区域块（Block），则服务需求人机交互 Web 网页可看作这些块的集合 $P = \{B_i | i = 1, 2, \cdots, n\}$。有效区域块的提取，即删除无主题内容及目标块 B_i 中与对应参考块 B_{Ci} 相似性较低的无效块。

（1）服务需求 Web 网页分块　在 HTML 规范所给定的具有不同粒度的块语义标签中，根据再制造服务需求 Web 表格内容提取目标，选取 <table> 标签作为再制造服务需求人机交互 Web 网页（M2M Web-RSCSD）分区粒度，对其进行分块，分块算法如图3-5a所示。然后通过递归，将 M2M Web-RSCSD 生成一个具有 m 层、每层具有 a_j 个叶结点的 Block 树（图3-5b），则 M2M Web-RSCSD 可用 Block 树所有叶结点的集合 $P = \{(B_1, 1), \cdots, (B_{a_1}, 1), (B_{(a_1 + \cdots + a_j)}, j), \cdots, (B_n, m)\}$ 表示，其中 $n = \sum_{1}^{m} a_j$。在 Web 网页块划分之后，可直接删除用于网页布局的无主题内容的块。

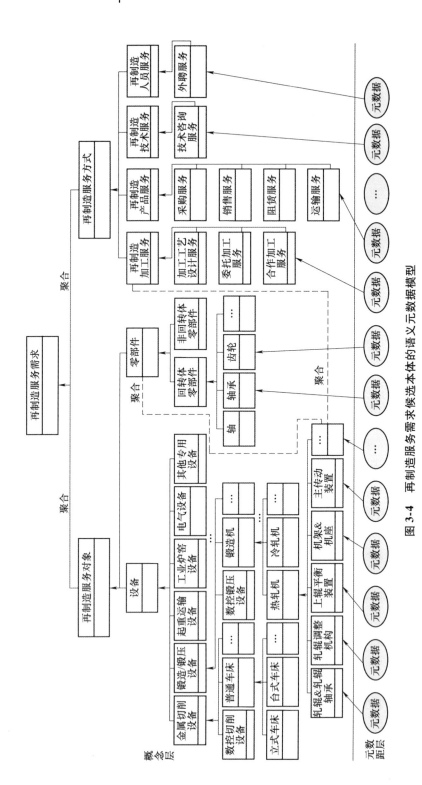

图 3-4 再制造服务需求候选本体的语义元数据模型

```
Input: DOM T of HTML.page P, block tag Tag
       depth of T depth
Output: set of Block in P
function GetBlockSet(B. depth)
Begin,
  if depth＞Maxdepth
    return
  End
  B←T
  b←First(B)
  while b≠Φ do
    if b contains Tag then
      For each child in b
        B'←GetBlockSet(child, depth+1)
      B←(B-b)∪B'
    End if
    b←next(B)
End
```

a) 网页分块   b) Block树

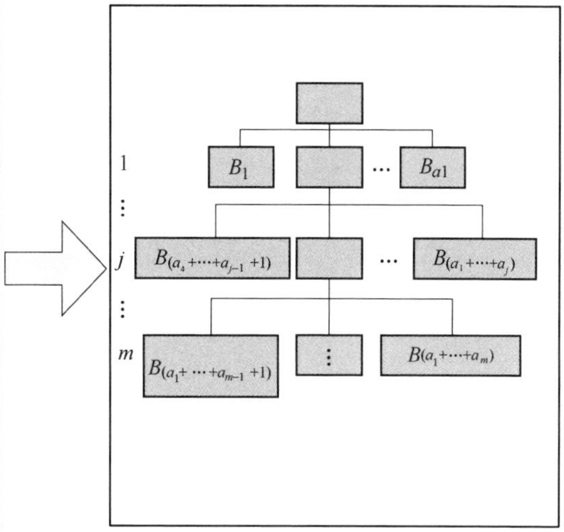

图 3-5 网页分块算法及对应 Block 树

（2）块相似度计算 网页相似度算法一般用于搜索引擎和网络爬虫对重复网页的过滤、对相似网页集合中信息的挖掘，以及对网络抄袭的检测。目前，主要有：

1）基于网页内容特征的相似度算法，即从网页的 URL 特征、主机信息、页面文本内容、引用资源等多角度抽取网页内容特征，并将其向量化，通过向量空间模型（Vector Space Model，VSM）等计算两网页间特征向量相似度，实现网页相似性判断。

2）基于网页视觉特征的相似度算法，即从网页文本、结构、图片及整体视觉效果等角度，将网页分解为独立的语义块集合，网页相似度为网页语义块相似度、页面布局相似度、整体视觉效果相似度等各可视化特征相似度的加权和。

3）基于 Web 链接结构的网页相似度算法，即通过网页间的链接（网页间相邻节点的结构）信息来计算网页相似度。

考虑本章中 Web 网页链接结构相同，而仅考虑内容特征的相似度判断可靠性相对较低，故本章采用 DOM 树视觉结构相似度算法来计算 Web 块相似度。

【定义 3-4】 节点相似度：节点 $node_1$、$node_2$ 的相似度为相应 HTML 元素具有相同内容和属性的加权和，即

$$\text{sim}(node_1, node_2) = (\log_a |t| + 1)s(t_1, t_2) + \omega s(a_1, a_2) \quad (3-1)$$

式中，$s(t_1,t_2)$ 为 HTML 标签相似度；$\log_a |t| + 1$ 为标签相似度 $s(t_1,t_2)$ 的权重，$a>0$ 且 $a\neq 1$；$s(a_1,a_2)$ 为 $node_1$、$node_2$ HTML 标签中的共享属性数；ω 为标签属性权重，$\omega = (w+\mu)/2$，它是利用专家调查法确定的主观标签属性权重 w 和利

用信息熵法确定的客观标签属性权重 μ 的组合平均值。$s(t_1,t_2)$ 的定义如下：

$$s(t_1,t_2)=\begin{cases}1 & \text{如果}\,t_1\text{、}t_2\,\text{为 String 类型且}\,t_1=t_2\\0.5 & \text{如果}\,t_1\text{、}t_2\,\text{属于相同类型}\\0 & \text{其他}\end{cases} \quad (3\text{-}2)$$

【定义 3-5】 块相似度：设块 B_1、B_2，网页 P_1、P_2，$B_1\in P_1$，$B_2\in P_2$ 且 $B_1.\mathrm{depth}=B_2.\mathrm{depth}$，$T_1$、$T_2$ 分别为块 B_1、B_2 的 DOM 树，则块 B_1、B_2 的相似度为

$$\mathrm{sim}(B_1,B_2)=\frac{2N_{B_1B_2}}{N_{B_1}+N_{B_2}} \quad (3\text{-}3)$$

式中，N_{B_1}、N_{B_2} 分别为 DOM 树 T_1 和 T_2 中节点总数；$N_{B_1B_2}$ 是 T_1、T_2 中匹配的节点总数，即 $\mathrm{sim}(\mathrm{node}_i,T_2)>t_T$，$i=1,2,\cdots,|T_1|$，$t_T$ 为设定的 DOM 树相似度阈值。

（3）有效块判断　设定块相似度阈值为 t_B，若 M2M Web-RSCSD 网页的块 $B_i\in P=\{B_i|i=1,2,\cdots,n\}$ 与对应参考块 B_{Ci} 的相似度存在 $\mathrm{sim}(B_i,B_{Ci})\leqslant t_B$，则 B_i 为有效块，M2M Web-RSCSD 网页全部有效块构成集合 $P_E=\{B_i|i=1,2,\cdots,k\}$。

▶ 2. Web 表格内容提取

在所提取的 Web 有效块 $B_i\in P_E$ 对应的 Web 表格中，在具有 colspan/rowspan 的行和列中插入单元，使其每一行/列单元格数量相等，从而可将处理后的表格视为 $m'\times n'$ 的矩阵 $\mathrm{TM}_{Bi}=(\mathrm{cell}_{pq})_{m'\times n'}$，Web 表格中任一单元记为 cell_{pq}，则其任一行、列可分别表示为 $\mathrm{Row}_p=(\mathrm{cell}_{p1},\mathrm{cell}_{p2},\cdots,\mathrm{cell}_{pn})$，$\mathrm{Col}_q=(\mathrm{cell}_{1q},\mathrm{cell}_{2q},\cdots,\mathrm{cell}_{mq})$，并将从各行、列向量中提取的表格内容和坐标存入设定的数据表中。

▶ 3. 需求本体建立

在所提取的有效块 B_i 表格内容中，标签单元即为有效概念集，数据单元即为有效实例集，并进一步根据再制造服务需求候选本体的语义约束关系，提取概念约束（某个属性概念的合法取值类型）和标签单元之间的关系。根据所提取的表格模式，采用具有强大的信息表达能力和逻辑推理能力的 OWL 本体建模语言，建立再制造服务需求本体语义模型，并按如下映射规则完成 OWL 本体描述。

1）规则 1：Web 表格中再制造服务需求类 $\overset{映射}{\Rightarrow}$ 再制造服务需求本体中的个类。

2）规则 2：Web 表格中的概念 $\overset{映射}{\Rightarrow}$ 该个类的属性，对应于 OWL 中的 Datatype Property。

3）规则 3：Web 表格中的约束 $\overset{映射}{\Rightarrow}$ 本体中约束关系，相关约束关系对应于 Datatype Property 的值域（rdf：range）。

4）规则 4：Web 表格中的概念间关系 $\Rightarrow$ 本体中关系（映射），其中概念间层次关系通过 Partof 表达。

3.3 基于情景语义网络的服务需求发现方法

再制造服务需求动态发现与获取流程如图 3-6 所示。其中，再制造服务需求本体（候选本体）构建及基于本体学习的隐性需求知识引导与自动获取已在前文中完成，本节重点研究图 3-6b 中的阴影部分，即依据客户注册行为和历史搜索行为构建客户情景语义网络，并据此发现客户潜在需求，实现对客户需求获取的补充和完善。

基于情景语义网络的服务需求发现流程的主要步骤：①将非结构化的客户注册关键词信息表示成结构化的数据类型，使知识平台理解客户注册的关键词语义；②通过分析客户的历史搜索行为，抽取客户浏览的历史 Web 网页的核心语义，与注册关键词语义共同构成客户情景语义网络。

3.3.1 客户注册关键词语义网络构建

1. 客户注册关键词语义网络表示

客户在再制造服务知识平台完成注册时，需要选择或录入 n 个关注领域或对象关键词，再制造服务知识平台在获得客户注册关键词信息后就很容易建立该客户注册关键词语义网络，如图 3-7 所示。该网络为一个无向网络，用四元组表示为

$$KZWN = \{KZV, W_{KZV}, KZE, W_{KZE}\} \tag{3-4}$$

式中，$KZV = \{kzv_i | i = 1, \cdots, n\}$ 为注册关键词节点集合，节点 kzv_i 表示一个客户注册关键词，其对应节点权重为 w_{kzv_i}，节点权重为客户注册时给出的主观关注度，节点权重集合记为 $W_{KZV} = \{w_{kzv_i} | i = 1, \cdots, n\}$。

$KZE = \{kze_{j(a,b)} | j = 1, \cdots, m\}$ 为无向边的集合，无向边 $kze_{j(a,b)}$ 表示关键词节点 kzv_a 和 kzv_b 间的关联，如两个节点关键词在图 3-4 所示的再制造服务需求候选本体中存在种属或实例关系，则认为其间存在边。边 $kze_{j(a,b)}$ 的权重记为 $w_{kze_{j(a,b)}}$，则边的权重集合可表示为 $W_{KZE} = \{w_{kze_{j(a,b)}} | j = 1, \cdots, m\}$。

2. 基于本体概念语义相似度的边权重计算

图 3-7 中，客户注册关键词语义网络中的边 $kze_{j(a,b)}$ 表示关键词节点 kzv_a 和 kzv_b 间语义相关，即在图 3-4 所示的再制造服务需求候选本体语义结构中，存在路径 path（kzv_a，kzv_b）将关键词节点 kzv_a 和 kzv_b 相关联。

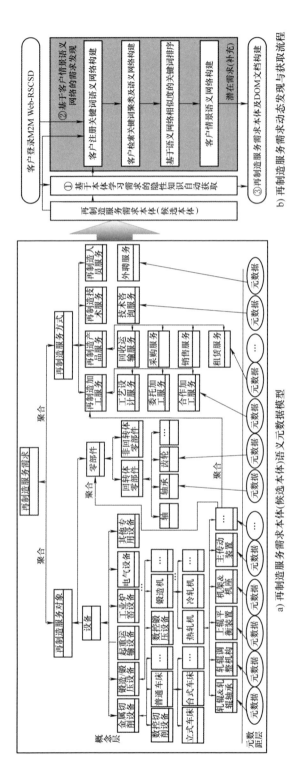

图3-6 再制造服务需求动态发现与获取流程

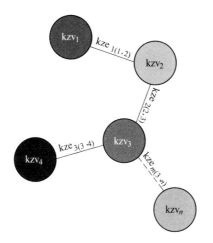

图 3-7 客户注册关键词语义网络

  本体 O_1 与 O_2 的概念相似性是指本体语义网络 O_1 中的任一关键词节点（概念）$kze_a \in O_1$，在本体 O_2 中都能找到一个或多个相应的关键词节点（概念），使二者具有相同或相近的语义。借鉴本体概念相似性的思想，结合再制造服务需求候选本体采用语义层次模型的实际，本节以关键词节点（概念）为计算粒度，则两个关键词节点（概念）kzv_a 和 kzv_b 间的相似度可看作两个关键词节点（概念）间的概念距离，即两个关键词节点（概念）kzv_a 和 kzv_b 在再制造服务需求候选本体语义层次图（图 3-4）中的最短距离和所处的深度，并将此关键词节点（概念）相似度记为边 $kze_{j(a,b)}$ 的权重 $w_{kze_{j(a,b)}}$。从而，将边的权重 $w_{kze_{j(a,b)}}$ 的计算，转换为关键词节点（概念）kzv_a 和 kzv_b 间的语义相似度的计算，而语义相似度的计算可以进一步转换为对关键词节点（概念）间距离的度量。随着概念间距的增大，概念相似度逐步降低，概念间边的权重逐渐减小，反之亦然。此外，关键词节点（概念）相似度还受其在再制造服务需求候选本体语义层次图（图 3-4）中所处深度的影响，即概念距离相等时，两个关键词节点（概念）间层次差越大，其相似度越低，则边的权重越小；反之亦然。据此，可得到关键词节点（概念）kzv_a 和 kzv_b 间边 $kze_{j(a,b)}$ 的权重 $w_{kze_{j(a,b)}}$ 为

$$w_{kze_{j(a,b)}} = \mathrm{sim}(kzv_a, kzv_b) = \begin{cases} \dfrac{\alpha(l_a + l_b)}{[\mathrm{Dis}(kzv_a, kzv_b) + \alpha] \times \max(|l_a - l_b|, 1)} & a \neq b \\ 1 & a = b \end{cases}$$

(3-5)

式中，$\mathrm{sim}(kzv_a, kzv_b)$ 表示关键词节点（概念）kzv_a 和 kzv_b 间的语义相似度；l_a 和 l_b 分别是 kzv_a 和 kzv_b 在再制造服务需求候选本体语义层次图（图 3-4）中分别所处的层次；α（$0 < \alpha < 1$）为调节参数。若关键词节点（概念）kzv_a 和 kzv_b 的

概念语义相等,则其语义相似度为 1;若关键词节点(概念)kzv_a 和 kzv_b 不满足语义包含(相关),则其相似度为 0。

3.3.2 客户检索关键词语义网络构建

通过对客户一次检索、浏览、点击和下载等行为的分析,可以得到客户当前检索的主关键词,再以该检索主关键词为聚类中心,对本次检索行为中客户浏览后点击和下载的资源名所包含的关键词进行聚类,将离聚类中心最近的前 n' 个关键词与检索主关键词共同构成客户检索关键词语义网络,即客户该次检索的一个核心语义,而该核心语义通常对应客户本次检索的真实需求,从而实现通过分析客户检索行为,将客户实时需求发现转化为客户当前检索的核心语义。

1. 客户检索关键词语义网络表示

根据上述分析,客户检索关键词语义网络的构建及表示,一方面要考虑与客户注册关键词语义网络(图 3-7)的结构保持一致,以便更好地合成客户情景语义网络;另一方面,基于一次客户检索行为的客户检索关键词语义网络,需考虑将该关键词作为主关键词,在客户检索关键词语义网络中具有核心地位,而从对检索结果的浏览、点击和下载行为分析提取的关键词,可视为当前主关键词的相关关键词或属性关键词。基于此,可构建客户检索关键词语义网络,如图 3-8 所示。

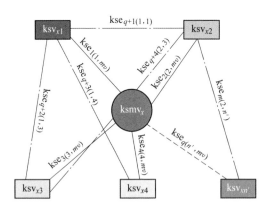

图 3-8 客户检索关键词语义网络

客户检索关键词语义网络为一个无向网络,用五元组表示为

$$KSWN_x = \{ksmv_x, KSV_x, W_{KSV_x}, KSE_x, W_{KSE_x}\} \quad (3-6)$$

式中,$ksmv_x$ 为第 x 次检索的主关键词;$KSV_x = \{ksv_{xp} | p=1,\cdots,n'\}$ 为第 x 次检索行为中主关键词节点 $ksmv_x$ 的属性关键词节点集合,节点 ksv_{xp} 表示一个属性关键词节点,其对应权重为 $w_{ksv_{xp}}$,则有权重集合 $W_{KSV_x} = \{w_{ksv_{xp}} | p=1,\cdots,n'\}$;$KSE_x =$

$\{kse_{xq}|q=1,\cdots,m'\}$ 为主关键词节点 $ksmv_x$ 与属性关键词节点 ksv_{xp} 之间,以及各属性关键词节点 ksv_{xp} 之间全部边的集合;边 kse_{xq} 表示两个节点关键词间的关联,其权重记为 $w_{kse_{xq}}$,则有权重集合 $W_{KSE_x} = \{w_{kse_{xq}}|q=1,\cdots,m'\}$。

2. 客户检索属性关键词确定

(1) 客户检索网页关键词的数据表示 假设在客户以 $ksmv_x$ 为主关键词执行第 x 次检索行为时,共检索出 X 条记录,随后该客户点开并浏览了 Y 条记录,其中第 y 条记录对应的 Web 网页中共涵盖 R_y 个关键词,则第 y 条记录对应的关键词集合可表示为 $KLV_{xy} = \{klv_{xyr}|y=1,\cdots,Y;r=1,\cdots,R_y\}$,从而得到该客户第 x 次检索行为中浏览的全部网页关键词矩阵 KLV_x 为

$$KLV_x = \begin{bmatrix} klv_{x11} & klv_{x12} & \cdots & klv_{x1R_1} \\ klv_{x21} & klv_{x22} & \cdots & klv_{x2R_2} \\ \vdots & \vdots & & \vdots \\ klv_{xY1} & klv_{xY2} & \cdots & klv_{xYR_Y} \end{bmatrix} \quad (3-7)$$

为了准确挖掘出客户第 x 次检索行为的核心检索关键词,用于构成客户浏览属性关键词集合 $KSV_x = \{ksv_{xp}|p=1,\cdots,n'\}$,从而构建更科学的客户检索关键词语义网络,本节拟采用聚类分析的方法,对第 x 次检索行为中浏览的全部网页关键词矩阵 KLV_x 进行分析。

(2) 客户检索属性关键词聚类 大数据聚类分析作为数据挖掘中一种重要的数据划分和数据分组处理方法,目前已被广泛应用于各种研究、生产及生活领域。聚类算法主要包括基于划分的方法、基于层次的方法、基于网格的方法、基于密度的方法,以及基于模型的方法。典型的划分方法有 CLARA 算法、PAM 算法、Kmeans 算法及 CLARANS 算法。Kmeans 算法作为一种基于划分的常用聚类算法,其核心思路是基于使聚类性能指标最小化的原则,即在最小化误差函数(数据集中的每个样本点到该类中心的误差平方和)的基础上将数据划分为预定的簇数 K,属于非监督实时聚类算法。该算法具有收敛速度快、聚类效果好的优势。

据此,本节将采用基于 Kmeans 的客户浏览属性关键词聚类方法,从客户浏览的全部网页关键词矩阵 KLV_x 中提取客户浏览属性关键词集合 KSV_x。该方法的流程如图 3-9 所示,其基本步骤如下:

1) 根据客户浏览全部网页关键词矩阵 KLV_x 确定聚类样本数据集,其中共包括 $N = \sum_{y=1}^{Y} R_y$ 个样本。

2) 将聚类样本数据集划分为 K 个簇($K \leq N$),每个簇即为 C_k($k=1,2,\cdots,K$),且满足每个簇中所包含的聚类样本数不能为空;同时各聚类样本必须属于且仅属于一个簇。

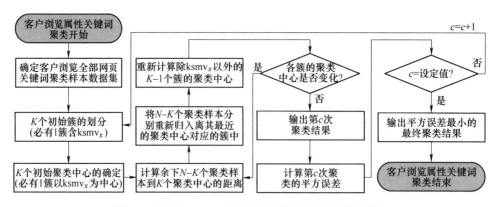

图3-9 基于Kmeans的客户浏览属性关键词聚类流程

3）在所划分的 K 个簇中选择1个簇 C_k，以第 x 次检索的主关键词 $ksmv_x$ 作为聚类中心；在其余 $K-1$ 个簇中随机选择1个样本作为初始聚类中心。

4）根据各聚类样本的均值（中心对象），计算各聚类样本与中心对象的距离，并根据该距离最小对聚类样本重新划分，将各聚类样本（重新）赋给最相近的类，从而使簇内样本数据间相似度不断增大，簇间样本数据的相似度逐步减小。

5）计算变化后的各聚类的均值（中心对象）。

6）重复4）和5），直到各聚类稳定不变为止。

7）输出当前聚类结果，并采用准则函数（平方误差函数）计算当前聚类结果的数据密集度，即判断解的优劣程度。平方误差函数计算公式为

$$E_{KLV_{xc}} = \sum_{k=1}^{K} \sum_{klv_{xyr} \in C_k} |klv_{xyr} - A_{C_k}|^2 \quad (3-8)$$

式中，$E_{KLV_{xc}}$ 为第 c 次聚类的全部聚类样本数据的平方误差总和；klv_{xyr} 为某一聚类样本数据；A_{C_k} 为簇 C_k 的平均值。

8）返回2）进行下一次聚类分析，直到 c 次聚类分析全部结束，从 c 次聚类结果中，找出平方误差最小，即样本数据最密集的划分结果，作为最终聚类结果。

9）在得到最终聚类结果后，选取以 $ksmv_x$ 为聚类中心的簇的前5个关键词，及其余 $K-1$ 个簇中前2个关键词，共同构成客户浏览属性关键词集合 $KSV_x = \{ksv_{xp}|p=1,\cdots,n'\}$。

3.3.3 客户情景语义网络提取

通过对客户注册关键词语义网络和客户检索关键词语义网络的构建，可以分别得到客户注册行业领域的稳定需求，以及客户当前的情景动态需求。根据人类认知心理学中的情景记忆理论，将客户注册关键词语义网络和客户检索关

键词语义网络融合,融合后的客户检索属性关键词与主关键词等同视之。并根据融合后关键词语义网络中关键词的价值提取前 n'' 个关键词作为其核心语义,用于构建客户情景语义网络,该过程如图 3-10 所示。客户情景语义网络将存储于再制造服务知识平台,用来代表客户该次检索情景下的真实需求,并用于最近一次客户需求获取时的需求推送。

图 3-10c 所示融合后关键词语义网络由客户注册关键词 $KZV = \{kzv_i | i=1,\cdots,n\}$、客户检索主关键词 $ksmv_x$,以及客户检索属性关键词 $KSV_x = \{ksv_{xp} | p=1,\cdots,n'\}$ 构成,共 $N' = n+1+n'$ 个,统一表示为 $KRV_x = \{\{kzv_i | i=1,\cdots,n\}, ksmv_x, \{ksv_{xp} | p=1,\cdots,n'\}\} = \{krv_{xh} | h=1,\cdots,N'\}$。设三类关键词的融合权重分别为 w_{kzv}、w_{ksmv}、w_{ksv},则融合后各关键词权重可统一为

$$W_{KRV_x} = \{\{w_{kzv}w_{kzv_i} | i=1,\cdots,n\}, w_{ksmv}, \{w_{ksv}w_{ksv_{xp}} | p=1,\cdots,n'\}\} \quad (3-9)$$
$$= \{w_{krv_{xh}} | h=1,\cdots,N'\}$$

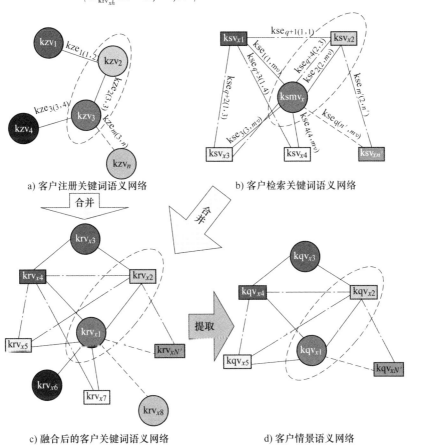

图 3-10 客户情景语义网络提取过程示意图

借鉴 Google 的 pangrank 算法的思想，认为关键词的价值同时受关键词权重、边及边的权重的影响，则各关键词价值$\text{Value}_{\text{krv}_{xh}}$为

$$\text{Value}_{\text{krv}_{xh}} = w_{\text{krv}_{xh}} + \sum_{s=1, s \neq h}^{N'} \frac{w_{\text{kre}_{xhs}}}{w_{\text{kre}_{xh}}} \times w_{\text{krv}_{xs}} \tag{3-10}$$

式中，krv_{xh}和krv_{xs}分别表示融合后的第 h 个关键词节点和第 s 个关键词节点；kre_{xhs}表示krv_{xh}和krv_{xs}两个关键词节点间的边；$w_{\text{krv}_{xh}}$和$w_{\text{krv}_{xs}}$分别表示krv_{xh}和krv_{xs}两个关键词节点的权重；$w_{\text{kre}_{xhs}}$表示边kre_{xhs}的权重；$w_{\text{kre}_{xh}}$表示与关键词节点krv_{xh}相连的全部边的权重和。

从关键词价值计算公式（3-10）可知，若与关键词krv_{xh}相连的关键词均权重较大且关联边的权重也较大，则该关键词为价值关键词；反之，若其自身权重较大，但与之相连的关键词少，且权重低，则该关键词不是价值关键词，不属于当前关键词网络的核心词。根据式（3-10）计算得到关键词价值排序，从而可提取最有价值的前 n'' 个关键词作为其核心语义，构建客户情景语义网络。客户情景语义网络关键词集合可表示为$\text{KQV}_x = \{\text{kqv}_{xl} | l = 1, \cdots, n''\}$。而客户情景语义网络可以较好地代表客户第 x 次检索行为的核心语义，即客户真实需求。

3.3.4 基于客户情景语义网络的需求推送

在再制造服务需求动态发现过程中，基于客户情景语义网络的需求推送的目的，是在客户与 M2M Web-RSCSD 交互过程中，再制造服务知识平台将客户实时需求（当前客户情景语义网络）与当前需求获取 Web 网页核心关键词进行语义相似度匹配，并动态地按相似度排序后反馈排序靠前的关键词给客户，用来帮助客户更快速准确地确定需求内容。基于客户情景语义网络的需求推送能够弥补客户因经验或专业水平不足造成的需求表达不准确或不完善等弊端，智能化地推送所发现的客户潜在需求，提高客户需求获取效率。基于客户情景语义网络的需求推送算法如下：

1）输入：需求获取当前 M2M Web-RSCSD 页面、客户情景语义网络关键词集合$\text{KQV}_x = \{\text{kqv}_{xl} | l = 1, \cdots, n''\}$。

2）输出：客户需求推送结果。

① 获取客户当前所在 M2M Web-RSCSD 页面全部有效块集合 $P_E = \{B_i | i = 1, 2, \cdots, k\}$。

② 获取各有效块 B_i 的全部关键词集合$\text{KWV}_{B_i} = \{\text{kwv}_{B_{it}} | t = 1, \cdots, T\}$，从而得到当前所在页面的关键词集合$\text{KWV}_{P_E} = \{\text{kwv}_{B_{it}} | i = 1, 2, \cdots, k; t = 1, \cdots, T\}$，并获取关键词集合$\text{KWV}_{P_E}$的元素个数 numl = GetSetNum（$\text{KWV}_{P_E}$）。

③ 按关键词集合KWV_{P_E}中各关键词的出现频率，对该集合中的关键词进行排序。

④ 按关键词集合 KWV_{P_E} 中词频从高到低的顺序，与 $KQV_x = \{kqv_{xl} | l = 1, \cdots, n''\}$ 中每个关键词，计算语义相似度 $sim(kwv_{B_{it}}, kqv_{xl})$；

⑤ 将 $sim(kwv_{B_{it}}, kqv_{xl})$ 排序，并据此将前 u 个关键词动态推送给客户。

3.4 工程实例：热轧机工作辊轴承再制造服务需求获取

轧辊再制造服务是钢铁工业提升废旧设备及零部件价值，实现节能降耗增效的有效途径，其服务的对象为轧辊总成，主要包括轧辊、轴承座、轴承。其中，轧辊工作辊轴承是易损且再制造价值较高的典型部件，通过对其进行再制造，可以有效延长其使用寿命（见图 3-11），从而大大降低其全生命周期成本。本节以热轧机工作辊轴承再制造服务为实例，实现工作辊轴承再制造服务需求获取和模块匹配方案制订。

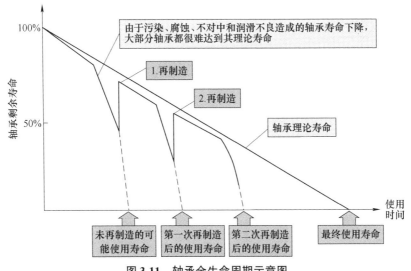

图 3-11 轴承全生命周期示意图

为了明确服务目标，首先要确定服务需求。本节采用上述介绍的服务需求动态获取方法，执行基于 M2M Web-RSCSD 网页的隐性服务需求知识获取，并构建其服务需求本体。

1）根据轧辊再制造服务模块划分结果及再制造资源特点，采用 3.2 节所述方法，构建"钢铁工业再制造服务-设备再制造服务需求候选本体"的语义元数据模型。

2）在钢铁工业再制造服务-设备再制造服务需求候选本体中选取"铸造/锻压设备"类对象的候选本体片段，如图 3-12a 所示，其对应的候选本体语义元数据模型如图 3-12b 所示。

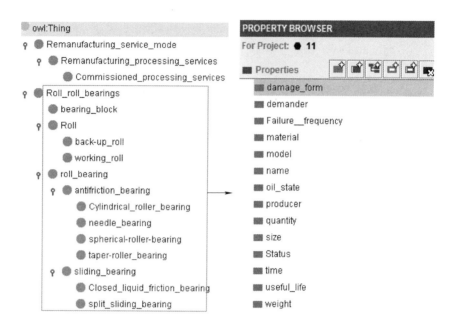

a) 候选本体版段

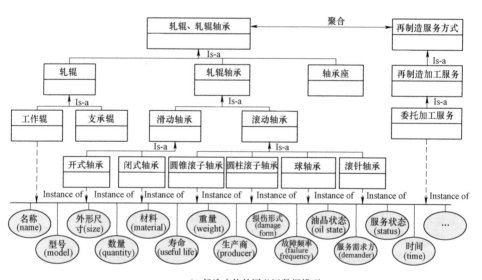

b) 候选本体的语义远数据模型

图 3-12　铸造/锻压设备类再制造服务对象候选本体片段

3）客户登录 M2M Web-RSCSD 网页，请求一个再制造服务以用于热轧机轧辊轴承再制造，并按网页引导完成客户需求表述，如图 3-13 所示。

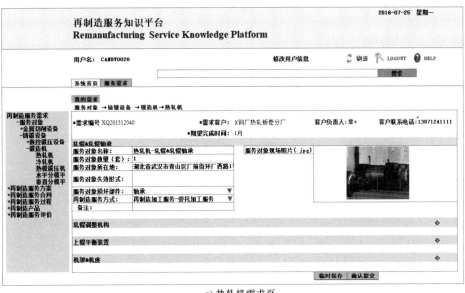

a) 热轧机需求页

b) 轧辊轴承需求子页

图 3-13　M2M Web-RSCSD 页面

4）再制造服务知识平台利用基于本体学习的服务需求自动获取方法，对客户提交的 M2M Web-RSCSD 页面进行有效块提取。依据 < table > 标签分别对图 3-14 所示热轧机需求页 P_1 和轧辊轴承需求子页 P_2 进行分块，删除无主题内容的块后，得到 $P_1 = \{B_{11}, B_{12}, B_{13}, B_{14}\}$，$P_2 = \{B_{21}, B_{22}, B_{23}\}$。

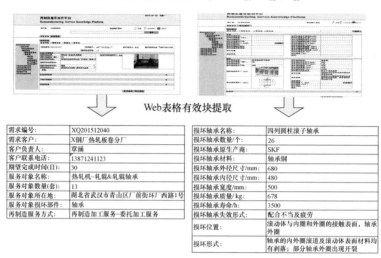

图 3-14 基于 Web 提取的轧辊轴承再制造服务需求本体

5）根据标签属性主客观权重，求得最终 $\omega = 0.5$，并进一步对各有效块与对应参考块 B_{Ci} 进行块相似度计算。以 P_1 中表格块 B_{11} 为例：运用爬虫程序抓取待分析的 Web 页面，基于 JAVA 语言提取 P_1 中的表格块 B_{11}（即 Table 标签与标准页面对应参考块 B_{C1} 的 Table）进行相似度计算，经过页面解析统计，各页面信息如下：$N_{B_{11}} = 25$，$N_{B_{C1}} = 28$，运用式（3-1）计算各节点相似度 sim，当 sim $> \varepsilon$ 时则认定 $node_1$ 与 $node_2$ 相似，其中 $\varepsilon = 0.85$，为根据以往试验得出的相似度阈值，从而得到 $N_{B_{11}B_{C1}} = 23$，最后运用式（3-3）计算块 B_{11}、B_{C1} 的相似度为

$$\text{sim}(B_{11}, B_{C1}) = \frac{2N_{B_{11}B_{C1}}}{N_{B_{11}} + N_{B_{C1}}} = \frac{2 \times 23}{25 + 28} = 0.87 > \varepsilon \tag{3-11}$$

6）根据全部块的相似度匹配结果，判定最终有效块。提取 P_1 和 P_2 各表有效块的属性概念集，如：B_{22} 的属性概念集为 {损坏轴承名称，损坏轴承数量（个），损坏轴承型号，损坏轴承原生产商，…，油品状态}。再从有效块 Web 表格中获取语义概念集，进行约束提取、语义聚类以及归并（merge）处理，得到轧辊轴承再制造服务需求本体，如图 3-14 所示。其中，OWL 语言部分截图是应用 protege 软件对服务需求本体进行的语义形式化描述。

7）方法检验。将本章的 Web 表格提取算法复杂度与文献中复杂度进行对比，见表 3-1，由于本章的方法首先删除了无内容块，因此 $\sum |T_i| < |T|$，可见基于分块计算的表格提取方法有效降低了算法的复杂度。

表 3-1 分块算法复杂度对比分析

算法类别	数据区发现算法	基于分块技术的表格提取算法
表格分块算法复杂度	$2 \times |T|^2$	$\sum 2 \times |T_i|^2$

经工程实例验证，采用本方法提取的再制造服务需求，不仅包括了对客户需求基本属性的描述，还包括了类的标识、首选名、定义等很多补充信息。因此，本方法所构建的再制造服务需求本体，一方面可以作为再制造服务资源匹配的目标和依据，另一方面可以作为本领域专家设计再制造服务体系及其本体时的基础和补充。

3.5 本章小结

本章在提出客户需求获取概念的基础上，从知识存在形式的角度，将再制造服务需求知识分成客户显性需求知识和隐性需求知识两类，分析了隐性需求知识的产生及其与显性需求知识间的动态转化过程。针对用户个体差异性和认知过程局限性导致需求信息组织和表达混乱的问题，提出了再制造服务需求知识动态获取策略。根据构建、评价和精炼候选本体以及本体学习的方法，提出了一种基于本体学习的再制造服务需求动态获取方法。在定义再制造服务需求本体概念集的基础上，建立了基于语义层次结构的再制造服务需求候选本体语义模型；通过 Web 表格有效块划分、相似度计算、内容提取等，构建了客户再制造服务需求本体。在此基础上，依据客户注册行为和历史搜索行为构建客户情景语义网络，并据此发现客户潜在需求，实现对客户需求获取的补充和完善。

其内容包括客户注册关键词语义网络构建、客户检索关键词语义网络构建、客户情景语义网络提取、基于客户情景语义网络的需求推送。应用案例分析，验证了所提出方法的有效性和实用性，为再制造服务需求获取提供了一种解决思路。

参数说明（表3-2）

表3-2 再制造服务需求动态发现与获取方法参数说明

参　　数	说　　明
Is-a relation	种属关系
Attribute-of relation	属性关系
Instance-of relation	实例关系
P	Block树所有叶结点集合
$s(t_1,t_2)$	HTML标签相似度
$\log_a|t|+1$	标签相似度$s(t_1,t_2)$的权重
$s(a_1,a_2)$	HTML标签中的共享属性数
ω	标签属性权重$\omega=(w+\mu)/2$
N_{B_1}，N_{B_2}	DOM树T_1和T_2中节点总数
$N_{B_1B_2}$	T_1、T_2中匹配的节点总数
t_T	DOM树相似度阈值
t_B	块相似度阈值
B_i	M2M Web-RSCSD网页的有效块，$\text{sim}(B_i,B_{Ci})\leqslant t_B$
P_E	M2M Web-RSCSD网页全部有效块集合$P_E=\{B_i|i=1,2,\cdots,k\}$
KZWN	客户注册关键词网络
KZV	注册关键词节点集合，$\text{KZV}=\{\text{kzv}_i|i=1,\cdots,n\}$
W_{KZV}	节点权重集合，$W_{\text{KZV}}=\{w_{\text{kzv}_i}|i=1,\cdots,n\}$
KZE	无向边的集合，$\text{KZE}=\{\text{kze}_{j(a,b)}|j=1,\cdots,m\}$
W_{KZE}	边的权重集合，$W_{\text{KZE}}=\{w_{\text{kze}_{j(a,b)}}|j=1,\cdots,m\}$
$w_{\text{kze}_{j(a,b)}}$	关键词节点（概念）kzv_a和kzv_b间边$\text{kze}_{j(a,b)}$的权重
$\text{sim}(\text{kzv}_a,\text{kzv}_b)$	关键词节点kzv_a和kzv_b间的语义相似程度
l_a，l_b	kzv_a和kzv_b在候选本体语义层次图中分别所处的层次
α	调节参数（$0<\alpha<1$）
KSWN_x	客户检索关键词语义网络
ksmv_x	第x次检索的主关键词
KSV_x	第x次检索行为中主关键词节点ksmv_x的属性关键词节点集合
$w_{\text{ksv}_{xp}}$	节点ksv_{xp}对应权重

(续)

参 数	说 明
W_{KSV_x}	节点权重集合，$W_{KSV_x} = \{w_{ksv_{xp}} | p=1,\cdots,n'\}$
KSE_x	全部边的集合，$KSE_x = \{kse_{xq} | q=1,\cdots,m'\}$
kse_{xq}	两个节点关键词间的关联
W_{KSE_x}	关联权重集合，$W_{KSE_x} = \{w_{kse_{xq}} | q=1,\cdots,m'\}$
KLV_{xy}	第 x 次检索行为中第 y 条记录对应的关键词集合
$E_{KLV_{xc}}$	第 c 次聚类的全部聚类样本数据的平方误差总和
klv_{xyr}	某一聚类样本数据
A_{C_k}	簇 C_k 的平均值
$Value_{krv_{xh}}$	关键词价值
krv_{xh}，krv_{xs}	融合后的第 h 个关键词节点和第 s 个关键词节点
kre_{xhs}	krv_{xh} 和 krv_{xs} 两个关键词节点间的边
$w_{krv_{xh}}$，$w_{krv_{xs}}$	krv_{xh}，krv_{xs} 两个关键词节点的权重
$w_{kre_{xhs}}$	边 kre_{xhs} 的权重
$w_{kre_{xh}}$	与关键词节点 krv_{xh} 相连的全部边的权重和
KQV_x	客户情景语义网络关键词集合，$KQV_x = \{kqv_{xl} | l=1,\cdots,n''\}$
KWV_{B_i}	有效块 B_i 的全部关键词集合，$KWV_{B_i} = \{kwv_{B_{it}} | t=1,\cdots,T\}$
KWV_{P_E}	当前所在页面的关键词集合，$KWV_{P_E} = \{kwv_{B_{it}} | i=1,2,\cdots,k; t=1,\cdots,T\}$
numl	关键词集合 KWV_{P_E} 的元素个数

参 考 文 献

[1] 邱均平. 知识管理学 [M]. 北京：科学技术文献出版社，2006.

[2] 刘征，鲁娜，孙凌云. 面向概念设计过程的隐性知识获取方法 [J]. 机械工程学报，2011，47（14）：184-191.

[3] 王晨，赵武，王杰，等. 基于本体的多维度用户需求获取 [J]. 计算机集成制造系统，2016，22（4）：908-916.

[4] STOJANOVIC L, STOJANOVIC N, VOLZ R. Migrating data-intensive web sites into the semantic Web [C] //Proceedings of the 17th ACM Symposium on Applied Computing. NewYork：ACM Press，2002：1100-1107.

[5] XIANG G, HONG J, ROSE C P, et al. CANTINA +：A feature-rich machine learning framework for detecting phishing web sites [J]. ACM Transaction on Information and System Security，2011，14（2）：1-28.

[6] LIU W, DENG X, HUANG G, et al. An anti-phishing strategy based on visual similarity assessment [J]. IEEE Internet Computing，2006，10（2）：58-65.

[7] LIN Z, KING I, LYU M R. PageSim: a novel link-based similarity measure for the World Wide Web [C] //Proceedings of the 2006 IEEE/WIC/ACM International Conference on Web Intelligence. Hong Kong: ACM, 2006.

[8] YE S, CHUA T S. Learning object model from product web pages [C]. Workshop Semantic Web of SIGIR-04. [S. l. : s. n.], 2004: 69-80.

[9] 徐浩, 陈雪, 胡晓峰. 面向文献搜索系统的用户实时需求发现方法 [J]. 计算机应用, 2015, 35 (7): 1975-1978; 1983.

[10] BUDANITSKY A, HIRST G. Semantic distance in Word Net: An experimental, application-oriented evaluation of five measures [C] //Proceedings of Workshop on WordNet and other Lexical Resources. [S. l. : s. n.], 2001.

[11] CAPÓM, PÉREZ A, LOZANO J A. An efficient approximation to the K-means clustering for massive data [J]. Knowledge-Based Systems, 2017, 117 (2): 56-69.

第 4 章

再制造服务任务分解与服务资源选择

4.1 基于 HTN 的再制造服务任务分解

再制造服务任务由生产性任务和需求性任务组成。生产性任务包括废旧机械产品检测评估、拆卸清洗、再设计、再加工、再装配等，需求性任务包括客户需求分析、废旧机械产品信息分析、再制造方案决策和再制造工程整体解决方案等。再制造服务任务作为一种复合任务，任务结构复杂、功能要求繁多，直接执行较为困难，且单一再制造服务资源难以满足复合任务需求。因此，应在考虑任务自身特性和任务之间相关性的同时，综合考虑再制造设计、工艺以及生产等领域再制造服务资源对服务任务的执行能力约束，自上而下按层次将复合再制造服务任务细化分解为具有可执行性和弱相关性的独立子任务，在保障再制造服务子任务活动间独立性和均衡性的基础上，形成易被执行的再制造服务子任务活动集合。

层次任务网络（Hierarchical Task Network，HTN）是一种基于知识和任务分解思想的智能规划方法，采用基于状态的前序搜索过程，可有效地对任务进行描述、分解、分派，并具备约束机制和冲突消解机制。与经典智能规划不同，HTN 的目的是获取一组任务执行序列以完成一组服务需求初始任务，即需要完成的偏序任务集合。由于 HTN 对于复杂任务具有顺序分解、逐层细化的特征，与再制造服务任务分解需求高度契合，故本章采用该方法对再制造服务任务进行分解。

4.1.1 再制造服务任务分解原则及其约束结构描述

1. 再制造服务任务分解原则

将再制造服务任务分解为粒度适宜、内聚性合理、关联性恰当、执行简单的子任务，是保证高质量完成再制造服务任务的前提条件，也是再制造服务集成平台实现高效协同与资源共享的关键。执行再制造服务任务分解要遵循以下原则：

1）层次优先原则：再制造服务任务分解遵循由上至下的次序，如柴油机再制造设计服务任务，首先将柴油机按照其物料清单（Bill of Material，BOM）结构分解至零件级设计任务，再根据零件级设计任务分解为工序级设计任务。

2）可执行性原则：分解后的任意再制造服务任务存在一个可以保证其有效执行的服务活动，且该服务活动与分解后的再制造服务任务不存在时序冲突及相互约束，两者互不影响。

3）整体性原则：由于任务分解层级过多，导致任务活动间的信息交互效率降低和效果变差、物流成本增加，因此，再制造服务任务分解过程需要控制任务分解的层级数，以保持整体性最优。分解后的子任务应恰好满足任务执行预期要求和相关标准。

4）平衡性原则：又称均衡性原则，即保证再制造服务任务活动处于平衡稳定状态，使满足再制造服务任务的服务资源尽可能分布均匀，达到较高的资源利用率。

5）时序性原则：时序约束决定着再制造服务任务执行的顺序和时间，当再制造服务任务复杂时，各再制造服务任务按照时间节点安排，有序执行，从而提高任务执行效率。

6）可求解原则：再制造服务任务分解后，子任务的完成依赖于有可与之匹配的再制造服务活动，否则是无意义的任务分解方案。

▶ 2. 再制造服务任务约束结构描述

再制造服务任务约束结构表示为 $(T_k, C, \boldsymbol{X}, \boldsymbol{Y}, \boldsymbol{Z})$，其中：$T_k = \{t_{k1}, t_{k2}, \cdots, t_{kn}\}$ 指再制造服务复合任务 T_k 分解后得到的再制造服务子任务集，$t_{ki} \in T_k$ 表示第 i 个子任务；$C = \{(u, r_s) \in T_k \times D(T_k)\}$ 指约束控制结构集合，(u, r_s) 表征约束中控制结构内输入输出关系，u 表示后序再制造服务任务输出，r_s 表示先前再制造服务任务输入；$\boldsymbol{X}$，$\boldsymbol{Y}$，$\boldsymbol{Z}$ 分别为与该任务活动约束结构相关的信息关联矩阵、效果关联矩阵、物流关联矩阵，具体内容将在 4.1.2 节中展开说明。一般任务活动约束结构有串行、并行、耦合和分支四种。

1）串行结构：任务的执行需按照一定的顺序，如图 4-1a 所示，任务 A 完成后任务 B 才能执行，两者存在单向关系，其控制约束关系表示为 (B, A)。

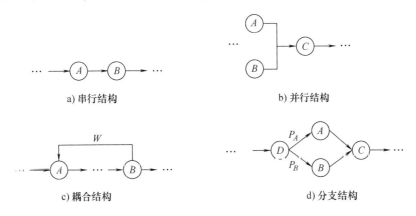

图 4-1 再制造服务任务约束结构

2）并行结构：两任务同时执行，如图 4-1b 所示，任务 A 与任务 B 互不影响，两者存在独立关系，其控制约束关系表示为 $(C, \{A, B\})$。

3）耦合结构：两任务相互影响，如图 4-1c 所示，任务 A、B 有着双向联系，其控制约束关系表示为$(B,-A,W)$。

4) 分支结构：多个任务的执行按照一定概率选择完成，如图4-1d所示。其控制约束关系表示为$\{(C,\{A\}),(C,\{B\}),P\}$。

4.1.2 再制造服务任务关联特性分析

1. 再制造服务任务内聚度分析

再制造服务复杂任务分解得到 N_T 个复合任务 T_k，每个 T_k 是由 n 个子任务组成的子任务组。再制造服务各个子任务之间存在时序和资源的关联关系，构成一个 $n \times n$ 阶的任务关联矩阵 $\boldsymbol{R}_k$。

矩阵对角线元素 r_{ii} 代表子任务 t_{ki} 自有关系，$r_{ij}(i \neq j; i,j = 1,2,\cdots,n)$ 表示不同子任务 t_{ki} 与 t_{kj} 之间的输入输出关系，如式（4-1）和式（4-2）。

$$\boldsymbol{R}_k = \begin{bmatrix} r_{11} & r_{12} & \cdots & r_{1n} \\ r_{21} & r_{22} & \cdots & r_{2n} \\ \vdots & \vdots & & \vdots \\ r_{n1} & r_{n2} & \cdots & r_{nn} \end{bmatrix} \quad (4\text{-}1)$$

$$r_{ij} = \begin{cases} 1 & \text{当} t_i \text{为} t_j \text{的输入时} \\ 0 & t_i \text{与} t_j \text{不存在输入输出关系} \quad (i \neq j) \\ -1 & \text{当} t_i \text{为} t_j \text{的输出时} \end{cases} \quad (4\text{-}2)$$

内聚度可量化表示再制造服务复合任务组内的关联度，当 $tT_{ki}=1$ 时，表示任务 t_{ki} 属于子任务组 T_k；当 $tT_{ki}=0$ 时，表示子任务组 T_k 不包含任务 t_{ki}。复合任务 T_k 的内聚度计算如下：

$$C_k = \begin{cases} \dfrac{\frac{1}{4}(\sum_{i=1}^{n}\sum_{j=1}^{n}|r_{ij}| + \sum_{i=1}^{n}\sum_{j=1}^{n}r_{ij})(\sum_{i=1}^{n}\sum_{j=1}^{n}|r_{ij}| + \sum_{i=1}^{n}\sum_{j=1}^{n}r_{ij}+2)tT_{ki}tT_{kj}}{N_T^2(N_T-1)} & \sum_{i=1}^{n}\sum_{j=1}^{n}r_{ij} < \sum_{i=1}^{n}\sum_{j=1}^{n}|r_{ij}| \\ \dfrac{\frac{1}{4}(\sum_{i=1}^{n}\sum_{j=1}^{n}|r_{ij}| + \sum_{i=1}^{n}\sum_{j=1}^{n}r_{ij})(\sum_{i=1}^{n}\sum_{j=1}^{n}|r_{ij}| + \sum_{i=1}^{n}\sum_{j=1}^{n}r_{ij}-2)tT_{ki}tT_{kj}}{N_T^2(N_T-1)} & \sum_{i=1}^{n}\sum_{j=1}^{n}r_{ij} = \sum_{i=1}^{n}\sum_{j=1}^{n}|r_{ij}| > 0 \\ 0 & \text{其他} \end{cases} \quad (4\text{-}3)$$

由此得到 N_T 个复合任务的平均内聚度 C_{N_T} 为

$$C_{N_T} = \dfrac{\sum_{k=1}^{N_T} C_k}{N_T} \quad (4\text{-}4)$$

2. 再制造服务任务粒度分析

再制造服务任务分解的任务数量和粒度直接影响再制造服务任务完成的效

率与成本。若分解的任务数量太少、粒度太大会增加任务内部复杂度，对任务的执行造成困难；若分解的任务数量过多、粒度过小，虽然可降低任务复杂度，但会导致时间和成本增加。任务粒度 S_T 反映整体再制造服务任务的规模与层级，如式（4-5）。

$$S_T = \frac{V}{N_T} = \frac{C_{N_T}}{N_T} \tag{4-5}$$

式中，S_T 为任务粒度，$S_T>0$；N_T 为复合任务数量，$N_T>0$；V 为任务粒度系数，等于平均内聚度，$V>0$。

▶ 3. 再制造服务任务作用流关联度分析

再制造服务任务种类多样，如废旧产品再制造服务任务包括检测评估、拆卸、再设计、再加工、装配和运输等，且各子任务活动间存在信息流、效果流和物料流的相互作用。对此，引入作用流关联度的概念，分别从再制造子任务间信息交互、任务 A 达成效果对任务 B 的执行约束以及物流传输三方面来判定任务活动之间关联程度的大小。

【定义 4-1】 信息关联度，是指任务间的信息传递关联程度。运用模糊设计矩阵法来构建信息关联矩阵，可表示为

$$\boldsymbol{X} = \begin{bmatrix} x_{11} & x_{12} & \cdots & x_{1j} \\ x_{21} & x_{22} & \cdots & x_{2j} \\ \vdots & \vdots & & \vdots \\ x_{i1} & x_{i2} & \cdots & x_{ij} \end{bmatrix} \quad i,j=(1,2,\cdots,p) \tag{4-6}$$

式中，x_{ij} 为任务 t_{ki} 和任务 t_{kj} 之间的信息相关度；p 为有效任务数量。$x_{ij}=0$ 表示两任务独立不相关，无任何信息交流；$x_{ij}=1$ 表示两任务信息传递相当密切，为防止两任务间信息交流成本过高应予以合并。x_{ij} 的确定采用专家评估法，其取值范围为 [0, 1] 区间。

【定义 4-2】 效果关联度，表示当任务 T_A 执行后为任务 T_B 的执行提供前提条件所达成的效果好坏程度。其判定方式与信息关联度类似，可表示为

$$\boldsymbol{Y} = \begin{bmatrix} y_{11} & y_{12} & \cdots & y_{1j} \\ y_{21} & y_{22} & \cdots & y_{2j} \\ \vdots & \vdots & & \vdots \\ y_{i1} & y_{i2} & \cdots & y_{ij} \end{bmatrix} \quad i,j=(1,2,\cdots,p) \tag{4-7}$$

式中，y_{ij} 表示任务 t_{ki} 的完成对后序任务 t_{kj} 的执行造成的效果好坏程度，取值范围

和取值方式同 x_{ij}。

【定义 4-3】 物流关联度，是指子任务之间物流运输的关联程度。其判定方式与信息关联度类似，可表示为

$$\mathbf{Z} = \begin{bmatrix} z_{11} & z_{12} & \cdots & z_{1j} \\ z_{21} & z_{22} & \cdots & z_{2j} \\ \vdots & \vdots & & \vdots \\ z_{i1} & z_{i2} & \cdots & z_{ij} \end{bmatrix} \quad i,j = (1,2,\cdots,p) \tag{4-8}$$

式中，z_{ij} 是将两任务间的物流重要度及密集度进行量化，取值范围与取值方式同 x_{ij}。

【定义 4-4】 作用流关联度，是任务 t_{ki} 和任务 t_{kj} 之间关联关系的综合度量，表示为

$$f_{ij} = \mu_1 x_{ij} + \mu_2 y_{ij} + \mu_3 z_{ij} \tag{4-9}$$

式中，μ_1、μ_2、μ_3 表示信息关联度、效果关联度和物流关联度在作用流关联度综合度量中的比重，且 $\mu_1 + \mu_2 + \mu_3 = 1$。当对再制造服务任务进行分解时，作用流关联度取值范围为 $[0, f_{\max}]$。一般分解完后的任务层级较低时，$f_{\max}$ 的值应取较大者，反之则取较小者。

4.1.3 基于 HTN 的再制造服务任务分解方法

1. 基于 HTN 的再制造服务任务分解流程

基于 HTN 的再制造服务任务分解的总流程，即根据再制造服务任务分解原则和相关任务活动约束，采用 HTN 方法对复杂任务进行分解，并对分解后的子任务进行关联特性分析。

其中，再制造服务任务分解过程，考虑 HTN 规划方法常见的三种算法：有序任务分解（Ordered Task Decomposition，OTD）、无序任务分解（Unordered Task Decomposition，UTD）和部分有序任务分解（Partially Ordered Task Decomposition，POTD）。OTD 算法因"按照任务网络中子任务的先后顺序，边分解边进行方法搜索，同时制订一个可行计划保证当前状态的稳定"的设计，降低了高复杂度任务分解的难度和不确定性，任务分解效率相较其他方法更高，因此，本节提出了一种基于 OTD 的再制造服务任务分解流程，如图 4-2 所示。

1）依据客户需求和废旧产品信息，确定再制造服务初始复杂任务。

2）对于可分解的再制造服务初始复杂任务，考虑再制造服务任务粒度、再制造服务任务内聚度和再制造服务任务作用流关联度等约束条件，运用 HTN 方法，将初始复杂任务逐层分解为若干个子任务。

3)判断是否存在足够与子任务相匹配的再制造服务资源,将符合条件的子任务集输出,以确保各再制造服务子任务均有配套服务资源执行。此处,再制造服务任务分解过程所考虑的服务资源约束包括:①所分解的服务任务必须存在可与之匹配的服务资源,以保证全部子任务的顺利完成;②在可匹配的服务资源中,仅有可与再制造服务子任务成功匹配的服务资源为有效服务资源,而与之配对的为有效服务子任务,否则再制造服务任务的分解视为失败。

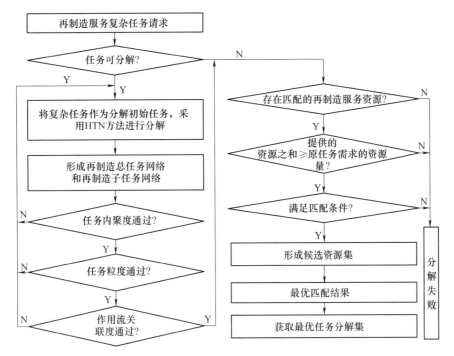

图 4-2 再制造服务任务分解流程

2. 基于 HTN 的再制造服务任务分解模型

基于 HTN 的再制造服务任务分解问题描述为

$$Q = (s_0, T_0, D)$$

式中,s_0 为问题初始状态;T_0 为初始复杂任务;$D = (O, G)$ 为任务分解规划领域,O 和 G 分别指操作集与方法集。

考虑服务资源执行约束的子任务操作算子为

$$o^* = (o_p, o_{\text{pre}}, ext, o_{\text{eff}})$$

式中,o_p 为原子任务;o_{pre} 为操作原子任务的前提条件;ext 为执行该算子所满足的外部前提条件;o_{eff} 为操作原子任务完成后的效果。

基于 HTN 的再制造服务任务分解问题的可行解可表示为

$$\pi = (o_1, o_2, \cdots, o_n)$$

式中，o_1，o_2，$\cdots$，o_n 是完成初始复杂任务 T_0 的操作。

初始复杂任务 T_0 按分解原则 M 分解成 N_T 个复合任务 T_k，形成再制造服务任务网络：

$$T_{\text{net1}} = ((n_1 : T_1), (n_2 : T_2), \cdots, (n_{N_T} : T_{N_T}), l_1)$$

式中，n_i 为任务的唯一标识符；l_1 为约束条件。

对分解后的任务网络 T_{net1} 进行关联特性分析，如果不符合要求，则可继续分解；反之，则分解完成。分解方法为

$$g = f(T_k, T_{\text{net}}^k)$$

式中，T_k 为复合任务；T_{net}^k 为复合任务 T_k 分解后的子任务网络。运用方法 g 将复合任务分解为多个子任务，由于各个复合任务的分解模式不尽相同，因此，在构建方法时需融入新的规则 p。新方法可表示为

$$g^* = f((T_1, p_1, T_{\text{net}}^1), \cdots, (T_k, p_k, T_{\text{net}}^k))$$

形成新的任务网络表示为

$$T_{\text{net2}} = ((T_{\text{net}}^1, T_{\text{net}}^2, \cdots, T_{\text{net}}^k), l_2)$$

对分解后的任务网络进行关联特性分析，如果不符合条件，则继续采用方法 g^* 进行分解，通过边搜索判断边分解，逐步分解并更新网络，最终形成满足约束条件的任务网络。再制造服务分解后的任务网络及对应关系如图 4-3 所示。

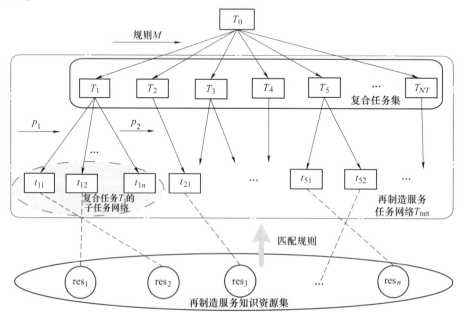

图 4-3　再制造服务分解后的任务网络

4.2 基于 DANP-GS 的再制造服务资源选择

4.2.1 再制造服务资源选择流程

再制造服务模式下,再制造服务集成平台负责分散资源重组/整合的方案制订和实时监控。再制造服务资源的模糊复杂性、动态性、不确定性等特征,加大了对再制造服务资源未知信息的挖掘难度。因此,对再制造服务资源进行评价与选择,掌握服务质量好的服务资源,是提高再制造服务效率的关键。

假设:再制造服务集成平台共有 m 项服务资源可供选择,服务资源集为 $R = \{R_1, R_2, \cdots, R_m\}$,$R_i \in R$ 表示第 i 项服务资源。

为提高再制造服务资源选择的准确性,根据再制造服务资源特征和 QoS 特性对已有再制造服务的服务质量进行评估与选择,其流程如图4-4所示:①确定再制造服务资源的 QoS 指标体系;②根据评价指标设计问卷调查,引入 DEMATEL 法分析各个维度与各个指标之间的相互关系,并绘制出指标影响网络关系图;③运用 ANP 法计算出各个评价指标的权重;④采用灰色系统,计算再制造服务资源的服务质量评价值;⑤根据候选服务资源质量评价值优先序列,选择出合格的服务资源。

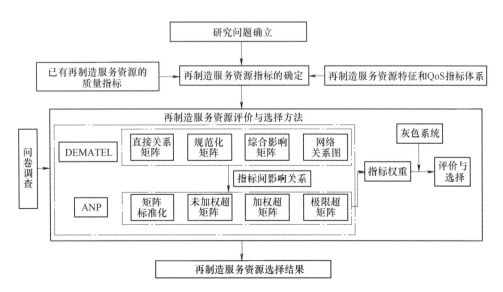

图 4-4 再制造服务资源选择流程图

4.2.2 再制造服务资源选择模型

1. 再制造服务资源 QoS 指标体系

为了合理、高效地选择高质量的再制造服务资源，借鉴 QoS 理论和以往文献研究，构建再制造服务资源 QoS 指标体系，如图 4-5 所示。

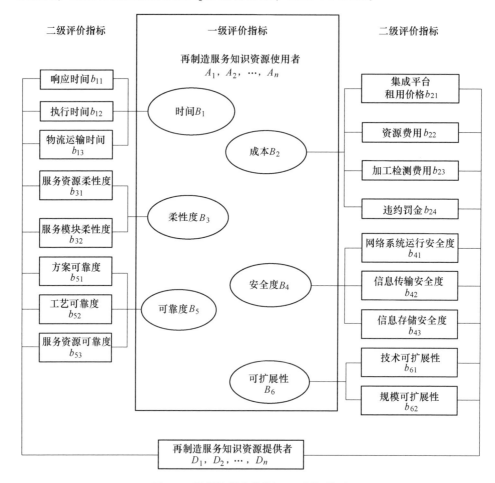

图 4-5 再制造服务资源 QoS 指标体系

1）再制造服务时间：$B_1 = \{b_{1_i} | i = 1,2,3\}$ = {再制造服务响应时间、再制造服务执行时间、逆向物流运输时间}。

2）再制造服务成本：$B_2 = \{b_{2_i} | i = 1,2,3,4\}$ = {再制造服务集成平台租用价格、再制造服务资源费用、再制造加工检测费用、再制造违约罚金}。

3）柔性度：$B_3 = \{b_{3_i} | i = 1,2\}$ = {再制造服务资源柔性度、再制造服务模块

柔性度}。

4）安全度：$B_4 = \{b_{4i} | i = 1,2,3\} = \{$再制造服务集成平台网络系统运行安全度、再制造服务资源信息传输安全度、再制造服务资源信息存储安全度$\}$。

5）可靠度：$B_5 = \{b_{5i} | i = 1,2,3\} = \{$再制造方案可靠度、再制造工艺可靠度、再制造服务资源可靠度$\}$。

6）可扩展性：$B_6 = \{b_{6i} | i = 1,2\} = \{$再制造服务技术可扩展性、再制造服务规模可扩展性$\}$。

▶▶ 2. 基于 DANP 的指标权重确定

（1）确定网络关系图

1）将收集到的 DEMATEL 问卷中指标之间的相互影响程度做算术平均值计算，得到 a_{ij}，再计算出直接关系矩阵 A。

$$A = (a_{ij})_{n \times n}, a_{ij} = \frac{1}{k} \sum_{m=1}^{k} a_{ij}^m \tag{4-10}$$

式中，a_{ij}^m 为第 m 个专家的评分，表示 i 对 j 的影响程度（$i, j = 1, 2, \cdots, n$）。

2）将直接关系矩阵 A 进行标准化处理，得到标准化直接关系矩阵 X。

$$X = \min\left(1/\max_i \sum_{j=1}^n a_{ij}, 1/\max_j \sum_{i=1}^n a_{ij}\right) \times A \tag{4-11}$$

3）通过标准化直接关系矩阵 X，计算得到综合影响矩阵 T。

$$T = X + X^2 + \cdots + X^k = X(I - X)^{-1} = (t_{ij})_{n \times n} \tag{4-12}$$

式中，I 为单位矩阵，$\lim_{k \to \infty} X^k = 0$。

4）根据综合影响矩阵 T 绘制影响网络关系图，即综合影响矩阵 T 的每行每列分别加总求和，用矩阵 r 和 c 表示为

$$r = (r_i)_{n \times 1} = \left(\sum_{j=1}^n t_{ij}\right)_{n \times 1}, c = (c_j)_{1 \times n} = \left(\sum_{i=1}^n t_{ij}\right)_{1 \times n} \tag{4-13}$$

式中，r_i 为影响度；c_j 为被影响度；当 $i = j$ 时，$r_i + c_j$ 为该指标的中心度，即该指标影响与被影响的总程度。$r_i - c_j$ 为该指标的原因度，即该指标影响与被影响程度之差。

（2）确定影响因素权重

1）由综合影响矩阵 T 经过标准化处理，得到一级指标与二级指标的综合影响标准化矩阵 T_1^α 与 T_2^α。

将 T_1 标准化得到 T_1^α：

$$T_1^\alpha = \begin{bmatrix} t_1^{11}/u_1 & t_1^{12}/u_1 & \cdots & t_1^{1n}/u_1 \\ t_1^{21}/u_2 & t_1^{22}/u_2 & \cdots & t_1^{2n}/u_2 \\ \vdots & \vdots & & \vdots \\ t_1^{n1}/u_n & t_1^{n2}/u_n & \cdots & t_1^{nn}/u_n \end{bmatrix} \tag{4-14}$$

式中，u_i 为 T_1 各行的和。

$$T_2^\alpha = \begin{array}{c} D_1 \\ {}_{c_{11}c_{12}\cdots c_{1m_1}} \\ \vdots \\ D_i \\ {}_{c_{i1}c_{i2}\cdots c_{im_i}} \\ \vdots \\ D_n \\ {}_{c_{n1}c_{n2}\cdots c_{nm_n}} \end{array} \overset{\begin{array}{cccccc} D_1 & & D_j & & D_n \\ {}_{c_{11}c_{12}\cdots c_{1m_1}} & & {}_{c_{j1}c_{j2}\cdots c_{jm_j}} & & {}_{c_{n1}c_{n2}\cdots c_{nm_n}} \end{array}}{\begin{bmatrix} T_2^{\alpha 11} & \cdots & T_2^{\alpha 1j} & \cdots & T_2^{\alpha 1n} \\ \vdots & & \vdots & & \vdots \\ T_2^{\alpha i1} & \cdots & T_2^{\alpha ij} & \cdots & T_2^{\alpha in} \\ \vdots & & \vdots & & \vdots \\ T_2^{\alpha n1} & \cdots & T_2^{\alpha nj} & \cdots & T_2^{\alpha nn} \end{bmatrix}} \quad (4\text{-}15)$$

式中，$T_2^{\alpha ij}$ 是矩阵 T_2^α 中的子矩阵。子矩阵的计算方法如下：以 T_2^{12} 第一行为例，记 T_2^{121} 为 T_2^{12} 的第一行，则有

$$T_2^{\alpha 121} = \frac{T_2^{121}}{L_1}, \quad L_1 = \sum_{j=1}^{n} t_{ij} \quad (4\text{-}16)$$

同理可得出 T_2^{12} 的其他行，从而算出 T_2^α。

2）将矩阵 T_2^α 进行转置，得到未加权超矩阵 W。

$$W = (T_2^\alpha)^{\mathrm{T}} \quad (4\text{-}17)$$

3）根据 T_1^α 与 T_2^α 计算加权超矩阵 W^α 及极限超矩阵 W^∞。

$$W^\alpha = T_1^\alpha \times (T_2^\alpha)^{\mathrm{T}}, \quad W^\infty = \lim_{t \to \infty}(W^\alpha)^t \quad (4\text{-}18)$$

对加权超矩阵 W^α 做乘方运算，得到结果收敛稳定的极限超矩阵 W^∞，继而计算出各因素权重。

▶ **3. 基于 Grey System 的再制造服务资源选择**

1）依据评价目标的特点，可将评价指标按服务质量好坏划分为 5 级，1~5 级分别为：好、较好、一般、较差、差。对指标进行评级后构建评价矩阵 G。

$$G = \begin{bmatrix} g_{11} & g_{12} & \cdots & g_{Nn} \end{bmatrix} \quad (4\text{-}19)$$

式中，评价指标的评分等级记为 g_{ij}，$i=1,2,\cdots,N$；$j=1,2,\cdots,n$。

2）假设灰数 $\otimes$ 阈值为 $[m,n]$，根据评级标准确定灰类 $h=1,2,\cdots,5$。灰数与白化权函数如下：

设灰数 $\otimes_1 \in [0,1,2]$，白化权函数：

$$f_1(g_{ij}) = \begin{cases} 1 & g_{ij} \in [0,1] \\ 2-g_{ij} & g_{ij} \in [1,2] \\ 0 & g_{ij} \notin [0,2] \end{cases}$$

其他灰数 $h \in [0,h,2h]$，白化权函数：

$$f_h(g_{ij}) = \begin{cases} g_{ij}/h & g_{ij} \in [0,h] \\ 2 - g_{ij}/h & g_{ij} \in [h,2h] \\ 0 & g_{ij} \notin [0,2h] \end{cases} \quad (4-20)$$

计算灰色评价系数，属于第 h 个灰类的灰色评价系数记为 X_{ijh}：

$$X_{ijh} = \sum_{h=1}^{5} f_h(g_{ij}), (i=1,2,\cdots,N; j=1,2,\cdots,n) \quad (4-21)$$

3）根据灰色评价系数 X_{ijh} 可计算得到灰色评价权向量 q_{ij} 及灰色评价权矩阵 Q_i。

$$Q_i = \begin{bmatrix} q_{i1} \\ \vdots \\ q_{ij} \end{bmatrix} = \begin{bmatrix} q_{i11} & \cdots & q_{i1h} \\ \vdots & & \vdots \\ q_{ij1} & \cdots & q_{ijh} \end{bmatrix}, q_{ij} = (q_{ij1},\cdots,q_{ij5}), q_{ijh} = \frac{X_{ijh}}{X_{ij}} \quad (4-22)$$

4）根据二级指标的局部权重 A_i、灰色评价权矩阵 Q_i 和一级指标的全局权重 P 计算出综合评价结果 C，再由 C 与向量 H 得到综合评价值 Z。

$P_i = (p_{i1}, p_{i2}, \cdots, p_{in})$，$B_i = P_i Q_i = (b_{i1}, b_{i2}, \cdots, b_{ih})$，将整个评价指标体系的所有 B_i 综合表示为 B，$P = (p_1, p_2, \cdots, p_N)$，则对准则层的综合评价结果 C：

$$C = PB = (p_1, p_2, \cdots p_N) \begin{bmatrix} b_{11} & \cdots & b_{1h} \\ \vdots & & \vdots \\ b_{N1} & \cdots & b_{Nh} \end{bmatrix} \quad (4-23)$$

综合评价值 Z 由综合评价结果 C 与评价灰类 $H = (1,2,\cdots,5)$ 共同确定，即 $Z = CH^T$。

5）最后通过综合评价值 Z 的比较排序对评价目标进行选择。

4.3 工程实例：某 X4105 柴油机再制造设计服务任务分解与服务资源选择

4.3.1 再制造设计服务任务分解

再制造设计可分为废旧产品回收设计、再制造加工设计和再制造产品市场设计。本节以 X4105 柴油机废旧零部件的再制造设计任务分解为例，对前述再制造服务任务分解与资源选择方法进行实例验证。

X4105 柴油机废旧零部件的再制造设计任务涉及各零部件外形尺寸、配合关系和工艺参数等关键点，且要考虑子任务内部的时序关系。假设：有足够满足需求的再制造服务资源与分解后的子任务相匹配。再制造设计初始任务 T_0，即柴油机再制造设计复杂任务，约束条件集 $l = \{$再制造服务任务粒度，再制造服务任务内聚度，再制造服务任务作用流关联度$\}$。设定最大任务粒度系数 ≤ 0.02，采用顺序任务分解算法（OTD）递归分解：

1）柴油机再制造设计任务复杂度高，基于层次原则对柴油机再制造设计初始任务T_0进行产品 BOM 结构分解，得到新的任务网络$T_{net1} = [(n_1:T_1),(n_2:T_2),\cdots,(n_8:T_8),l_1)]$。复合任务分别是：①机体组$T_1$；②燃油系统$T_2$；③润滑系统$T_3$；④曲轴飞轮组$T_4$；⑤活塞连杆组$T_5$；⑥冷却系统$T_6$；⑦起动系统$T_7$；⑧配气机构$T_8$。

2）对新的再制造服务任务网络T_{net1}进行粒度分析、内聚度分析以及作用流关联度分析，T_{net1}的任务粒度仍然过大，必须完成下一步的细化分解。例如，复合任务机体组T_1可再分为曲轴箱、气缸垫、气缸体和气缸盖等子任务。故继续将T_{net1}中的复合任务按照分解方法g^*进行分解，得到新的任务网络。分解后的所有子任务见表 4-1。

表 4-1 再制造设计任务名称和子任务

序号	任务名称	子任务名称	序号	任务名称	子任务名称
1	机体组T_1	气缸体t_{11}	13	活塞连杆组T_5	活塞t_{51}
2		曲轴箱t_{12}	14		活塞环t_{52}
3		气缸垫t_{13}	15		活塞销t_{53}
4		气缸盖t_{14}	16		连杆t_{54}
5	燃油系统T_2	柴油箱t_{21}	17	冷却系统T_6	节温阀t_{61}
6		输油泵t_{22}	18		散热器t_{62}
7		柴油滤油器t_{23}	19		风扇t_{63}
8		喷油泵t_{24}	20		水泵t_{64}
9	润滑系统T_3	润滑油泵t_{31}	21	起动系统T_7	直流电动机t_{71}
10		润滑油滤油器t_{32}	22		发动机t_{72}
11	曲轴飞轮组T_4	曲轴t_{41}	23	配气机构T_8	凸轮轴t_{81}
12		飞轮t_{42}	24		进排气门t_{82}

3）分解完成后，依据约束结构描述方法，得到新的任务总网络T_{net2}，如图 4-6 所示，图中数字代表子任务序号。

可以得到 8 个有效复合任务，各个复合任务的子网络为

$T_{net}^1 = ((n_{11}:t_{11}),(n_{12}:t_{12}),(n_{13}:t_{13}),(n_{14}:t_{14}),l_{21})$

$T_{net}^2 = ((n_{14}:t_{14}),(n_{21}:t_{21}),(n_{22}:t_{22}),(n_{23}:t_{23}),(n_{24}:t_{24}),(n_{51}:t_{51}),l_{22})$

$T_{net}^3 = ((n_{31}:t_{31}),(n_{32}:t_{32}),(n_{64}:t_{64}),l_{23})$

$T_{net}^4 = ((n_{41}:t_{41}),(n_{42}:t_{42}),(n_{72}:t_{72}),l_{24})$

$T_{net}^5 = ((n_{41}:t_{41}),(n_{51}:t_{51}),(n_{52}:t_{52}),(n_{53}:t_{53}),(n_{54}:t_{54}),l_{25})$

$T_{net}^6 = ((n_{61}:t_{61}),(n_{62}:t_{62}),(n_{63}:t_{63}),(n_{64}:t_{64}),(n_{72}:t_{72}),l_{26})$

$T_{net}^7 = ((n_{71}:t_{71}),(n_{72}:t_{72}),(n_{81}:t_{81}),l_{27})$

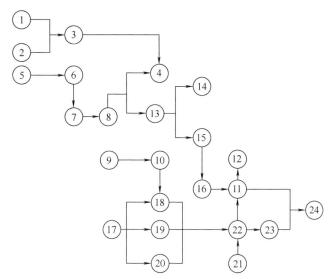

图 4-6 分解完后的任务总网络图

$T_{\text{net}}^8 = ((n_{41}:t_{41}),(n_{72}:t_{72}),(n_{81}:t_{81}),(n_{82}:t_{82}),l_{28})$

其约束结构为

$T_1 = \{1,2,3,4\}, C_1 = \{(3,\{1,2\}),(4,\{3\})\}$

$T_2 = \{5,6,7,8,4,13\}, C_2 = \{(6,\{5\}),(7,\{6\}),(8,\{7\}),(4,\{8\}),(13,\{8\})\}$

$T_3 = \{9,10,18\}, C_3 = \{(10,\{9\}),(18,\{10\})\}$

$T_4 = \{22,11,12\}, C_4 = \{(11,\{22\}),(12,\{11\})\}$

$T_5 = \{13,14,15,16,11\}, C_5 = \{(14,\{13\}),(15,\{13\}),(16,\{15\}),(11\{16\})\}$

$T_6 = \{17,18,19,20,22\}, C_6 = \{(18,\{17\}),(19,\{17\}),(20,\{17\}),(22,\{18,19,20\})\}$

$T_7 = \{21,22,23\}, C_7 = \{(22,\{21\}),(23,\{22\})\}$

$T_8 = \{22,23,11,24\}, C_8 = \{(23,\{22\}),(24,\{11,23\})\}$

各个复合子任务的分解网络如图 4-7a~h 所示。

4）根据式（4-3）计算 8 个复合任务的内聚度，以任务 T_1 为例，按照其约束结构的特点得到任务关联矩阵如下：

$$R_1 = \begin{bmatrix} 0 & 0 & 1 & 0 \\ 0 & 0 & 1 & 0 \\ -1 & -1 & 0 & 1 \\ 0 & 0 & -1 & 0 \end{bmatrix}$$

得到复合任务 T_1 的内聚度 $C_k = 0.02$，计算各个复合任务的内聚度，见表 4-2。

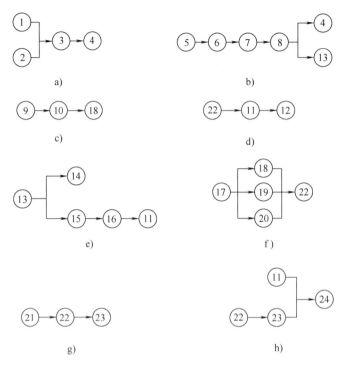

图 4-7 各个复合子任务的分解网络图

表 4-2 任务分解内聚度分析

复合任务名称	T_1	T_2	T_3	T_4	T_5	T_6	T_7	T_8
子任务数量	4	6	3	3	5	5	3	4
任务内聚度	0.02	0.067	0.013	0.013	0.045	0.094	0.013	0.027
任务内聚度均值	0.037							

任务粒度：$S_T = \dfrac{V}{N_T} = \dfrac{C_{N_T}}{N_T} = \dfrac{0.037}{8} \approx 0.005 < 0.02$。

该分解方案的任务粒度在所设定的范围内，满足再制造加工设计任务分解要求，得到可执行的再制造加工设计复合任务集 $T = \{T_1, T_2, T_3, T_4, T_5, T_6, T_7, T_8\}$。若任务粒度的分析超过约定范围，则还需进行再制造服务任务作用流关联度分析，根据再制造服务任务间的信息流、效果流、物料流分别构造信息关联矩阵 X、效果关联度矩阵 Y、物流关联度矩阵 Z。将信息交互、效果交互及物流交互较多的再制造服务任务活动进行合并，从而增大再制造服务任务集的任务粒度与内聚度，降低再制造服务任务集间的相关性，提高再制造服务任务执行效率。

4.3.2 再制造服务资源选择

通过对 X4105 柴油机进行再制造设计任务分解，得到 8 个再制造子任务组。该企业为了挖掘优质再制造服务资源，需要从再制造服务集成平台提供的众多再制造服务资源中选择出服务质量较优者。在企业的考虑范围内，现有 25 个候选资源，即 $r_1, r_2, \cdots, r_{25}$。本节采用 DANP-GS 方法从中选择出前 15 个高质量的再制造服务资源，为再制造服务任务与资源匹配奠定基础。

1. 再制造服务资源指标权重的计算

（1）维度与指标的影响网络关系统计分析　通过 DEMATEL 问卷调查的方式（调查问卷见附录），对已确定好的 17 个 QoS 指标进行专家评分，评分等级 0~4 分别表示影响程度为无、较低、一般、较高、极高。收集有效调查问卷 12 份，原始数据成为分析各维度指标影响网络关系的统计数据，计算得到一级指标与二级指标的直接关系矩阵 A_1 和 A_2，见表 4-3 和表 4-4。再依据上文的 DEMATEL 计算方法，整理 6 大维度与 17 个指标之间的关系矩阵，由式 (4-12) 计算出一级指标与二级指标的综合影响矩阵 T_1 和 T_2，见表 4-5 和表 4-6。通过式 (4-13) 可得出各维度、指标的影响关系，见表 4-7，由此画出一级指标与二级指标的关系影响图，如图 4-8 和图 4-9 所示。

表 4-3　一级指标直接关系矩阵 A_1

维度	时间 B_1	成本 B_2	柔性度 B_3	安全度 B_4	可靠度 B_5	可扩展性 B_6
B_1	0	3.333	1.917	2.083	2	1.917
B_2	3.917	0	1.917	2.167	2.833	2.75
B_3	3.667	2.25	0	2.75	2.667	3.833
B_4	3.833	2.167	2.583	0	2.583	1.75
B_5	2.917	3	2.75	2.833	0	2.667
B_6	3.667	2.833	3.833	2	2.583	0

表 4-4　二级指标直接关系矩阵 A_2

维度	b_{11}	b_{12}	b_{13}	b_{21}	b_{22}	b_{23}	...
b_{11}	0	2.917	2.833	2	2	2.167	...
b_{12}	2.833	0	2.75	1.083	2	2.167	...
b_{13}	2.667	2.833	0	1.167	1.917	1.083	...
b_{21}	1.917	1.25	1.167	0	3.833	3	...
b_{22}	1.833	2	1.917	3.75	0	2.167	...
b_{23}	2.083	2.333	1.167	2.917	2.333	0	...
...	...	...	...	...	...	...	...

表 4-5　一级指标综合影响矩阵 T_1

维度	时间 B_1	成本 B_2	柔性度 B_3	安全度 B_4	可靠度 B_5	可扩展性 B_6
B_1	0.431	0.499	0.414	0.401	0.416	0.417
B_2	0.684	0.404	0.471	0.455	0.504	0.506
B_3	0.731	0.559	0.420	0.520	0.539	0.596
B_4	0.657	0.491	0.480	0.333	0.476	0.447
B_5	0.668	0.563	0.526	0.501	0.387	0.523
B_6	0.724	0.576	0.590	0.484	0.530	0.416

表 4-6　二级指标综合影响矩阵 T_2

维度	b_{11}	b_{12}	b_{13}	b_{21}	b_{22}	b_{23}	…
b_{11}	0.231	0.325	0.263	0.305	0.318	0.338	…
b_{12}	0.312	0.301	0.285	0.317	0.350	0.374	…
b_{13}	0.257	0.292	0.184	0.257	0.283	0.283	…
b_{21}	0.305	0.335	0.263	0.316	0.402	0.408	…
b_{22}	0.303	0.349	0.276	0.385	0.324	0.389	…
b_{23}	0.325	0.378	0.279	0.391	0.395	0.372	…
…	…	…	…	…	…	…	…

表 4-7　各维度、指标的影响关系汇总

一级/二级指标	r_i	c_j	中心度 $(r_i + c_j)$	原因度 $(r_i - c_j)$
时间 B_1	2.578	3.895	6.473	-1.317
响应时间 b_{11}	5.362	5.233	10.595	0.129
执行时间 b_{12}	5.991	6.089	12.080	-0.098
物流运输时间 b_{13}	4.735	4.703	9.438	0.032
成本 B_2	3.024	3.092	6.116	-0.068
集成平台租用价格 b_{21}	6.278	6.094	12.372	0.184
资源费用 b_{22}	6.236	6.366	12.602	-0.130
加工检测费用 b_{23}	6.694	6.800	13.494	-0.106
违约罚金 b_{24}	5.666	5.494	11.160	0.172
柔性度 B_3	3.364	2.901	6.265	0.463
服务资源柔性度 b_{31}	6.691	6.603	13.294	0.088
服务模块柔性度 b_{32}	6.659	6.585	13.244	0.074
安全度 B_4	2.884	2.694	5.578	0.190
网络系统运行安全度 b_{41}	6.927	6.965	13.892	-0.038

(续)

一级/二级指标	r_i	c_j	中心度 (r_i+c_j)	原因度 (r_i-c_j)
信息传输安全度 b_{42}	7.016	7.255	14.271	-0.239
信息存储安全度 b_{43}	6.533	6.746	13.279	-0.213
可靠度 B_5	3.168	2.85	6.018	0.318
方案可靠度 b_{51}	6.534	6.492	13.026	0.042
工艺可靠度 b_{52}	6.423	6.377	12.800	0.046
服务资源可靠度 b_{53}	6.611	6.600	13.211	0.011
可扩展性 B_6	3.318	2.904	6.222	0.414
技术可扩展性 b_{61}	6.805	6.817	13.622	-0.012
规模可扩展性 b_{62}	6.229	6.170	12.399	0.059

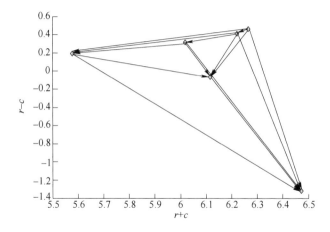

图 4-8　一级指标关系影响图

时间（B_1）和成本（B_2）的 $r-c$ 值为负，说明这两项维度指标易受其他指标的影响，是结果因素。柔性度（B_3）、安全度（B_4）、可靠度（B_5）和可扩展性（B_6）的 $r-c$ 值都为正，则说明这四项指标易影响其他指标，是原因因素。在时间（B_1）维度中，响应时间（b_{11}）和物流运输时间（b_{13}）为原因型，执行时间（b_{12}）为结果型。在原因型指标中，响应时间（b_{11}）的 $r-c$ 值最大，在一定程度上说明，响应时间越短，执行效率越高，整个工作效率也就越高。在成本（B_2）维度中，集成平台租用价格（b_{21}）和违约罚金（b_{24}）为原因型，资源费用（b_{22}）和加工检测费用（b_{23}）为结果型，即表明集成平台租用价格和违约罚金将在一定程度上影响资源费用与加工检测费用。在柔性度（B_3）维度中，服务资源柔性度（b_{31}）和服务模块柔性度（b_{32}）都为原因型指标，表明柔性度影响程度大于被影响程度。在安全度（B_4）维度中，网络系统运行安全度

（b_{41}）、信息传输安全度（b_{42}）和信息存储安全度（b_{43}）都为结果型，表明安全度易受其他指标的影响。在可靠度（B_5）维度中，方案可靠度（b_{51}）、工艺可靠度（b_{52}）和服务资源可靠度（b_{53}）都为原因型，表明可靠度易影响其他指标。在可扩展性（B_6）维度中，规模可扩展性（b_{61}）为原因型，技术可扩展性（b_{62}）为结果型，说明服务规模在一定程度上影响服务技术。

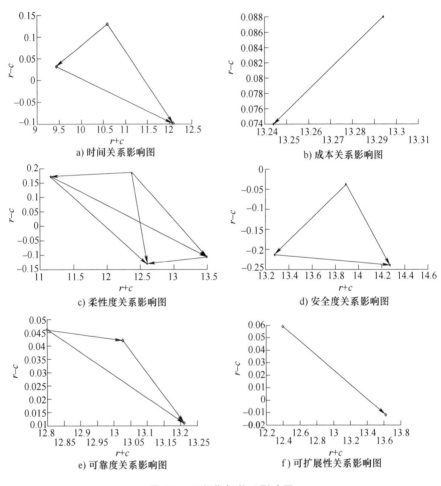

图 4-9　二级指标关系影响图

（2）维度和评价指标间的影响权重分析　根据式（4-14）和式（4-15）计算出一级指标与二级指标的综合影响标准化矩阵 $\boldsymbol{T}_1^\alpha$ 和 $\boldsymbol{T}_2^\alpha$，再根据式（4-18）计算出加权的超矩阵 $\boldsymbol{W}^\alpha$ 和极限加权超矩阵 $\boldsymbol{W}^\infty$，见表4-8和表4-9，从而整理得到维度与指标的权重值，见表4-10。

表 4-8 加权超矩阵 W^α

	b_{11}	b_{12}	b_{13}	b_{21}	b_{22}	b_{23}	...
b_{11}	0.047	0.058	0.059	0.076	0.074	0.075	...
b_{12}	0.066	0.056	0.067	0.084	0.085	0.087	...
b_{13}	0.054	0.053	0.042	0.066	0.067	0.064	...
b_{21}	0.048	0.046	0.046	0.029	0.037	0.035	...
b_{22}	0.050	0.051	0.051	0.037	0.031	0.036	...
b_{23}	0.053	0.054	0.051	0.038	0.037	0.033	...
...	...	...	...	...	...	...	...

表 4-9 极限加权超矩阵 W^∞

	b_{11}	b_{12}	b_{13}	b_{21}	b_{22}	b_{23}	...
b_{11}	0.068	0.068	0.068	0.068	0.068	0.068	...
b_{12}	0.079	0.079	0.079	0.079	0.079	0.079	...
b_{13}	0.061	0.061	0.061	0.061	0.061	0.061	...
b_{21}	0.042	0.042	0.042	0.042	0.042	0.042	...
b_{22}	0.044	0.044	0.044	0.044	0.044	0.044	...
b_{23}	0.047	0.047	0.047	0.047	0.047	0.047	...
...	...	...	...	...	...	...	...

表 4-10 再制造服务资源指标体系权重及排序

维度	影响权重	一级指标排序	指标	局部权重	全局权重	二级指标排序
B_1	0.208	1	b_{11}	0.327	0.068	2
			b_{12}	0.380	0.079	1
			b_{13}	0.293	0.061	3
B_2	0.171	2	b_{21}	0.246	0.042	3
			b_{22}	0.257	0.044	2
			b_{23}	0.275	0.047	1
			b_{24}	0.222	0.038	4
B_3	0.159	3	b_{31}	0.503	0.080	1
			b_{32}	0.497	0.079	2
B_4	0.147	6	b_{41}	0.333	0.049	2
			b_{42}	0.347	0.051	1
			b_{43}	0.320	0.047	3
B_5	0.157	5	b_{51}	0.338	0.053	1
			b_{52}	0.325	0.051	2
			b_{53}	0.338	0.053	1
B_6	0.158	4	b_{61}	0.525	0.083	1
			b_{62}	0.475	0.075	2

根据表 4-10，时间（B_1）的权重值最大，其次是成本（B_2）、柔性度（B_3）、可扩展性（B_6）、可靠度（B_5）和安全度（B_4）。在时间（B_1）维度中，执行时间（b_{12}）权重最大，物流运输时间（b_{13}）权重最小。在成本（B_2）维度中，加工检测费用（b_{23}）权重最大，违约罚金（b_{24}）权重最小。在柔性度（B_3）维度中，服务资源柔性度（b_{31}）权重最大。在安全度（B_4）维度中，信息传输安全度（b_{42}）权重最大，信息存储安全度（b_{43}）权重最小。在可靠度（B_5）维度中，方案可靠度（b_{51}）和服务资源可靠度（b_{53}）的权重较工艺可靠度（b_{52}）大。在可扩展性（B_6）维度中，技术可扩展性（b_{61}）的权重最大，应引起重视。

▶▶**2. 再制造服务资源的服务质量评价值的确定**

再制造服务集成平台提供候选再制造服务资源 $r_1 \sim r_{25}$，部分详细服务质量信息见表 4-11。

表 4-11　候选资源指标信息表

	r_1	r_2	r_3	r_4	r_5	r_6	…
b_{11}	2.40	3.10	6.00	1.20	5.50	2.00	…
b_{12}	8.60	5.00	11.00	4.40	7.00	12.50	…
b_{13}	10.00	17.30	20.70	14.00	16.00	13.40	…
b_{21}	25.40	28.00	24.20	27.50	20.00	23.10	…
b_{22}	32.00	30.50	42.00	38.00	36.20	37.20	…
b_{23}	45.10	48.20	40.40	52.30	50.00	55.60	…
…	…	…	…	…	…	…	…

将评价指标按服务质量划分为 5 个等级，根据每个候选资源指标参数不同赋予 1~5 分（由好到差），见表 4-12。

表 4-12　等级化后资源指标信息表

	r_1	r_2	r_3	r_4	r_5	r_6	…
b_{11}	1.780	2.122	3.537	1.195	3.293	1.585	…
b_{12}	2.673	1.364	3.545	1.145	2.091	4.091	…
b_{13}	1.000	3.071	4.035	2.135	2.702	1.965	…
b_{21}	2.964	3.909	2.527	3.727	1.000	2.127	…
b_{22}	1.408	1.000	4.129	3.041	2.551	2.823	…
b_{23}	2.221	3.026	1.000	4.091	3.494	4.948	…
…	…	…	…	…	…	…	…

根据评分等级标准，用 $h = 1, 2, \cdots, 5$ 表示灰类序号，分别为服务质量好、较好、一般、较差、差。以第一个候选服务资源 r_1 为例，根据式（4-19）和式（4-20）得到 b_{11} 指标的总灰色评价系数 X_{11}^1 为

$$X_{11}^1 = X_{111}^1 + X_{112}^1 + X_{113}^1 + X_{114}^1 + X_{115}^1 = f_1(g_{11}) + f_2(g_{11}) + f_3(g_{11}) + f_4(g_{11}) + f_5(g_{11})$$
$$= 0.220 + 0.890 + 0.593 + 0.445 + 0.356 = 2.504$$

同理可得，$X_{21}^1 = 2.757$，$X_{31}^1 = 2.283$。根据式（4-21），$q_{11}^1 = (0.088, 0.355, 0.237, 0.178, 0.142)$。同理，可计算其他指标的总灰色评价系数和灰色评价权向量，由此可得各一级风险指标的灰色评价矩阵 $Q_2^1, Q_2^1, \cdots, Q_6^1$，每个二级指标对一级指标的局部权重为 $A_i = (a_{i1}, a_{i2}, \cdots, a_{in})$，再计算出综合评价结果 B^1：

$$B^1 = \begin{bmatrix} 0.157 & 0.272 & 0.243 & 0.182 & 0.146 \\ 0.064 & 0.254 & 0.291 & 0.218 & 0.175 \\ 0.073 & 0.166 & 0.213 & 0.273 & 0.276 \\ 0.072 & 0.187 & 0.291 & 0.257 & 0.206 \\ 0.109 & 0.656 & 0.663 & 0.619 & 0.495 \\ 0 & 0.611 & 0.809 & 0.694 & 0.555 \end{bmatrix}$$

所有一级指标的影响权重为 $A = (a_1, a_2, \cdots, a_N)$，根据式（4-22）得到一级评价指标对总目标的评价结果为 $C^1 = A \times B^1 = (0.083, 0.353, 0.407, 0.363, 0.299)$。

$H = (1, 2, \cdots, 5)^T$ 为各评价灰类等级赋值向量，对综合评价结果 C^1 进行单值化处理得到综合评价值 Z^1，$Z^1 = C^1 H = 4.963$。

同理，可得其他服务资源服务质量的评价值：$Z^2 = 3.263$，$Z^3 = 3.531$，$Z^4 = 3.154$，$Z^5 = 3.202$，$Z^6 = 3.692$，$Z^7 = 3.353$，$Z^8 = 3.013$，$Z^9 = 3.236$，$Z^{10} = 3.369$，$Z^{11} = 3.723$，$Z^{12} = 3.518$，$Z^{13} = 3.018$，$Z^{14} = 3.259$，$Z^{15} = 3.638$，$Z^{16} = 3.742$，$Z^{17} = 3.463$，$Z^{18} = 3.764$，$Z^{19} = 3.576$，$Z^{20} = 3.234$，$Z^{21} = 3.233$，$Z^{22} = 3.443$，$Z^{23} = 3.542$，$Z^{24} = 3.334$，$Z^{25} = 3.523$。候选服务资源服务质量评价值的排序为 $Z^8 < Z^{13} < Z^4 < Z^5 < Z^{21} < Z^{20} < Z^9 < Z^{14} < Z^2 < Z^{24} < Z^7 < Z^{10} < Z^{22} < Z^{17} < Z^{12} < Z^{25} < Z^3 < Z^{23} < Z^{19} < Z^{15} < Z^6 < Z^{11} < Z^{16} < Z^{18} < Z^1$。评价值 Z 越小服务质量越优，即服务资源 R_8 的服务质量为最佳。由此选择出前15项优质服务资源：R_8、R_{13}、R_4、R_5、R_{21}、R_{20}、R_9、R_{14}、R_2、R_{24}、R_7、R_{10}、R_{22}、R_{17}、R_{12}。

3. 方法对比分析

针对提出的基于 DANP-GS 的再制造服务资源的相关概念和数据，计算了 AHP 与 GS 相结合的服务质量评价值以及 ANP 法的服务质量评价值，并将最终的排序结果与本方法进行比较，见表4-13。

表 4-13　不同方法结果对比分析

选择方法	排序结果
DANP + GS	$Z^8 < Z^{13} < Z^4 < Z^5 < Z^{21} < Z^{20} < Z^9 < Z^{14} < Z^2 < Z^{24} < Z^7 < Z^{10} < Z^{22} < Z^{17} < Z^{12} < Z^{25} < Z^3 < Z^{23} < Z^{19} < Z^{15} < Z^6 < Z^{11} < Z^{16} < Z^{18} < Z^1$
AHP + GS	$Z^8 < Z^{13} < Z^4 < Z^5 < Z^{21} < Z^{20} < Z^9 < Z^{14} < Z^2 < Z^{24} < Z^7 < Z^{10} < Z^{22} < Z^{17} < Z^{12} < Z^{25} < Z^3 < Z^{23} < Z^{19} < Z^{15} < Z^6 < Z^{11} < Z^{16} < Z^{18} < Z^1$
ANP	$Z^8 < Z^{13} < Z^4 < Z^5 < Z^{21} < Z^{20} < Z^9 < Z^{14} < Z^2 < Z^{24} < Z^7 < Z^{10} < Z^{22} < Z^{17} < Z^{12} < Z^{25} < Z^3 < Z^{23} < Z^{15} < Z^{19} < Z^6 < Z^{16} < Z^{18} < Z^{11} < Z^1$

由表 4-13 的结果对比分析可知，三种方法的前 15 个服务资源排序情况相同，表明前 15 个服务资源是服务质量较优的选择。按照 AHP 与 GS 结合的方法得到的结果同采用本章方法的结果一致，但是 AHP 法未考虑指标间的相互关联，各指标层级没有交叉关系。按照 ANP 法所得到的排序与前两种不同，尽管较优的服务资源排序相同，但该方法趋于主观，尤其是在标准化加权矩阵时未考虑一级指标间的权重差异。DANP 和 GS 相结合的方法，相较 AHP 法考虑了指标间的关联关系，而且灰色理论能将灰色信息透明化，使得评价模型和评价过程更符合客观规律，评价结果更加准确可靠。

4.4　本章小结

本章结合再制造服务任务特点，在通用任务分解原则中筛选并确定了再制造服务任务分解原则，描述了串行、并行、耦合和分支四种任务活动约束结构。从任务内聚度、粒度与作用流关联度三个角度分析了再制造服务任务之间的关联特性，构建再制造服务任务分解过程模型，设计基于 OTD 的 HTN 再制造服务任务分解算法。针对再制造服务资源的选择问题，提出一种基于 DANP + GS 的再制造服务资源选择模型。借鉴 QoS 理论，整理时间、成本、柔性度、安全度、可靠度和可扩展性六大维度的 QoS 指标体系，基于 DANP 法确立各指标权重，基于灰色理论对各再制造服务资源的服务质量做出评价，从而选择出服务质量更好的再制造服务资源。

▶**参数说明**（表 4-14 和表 4-15）

表 4-14　再制造服务任务分解方法参数说明

参数	说明
T_0	初始复杂任务
T_k	再制造服务复合任务

(续)

参数	说　明
t_{ki}	再制造服务复合任务分解后得到的第 i 个子任务（$i=1, 2, \cdots, n$）
C	任务间约束控制结构集合
$\boldsymbol{X}$	任务间信息关联矩阵
$\boldsymbol{Y}$	任务间效果关联矩阵
$\boldsymbol{Z}$	任务间物流关联矩阵
u	再制造服务任务约束结构输出（后序任务）
r_s	再制造服务任务约束结构输入（先序任务）
N_T	复合任务数量
$\boldsymbol{R}_k$	任务间时序关联矩阵
r_{ij}	不同子任务 t_{ki} 与 t_{kj} 之间的输入输出关系（$i\neq j$; $i, j=1, 2, \cdots, n$）
C_k	复合任务 T_k 的内聚度
C_{N_T}	复合任务的平均内聚度
S_T	任务粒度
V	任务粒度系数
p	有效任务数量
x_{ij}	任务 t_{ki} 和任务 t_{kj} 之间的信息相关度（$i, j=1, 2, \cdots, p$）
y_{ij}	任务 t_{ki} 的完成对任务 t_{kj} 的执行造成的效果好坏程度（$i, j=1, 2, \cdots, p$）
z_{ij}	任务 t_{ki} 与任务 t_{kj} 间的物流重要度及密集度（$i, j=1, 2, \cdots, p$）
f_{ij}	作用流关联度，是任务 t_{ki} 与任务 t_{kj} 间关联关系的综合度量
s_0	再制造服务任务分解问题初始状态
o^*	子任务操作算子
g^*	任务分解方法
T_{net}	再制造服务任务网络
T_{net}^k	复合任务 T_k 分解后的子任务网络
l_i	约束条件
n_i	任务的唯一标识符
R	服务资源集
R_i	第 i 项服务资源（$i=1, 2, \cdots, m$）
a_{ij}^m	第 m 个专家的评分，表示 i 对 j 的影响程度（$i, j=1, 2, \cdots, n$）
r_i	影响度
c_j	被影响度
g_{ij}	评价指标的评分等级（$i=1, 2, \cdots, N$; $j=1, 2, \cdots, n$）
X_{ijh}	灰色评价系数

表 4-15　再制造服务资源选择参数说明

参数	说　　　明
R	服务资源集
R_i	表示第 i 项服务资源（$i=1,2,\cdots,m$）
a_{ij}^m	第 m 个专家的评分，表示 i 对 j 的影响程度（$i,j=1,2,\cdots,n$）
r_i	影响度
c_j	被影响度
g_{ij}	评价指标的评分等级（$i=1,2,\cdots,N;j=1,2,\cdots,n$）
X_{ijh}	灰色评价系数

附录　再制造服务资源评估指标体系 DEMATEL 问卷

尊敬的先生/女士：

您好！首先非常感谢您能抽出宝贵的时间协助我完成此次问卷调查。我是来自武汉科技大学机械工程专业的一名研究生，本次调查结果仅供学术分析使用，采用匿名形式，不会泄露您的任何信息，所填答案无所谓对错，谢谢您的参与！

本问卷分为五部分，分别为维度/指标说明，问卷填写方式说明，再制造服务资源一级指标相互影响程度评分，再制造服务资源二级指标相互影响程度评分，基本信息。

一、维度/指标说明

此项研究通过 QoS 拟定初步评估指标体系，即时间 B_1、成本 B_2、柔性度 B_3、安全度 B_4、可靠度 B_5 和可扩展性 B_6，以及 17 个具体指标，见附表 1。

附表 1　维度/指标说明

维　　度	指　　标
时间 B_1	响应时间 b_{11}、执行时间 b_{12}、物流运输时间 b_{13}
成本 B_2	集成平台租用价格 b_{21}、资源费用 b_{22}、加工检测费用 b_{23}、违约罚金 b_{24}
柔性度 B_3	服务资源柔性度 b_{31}、服务模块柔性度 b_{32}
安全度 B_4	网络系统运行安全度 b_{41}、信息传输安全度 b_{42}、信息存储安全度 b_{43}
可靠度 B_5	方案可靠度 b_{51}、工艺可靠度 b_{52}、服务资源可靠度 b_{53}
可扩展性 B_6	技术可扩展性 b_{61}、规模可扩展性 b_{62}

二、问卷填写方式说明

填写指标说明：0——无影响；1——低影响；2——一般影响；3——高影响；4——极高影响，见附表 2。

附表2　元素之间评判标准

意　义	标　度　值
指标 i 对 j 没有影响	0
指标 i 对 j 为低影响	1
指标 i 对 j 为一般影响	2
指标 i 对 j 为高影响	3
指标 i 对 j 为极高影响	4

注：i 为表格纵列指标，j 为表格横行指标。

三、再制造服务资源一级指标相互影响程度评分（附表3）

附表3　一级指标相互影响评分

指标	时间 B_1	成本 B_2	柔性度 B_3	安全度 B_4	可靠度 B_5	可扩展性 B_6
B_1	0					
B_2		0				
B_3			0			
B_4				0		
B_5					0	
B_6						0

注：对角线上填0，其他位置填入0~4的数字，可为小数。

四、再制造服务资源二级指标相互影响程度评分（附表4）

附表4　二级指标相互影响程度

指标	响应时间	执行时间	物流运输时间	集成平台租用价格	资源费用	加工检测费用	违约罚金	服务资源柔性度	服务模块柔性度	网络系统运行安全度	信息传输安全度	信息存储安全度	方案可靠度	工艺可靠度	服务资源可靠度	技术可扩展性	规模可扩展性
b_{11}	0																
b_{12}		0															
b_{13}			0														
b_{21}				0													
b_{22}					0												
b_{23}						0											
b_{24}							0										

（续）

指标	响应时间	执行时间	物流运输时间	集成平台租用价格	资源费用	加工检测费用	违约罚金	服务资源柔性度	服务模块柔性度	网络系统运行安全度	信息传输安全度	信息存储安全度	方案可靠度	工艺可靠度	服务资源可靠度	技术可扩展性	规模可扩展性
b_{31}								0									
b_{32}									0								
b_{41}										0							
b_{42}											0						
b_{43}												0					
b_{51}													0				
b_{52}														0			
b_{53}															0		
b_{61}																0	
b_{62}																	0

注：对角线上填0，其他位置填入0~4的数字，可为小数。

五、基本信息

1. 性别：_____
   A. 男　　　　　　B. 女
2. 教育程度：_____
   A. 学士　　　　　B. 硕士　　　　　C. 博士
3. 职称：_____
   A. 讲师　　　　　B. 副教授　　　　C. 教授　　　　　D. 其他
4. 工作岗位：_____
5. 工作内容：_____
6. 工作年限：_____
   A. 5年内　　　　B. 5~10年　　　　C. 10年以上

问卷到此结束，请您再次查阅是否全部作答完成，十分感谢您的参与和支持！

参 考 文 献

[1] 刘明周，王强，凌琳. 基于分层任务网络的云制造任务分解方法 [J]. 中国机械工程，2017，28（8）：924-930.

［2］董涛，刘付显，李响．内聚度和粒度在作战任务分解评估中的应用［J］．电光与控制，2012，19（12）：14-17．

［3］易树平，谭明智，郭宗林，等．云制造服务平台中的制造任务分解模式优化［J］．计算机集成制造系统，2015，21（8）：2201-2212．

［4］周超，王红卫，祁超．基于层次任务网络的应急资源协作规划方法［J］．系统工程理论与实践，2015，35（10）：2504-2512．

［5］MUBAROK K，XU X，YE X F，et al．Manufacturing service reliability assessment in cloud manufacturing［J］．Procedia CIRP，2018（72）：940-946．

［6］WANG L，XIA X H，CAO J H，et al．Improved BABC algorithm for matching of remanufacturing service resource module［J］．Procedia CIRP，2018（72）：1368-1373．

［7］MATSUMOTO M，CHINEN K，ENDO H．Remanufactured auto parts market in Japan：Historical review and factors affecting green purchasing behavior［J］．Journal of Cleaner Production，2018（172）：4494-4505．

［8］DEEPAK S，SUSHANTA T，SARAT K J．Remanufacturing for the circular economy：Study and evaluation of critical factors［J/OL］．Elsevier BV，2020．https：//doi.org/10.1016/j.resconrec.2020.104681．

［9］TAN Q K，WEI T，PENG W，et al．Comprehensive evaluation model of wind farm site selection based on ideal matter element and grey clustering［J/OL］．Elsevier BV，2020．https：//doi.org/10.1016/j.jclepro.2020.122658．

［10］ZHANG X G，AO X Y，CAI W，et al．A sustainability evaluation method integrating the energy，economic and environment in remanufacturing systems［J/OL］．Elsevier BV，2019．https：//doi.org/10.1016/j.jclepro.2019.118100．

［11］CHEN Z H，MING X G，ZHANG X Y，et al．A rough-fuzzy DEMATEL-ANP method for evaluating sustainable value requirement of product service system［J］．Journal of Cleaner Production，2019（228）：485-508．

［12］MUC P，LI Y J．An intrusion response decision-making model based on hierarchical task network planning［J］．Expert Systems with Applications，2010，37（3）：2465-2472．

［13］KE Q D，LI J，HUANG H H，et al．Performance evaluation and decision making for pre-decision remanufacturing timing with on-line monitoring［J/OL］．Elsevier BV，2020．https：//doi.org/10.1016/j.jclepro.2020.124606．

［14］UPADHYAY N．Managing cloud service evaluation and selection［J］．Procedia Computer Science，2017（122）：1061-1068．

［15］姚巨坤，朱胜，时小军，等．再制造设计的创新理论与方法［J］．中国表面工程，2014，27（2）：1-5．

第 5 章

再制造服务组合与优化

5.1 再制造服务组合方法

5.1.1 再制造服务组合模式

再制造服务起源于逆向供应链服务思想的提出,以及先进制造和现代服务的融合。再制造服务涉及回收处理废旧产品的集成供应链,具有供应链的基本属性和特征,其服务组合问题也具有一定的相似性。但再制造运作过程中存在大量不确定因素,如:①回收产品在返回数量与返回时间上的随机性;②回收需求与回收量的不确定性;③回收产品拆解后零部件恢复率的不确定;④再制造零部件加工路线和加工时间的不确定性等。这些因素决定了再制造产品供应链系统结构相较正向供应链具有更大的复杂性、多样性和汇聚性,从而导致再制造服务组合问题具有更高的复杂度与不确定性。针对再制造服务活动复杂多样、服务资源数量庞大导致其组合困难以及多种不确定性问题,结合再制造服务过程涉及的逆向供应链具体流程,本章提出了一种一级抽象服务活动组合、二级服务资源优化的两级再制造服务组合方法,如图5-1所示。

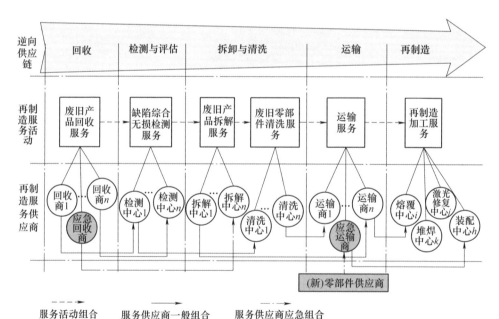

图 5-1 再制造服务组合模式示意图

对于再制造每一环节均有多个服务活动与之对应，每个服务活动涉及多个服务提供商，其所提供的服务功能相同，对外开放的服务接口也相同，但每个提供商的服务时间、服务成本、服务质量等 QoS 属性值不同。当服务需求方提出服务需求后，先根据再制造流程进行服务活动组合，得到符合需求的组合服务。组合过程如图 5-1 中虚线箭头所示。再以此为初步方案，结合服务时间、服务成本、服务质量等要求，对具体的再制造服务提供商进行组合优化，为服务需求方提供一组（单目标）或多组（多目标）最优的服务组合方案。一般组合过程如图 5-1 中实线箭头所示。如果废旧产品回收量不能满足再制造批量加工需求，则通过应急回收商来增加回收量；若再制造产品装配时，库存再制造零部件达不到量产需求，则可通过应急购买新的零部件，补充库存，完成再制造产品的批量生产。服务供应商应急组合过程如图 5-1 中点画线箭头所示。

5.1.2 再制造服务语义描述

基于 Web 服务的高层本体语言（Web Ontology Language for Services，OWL-S）提供了一个搜索服务的语义途径，能在召回率和准确度两个方面提高服务搜索的性能。OWL-S 根据服务能力和其他属性进行推理和语义匹配，能够产生比基于关键字的搜索方法更准确的结果。借鉴 Web 服务组合的思想，采用 OWL-S 描述再制造服务，通过语义服务匹配方法实现再制造服务自动组合。再制造服务的语义描述如下：

1）定义 1：再制造服务可以描述为一个六元组，RMS = (Name,In,Out,Category,Target,QoS)。

① Name 为该服务的名称，既能体现该服务的功能，又具有唯一性。

② In = {$Attribute_1$,$Attribute_2$,…,$Attribute_n$} 为该再制造服务的输入参数集合，每个输入参数具有参数名称、参数类型、参数值和参数单位四个属性，即 Attribute = {Name,Type,Value,Unit}。

③ Out = {$Attribute_1$,$Attribute_2$,…,$Attribute_n$} 为该再制造服务的输出参数集合，每个输出参数包含的属性与输入参数一致。

④ Category = {C_1,C_2,…,C_n} 描述该再制造服务所属的分类，C 为具体的类别，一个服务可以属于多个类别。通过该参数可以快速定位服务所属类别，充分减少服务查找数量，提高服务组合效率。

⑤ Target = {C_1,C_2,…,C_n} 描述该再制造服务的可组合服务即后续服务所属分类的集合。该属性通过再制造服务基本流程推理获得，可以快速定位后续服务所属分类，提高服务组合效率。

⑥ QoS = {Time,Fee,Quality,OtherProperties} 除了具有传统 Web 服务的 QoS 属性（可靠性、可用性、信誉度、反应时间等）外，再制造服务还具有其特有

的服务时间、服务成本、服务质量等关键服务质量指标,是衡量服务组合质量和服务组合优化的标准,能更好地满足服务需求方定制化的 QoS 需求。

图 5-2 所示是基于语义本体的再制造服务描述。其中,灰色框是通过语义本体描述的内容,可以通过语义推理完成服务的自动组合。

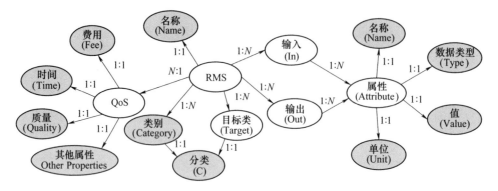

图 5-2 基于语义本体的再制造服务描述

2) 定义 2:两个再制造服务 $RMS_1 = (Name_1, In_1, Out_1, Category_1, Target_1)$ 与 $RMS_2 = (Name_2, In_2, Out_2, Category_2, Target_2)$ 为可组合关系,即再制造组合服务 $RMSC_2 = (RMS_1, RMS_2)$,则 RMS_1 与 RMS_2 必须满足以下条件:

① $\exists i$ 使得 $C_i \in Category_2$ 和 $C_i \in Target_1$ 成立,即 RMS_2 包含于 RMS_1 的目标类中。

② $\forall i\ Attribute_i \in In_2$,均有 $Attribute_i \in Out_1$,即 RMS_1 的输出参数能满足 RMS_2 所有的输入参数。

其中,当 RMS_1 为组合服务 $RMSC_k$,且 $k \geq 2$ 时,结合再制造的实际情况,当产品经过某个再制造服务处理后,当前服务的输出参数对其后续服务均会有影响。因此,在进行再制造服务组合过程中,若当前服务为组合服务,应将组合服务中所有服务的输出参数作为其后续服务的输入参数,即条件②应改为 $\forall i\ Attribute_i \in In_{k+1}$,其中 $Attribute_i \in Out'_k$,$Out'_k = Out_k \cup Out'_{k-1}$,$Out_k$ 为服务 RMS_k 的输出,Out'_{k-1} 为前 $k-1$ 个服务输出的并集,则组合服务 $RMSC_k$ 的输入为 In_1,输出为 Out'_k。图 5-3 所示为再制造服务组合示意图。其中,实线箭头表示邻序服务之间的关联关系,虚线箭头表示跨序服务之间的关联关系。由此可见,条件②为 $k=1$ 时的特殊情况,同时也可以看出,服务组合过程中的合并、分支、并行等复杂情况也包含其中,如 RMS_2 与 RMS_3。对于更复杂的循环情况,服务组合模型更加复杂,限于篇幅本书暂不考虑,待后续工作中进一步深入研究。此外,本章中所讨论的服务输出结果均默认为符合质量要求,因此也不存在返工循环处理过程。

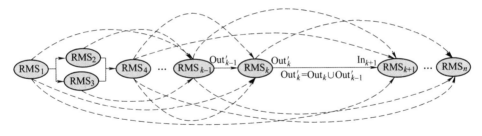

图 5-3 再制造服务组合示意图

3）定义 3：需求服务 $RMS_{request} = (Name_{request}, In_{request}, Out_{request}, Category_{request}, Target_{request})$ 是服务需求方提供的服务需求参数，根据需求服务 $RMS_{request}$ 通过服务组合获得的组合服务 $RMSC_n = (RMS_1, RMS_2, \cdots, RMS_n)$ 必须满足以下条件：

① $\forall i\ Attribute_i \in In_1$，均有 $Attribute_i \in In_{request}$，即 $RMS_{request}$ 的输入参数必须满足 $RMSC_n$ 的输入参数要求。

② $\forall i\ Attribute_i \in Out_{request}$，均有 $Attribute_i \in Out'_n$，其中 $Out'_n = Out_n \cup Out'_{n-1}$，即 $RMSC_n$ 的输出参数必须满足 $RMS_{request}$ 的输出参数要求。

需求服务与组合服务的关系如图 5-4 所示。这里可将 $RMSC_n$ 看作一个"黑箱"，不论其内部由哪些再制造服务组成，只要 $RMS_{request}$ 的输入参数（$Name_{request}$，$In_{request}$，$Target_{request}$）满足 $RMSC_n$ 的输入参数（$Name_1$，In_1，$Category_1$），同时，$RMSC_n$ 的输出结果（Out_n）满足 $RMS_{request}$ 的输出结果（$Out_{request}$），则 $RMSC_n$ 就是满足需求的服务组合。

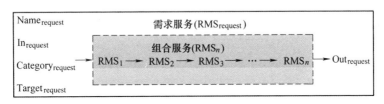

图 5-4 需求服务与组合服务关系示意图

图 5-4 中每个服务的后续服务均只有一个，这是服务组合中最简单的一种形式，而在现实生活中对于某个再制造服务 RMS_i，满足定义 2 中的条件能与其形成可组合关系的服务往往有多个，最终的需求服务与组合服务的一般关系如图 5-5 所示。图 5-4 所示是图 5-5 所示的一种特殊形式。

4）定义 4：图 5-5 中相邻两次服务组合结果所组成的集合 $S_i = (RMS_{i1}, RMS_{i2}, \cdots, RMS_{in})$ 和 $S_j = (RMS_{j1}, RMS_{j2}, \cdots, RMS_{jn})$，其中 $j = i+1$，若 RMS_{in} 的任一输出参数满足 S_j 任一输入参数，则称 RMS_{in} 为该服务组合关系中的非冗余服务；否则，称 RMS_{in} 为冗余服务。

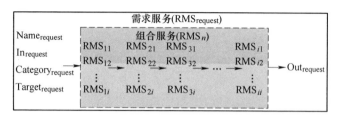

图 5-5　需求服务与组合服务一般关系示意图

5.1.3 再制造服务组合

基于再制造服务的语义描述，提出一种正向组合、逆向缩减（Forward Combination-Reverse Reduction，FC-RR）的再制造服务组合方法。图 5-6 所示为该方法流程图。

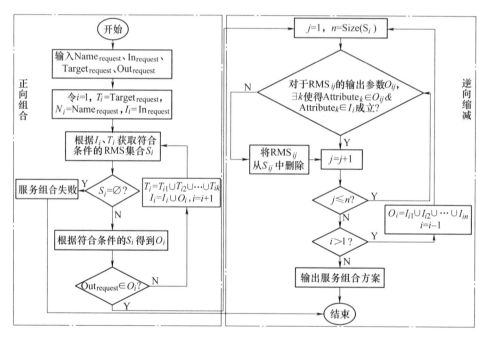

图 5-6　再制造服务活动组合方法流程图

1. 正向组合

根据用户所提服务需求，按照定义 3 将其封装为需求服务 $RMS_{request} = (Name_{request}, In_{request}, Out_{request}, Category_{request}, Target_{request})$，通过输入参数 $In_{request}$ 与目标服务类 $Target_{request}$，在再制造服务库中查找满足输入条件的所有服务 S。若 S 中所有服务的输出包含需求服务的输出条件 $Out_{request}$，则正向组合过程结束；否则，

以 S 中所有服务的输出条件为输入条件，继续在再制造服务库中查找所有满足输入条件的服务 S_i，直至 S_i 中所有服务的输出包含需求服务的输出条件 $Out_{request}$。

2. 逆向缩减

由于前面定义的服务组合方法中，当前服务的输出参数是前面所有服务的输出参数之和，在后续的组合过程中，每一级满足条件的服务数量会越来越多，而最终满足 $Out_{request}$ 条件的服务只是其中的少数几个服务，所获得的服务组合方案中存在大量的冗余服务。因此，需要根据定义 4 对正向组合所获得的服务组合方案进行冗余服务的缩减。从 $Out_{request}$ 开始，针对其上一级服务集 S_n 中每一个服务 RMS_{ni}，若 RMS_{ni} 的输出参数不满足任何 $Out_{request}$ 参数，则 RMS_{ni} 为冗余服务，将其删除。按此方法逆向检索正向组合所得方案中每一级的冗余服务，并将其删除，输出最终的服务活动组合方案。

5.2 再制造服务组合优化方法

5.2.1 再制造服务组合优化模型

通过 FC-RR 方法得到的仅是服务活动组合方案，由于每一个服务活动对应多个具体的服务供应方，为了提高再制造服务的资源利用率，需要对服务组合方案中的服务供应方进行组合优化。图 5-7 为再制造服务优化模型图，其中，RMSS 代表再制造服务提供方（Remanufacturing Service Supporter），每个 RMSS 都属于服务组合中的某类抽象服务，所有 RMSS 组成的服务方案均满足需求服务 $RMS_{request}$ 的输入和输出条件。

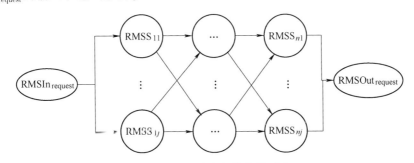

图 5-7 再制造服务优化模型图

结合再制造服务实际情况，本节仅针对再制造产品供应链中比较重要的评价指标——服务时间、服务成本和服务质量进行优化，并假设只有当第 i 个服务的所有服务提供方完成服务后才能进行下一服务。由于运输时间与成本均与运输起始位置紧密相关，即与运输服务的前端服务和后续服务相关，因此，在计算总服务时间和服务成本时,将运输服务与其他服务分开计算。

1. 服务时间函数

$$T_{\text{total}} = T_{\text{pro}} + T_{\text{trans}} \tag{5-1}$$

$$T_{\text{pro}} = \sum_{i=1}^{n} \max\left(\frac{P_{ij}}{\text{AP}_{ij}}\right) \tag{5-2}$$

$$T_{\text{trans}} = \sum_{i=1}^{n} \max\left[\sum_{k=1}^{K}\sum_{f=1}^{F}(P_{mf\sim ij\sim hk}\text{AT}_{ij}S_{mf\sim hk})\right], m=i-1, h=i+1 \tag{5-3}$$

式中,T_{total} 表示运输服务时间 T_{trans} 与其他生产时间 T_{pro} 的总和;P_{ij} 表示第 i 类服务中第 j 个生产服务供应商所承担的服务总量;AP_{ij} 表示第 i 类服务中第 j 个服务供应商的服务能力;$P_{mf\sim ij\sim hk}$ 表示第 i 类运输服务中第 j 个运输服务商,从生产服务供应商 f 到生产服务供应商 k 的运输服务总量;AT_{ij} 表示运输服务供应商运输单位产品单位距离所需平均时间;$S_{mf\sim hk}$ 表示生产服务供应商 mf 到生产服务供应商 hk 之间的运输距离。

2. 服务成本函数

$$C_{\text{total}} = C_{\text{pro}} + C_{\text{trans}} \tag{5-4}$$

$$C_{\text{pro}} = \sum_{i=1}^{n}\sum_{j=1}^{J}(P_{ij}\text{AC}_{ij}) \tag{5-5}$$

$$C_{\text{trans}} = \sum_{i=1}^{n}\sum_{k=1}^{K}\sum_{f=1}^{F}(P_{mf\sim ij\sim hk}\text{TAC}_{ij}S_{mf\sim hk}), m=i-1, h=i+1 \tag{5-6}$$

式中,TAC_{ij} 表示运输服务提供商 ij 单位距离单位产品运输成本;AC_{ij} 表示其他服务提供商 ij 的单位生产成本;其他符号与服务时间函数中表示的意义类似。

3. 服务质量函数

$$Q = \sum_{i=1}^{n}\sum_{j=1}^{J}(Q_{ij}P_{ij}/P) \tag{5-7}$$

式中,Q_{ij} 为服务提供商 ij 的服务质量;P 为产品总量;其他符号与服务时间函数中表示的意义类似。

根据实际情况,服务需求方通常追求服务时间和服务成本最小化、服务质量最大化,因此,最终的再制造服务优化模型为

$$\begin{cases} \min C_{\text{total}} = \sum_{i=1}^{n}\sum_{j=1}^{J}(P_{ij}\text{AC}_{ij}) + \sum_{i=1}^{n}\sum_{k=1}^{K}\sum_{f=1}^{F}(P_{mf\sim ij\sim hk}\text{TAC}_{ij}S_{mf\sim hk}), m=i-1, h=i+1 \\ \min T_{\text{total}} = \sum_{i=1}^{n}\max\left(\frac{P_{ij}}{\text{AP}_{ij}}\right) + \sum_{i=1}^{n}\max\left[\sum_{k=1}^{K}\sum_{f=1}^{F}(P_{mf\sim ij\sim hk}\text{AT}_{ij}S_{mf\sim hk})\right], m=i-1, h=i+1 \\ \max Q_{\text{total}} = \sum_{i=1}^{n}\sum_{j=1}^{J}\left(Q_{ij}\frac{P_{ij}}{P}\right) \\ \text{s.t.} \sum_{j=1}^{J}P_{ij} \geq P, i=1,2,\cdots,n \\ \text{所有变量均大于或等于 0} \end{cases}$$

$$\tag{5-8}$$

5.2.2 带约束的双种群遗传优化算法

5.2.1 节所建立的模型属于带约束的多目标优化模型，是一个 NP 难题，难以直接求解，多目标优化算法是其有效求解方式之一。常用的多目标优化算法有粒子群算法（PSO）、遗传算法（GA）、蚁群算法（ACO）等。其中，PSO 计算过程中，粒子向自身历史最佳位置和邻域或群体历史最佳位置聚集，形成粒子种群的快速趋同效应，容易出现陷入局部极值、早熟收敛或停滞现象。ACO 则搜索速度慢，易陷入局部最优。相较之下，遗传算法作为一种自适应的随机化搜索方法，具有稳定性良好、内在隐蔽性和全局寻优能力等特点，不仅能解决连续优化、求解组合优化等问题，而且在解决某些复杂多目标问题时其性能要优于 ACO 和 PSO。因此，本节采用改进的遗传算法对上述模型进行求解。

对于带约束的多目标化问题，其最优解位于约束边界上或附近，在最优解附近的不可行解适应度值很可能优于位于可行域内的大部分可行解适应度值，无论从适应度值本身还是从最优解的相对位置考虑，这些不可行对找到最优解都是很有帮助的。因此，有效利用搜索过程中的部分具有较好性质的不可行解是解决此类问题的难点，也是提高算法求解效率的有效方式之一。为了保留部分不可行解，采用双种群搜索机制。其中，B_f 储存可行解，B_u 储存非可行解，N_f、N_u 分别为 B_f 与 B_u 的种群规模，且 $N_f > N_u$。当产生新个体 B 时，其存储规则如下：

1) 规则 1：若 B 为可行解，且 B_f 中可行解的数量小于 N_f，则将 B 直接插入 B_f 中；若 B_f 中可行解的数量等于 N_f，则将 B 与 B_f 中的每个个体进行比较，若 B_f 中存在某个个体 B_i，使 B_{Pareto} 优于 B_i，则将 B_i 删除，放入 B，若不存在 B_i，则计算 B_f 中任意两个个体间的距离，随机删除距离最小的两个个体中的一个。

2) 规则 2：若 B 为非可行解，且 B_u 中非可行解的数量小于 N_u，则直接将 B 插入 B_u 中；若 B_u 中非可行解的数量等于 N_u，则将 B 与 B_u 中的每个个体进行比较，若存在 B_{Pareto} 优于 B_j，则删除 B_j，若不存在，则计算 B_u 中任意两个个体间的距离，随机删除距离最小的两个个体中的一个。

5.3 工程实例：废旧发动机再制造服务组合及优化

本节以废旧发动机再制造服务为例，对 5.1 节和 5.2 节介绍的再制造服务组合与优化方法进行验证分析。

服务需求描述：某废旧发动机再制造企业 A 在 2019 年签订废旧发动机再制造订单任务量为 2.39 万台，要求合同生效 55 天内送达该企业再制造原件储存地，总费用不超过 5790 万元，总服务质量在 0.65 以上，要求废旧发动机主要部件的剩余使用价值分别为缸体＞70％，曲轴＞60％，连杆＞60％，增压器＞50％，喷油器＞50％，通用件＞40％。

5.3.1 服务组合及优化模型建立

根据废旧发动机再制造服务需求，建立废旧发动机零部件再制造服务组合及优化模型。按照废旧发动机可修复零部件对发动机结构进行简化，简化后的发动机共包括6类零部件，如图5-8所示。

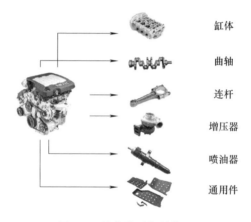

图5-8 简化发动机结构

1. 废旧发动机再制造服务组合

根据废旧发动机再制造回收服务流程，运用基于语义本体的再制造服务描述方法，利用本体建模方法构建本体库。其中包含13个废旧发动机回收服务（Recycling Service，RS）、9个废旧发动机零部件检测与评估服务（Testing and Evaluation Service，TES）、15个废旧发动机零部件分类服务（Classes of Service，CS）、17个废旧发动机零部件运输服务（Transport Service，TS）、19个废旧发动机再制造加工服务（Remanufacturing Processing Service，RMPS）（包括11个废旧发动机拆解服务和8个废旧发动机零部件清洗服务），共73个废旧发动机再制造相关服务，部分服务如图5-9所示。

根据服务需求描述，构建需求服务本体 $RMS_{request}$ =（服务名称：｛废旧发动机再制造｝，输入参数：｛废旧发动机零部件请求码｝，输出参数：｛数量：2.39万台，时间：55d，费用：5790万元，服务质量：＞0.65，缸体＞80％，曲轴＞60％，连杆＞60％，增压器＞50％，喷油器＞50％，通用件＞40％，目的地：发动机再制造企业A的再制造原件存储地｝，分类服务：｛废旧发动机回收｝，目标分类：｛废旧发动机回收｝），通过基于Java的Jena提供的API读入需求本体。采用FC-RR服务活动自适应组合方法，在本体库中搜索组合。

在组合过程中,判断服务之间是否满足输入输出参数可组合关系的同时,还要判断服务是否满足服务需求。例如,退役汽车发动机回收服务(RS),由于退役汽车发动机大部分性能较差,其零部件再制造不符合经济性要求,所以考虑对该类发动机直接进行报废处理。通过正向组合得到初步的组合方案,如图 5-10 所示。

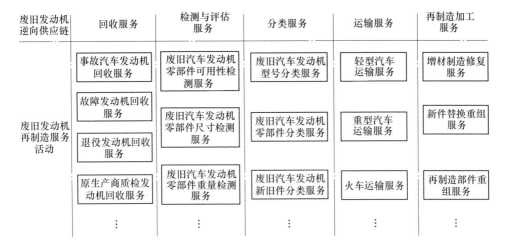

图 5-9 部分废旧发动机回收再制造服务

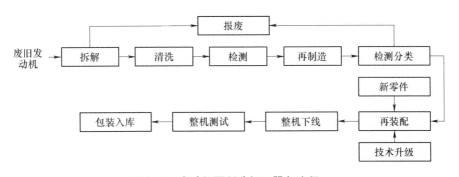

图 5-10 发动机再制造加工服务流程

在初步组合方案中存在满足输入参数条件的冗余服务,如拆解服务、清洗服务、检测服务、分类服务等,对其进行冗余删减。删减后得到的最终组合方案如图 5-11 所示。

图 5-11 所示为最终满足需求服务条件的废旧发动机回收服务组合 $RMSC_4 =$ (RS,T1S,RMPS,T2S)。其中,废旧发动机回收服务 RS = {事故汽车发动机回收服务,故障发动机回收服务,退役发动机回收服务,原生产商质检发动机回收服务};废旧发动机再制造零部件运输服务 T1S = {重型汽车运输服务(半成

品)};废旧发动机再制造加工服务 RMPS = {增材制造修复服务,新件替换重组服务,再制造部件重组服务};再制造发动机运输服务 T2S = {重型汽车运输服务(再制造成品)}。

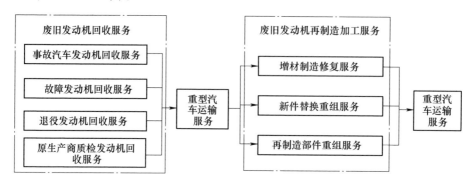

图5-11 逆向缩减服务组合方案

▶ 2. 废旧发动机服务组合优化模型建立

图5-11中每个服务至少包括一个服务供应方(Service Supporter,SS),共439个服务供应方。服务活动方案 $RMSC_4$ 所对应的服务优化模型如图5-12所示。图中 i、j、k、m、n、a、b、c、l 分别为事故汽车发动机回收服务、故障发动机回收服务、退役发动机回收服务、原生产商质检发动机回收服务、废旧发动机零部件运输服务、增材制造修复服务、新件替换重组服务、再制造部件重组服务、再制造发动机运输服务所对应的服务供应方个数。在本案例中,$i=17$,$j=5$,$k=6$,$m=4$,$n=14$,$a=11$,$b=4$,$c=2$,$l=13$。每个废旧发动机回收服务供应方RSS回收的废旧发动机可由一个或多个再制造零部件运输服务供应方T1SS运输到一个或多个废旧发动机再制造加工服务供应方(Remanufacturing Processing Service Supporter,RMPSS)进行再制造加工,之后每一个再制造服务供应方的零部件可由一个或多个再制造产品运输服务供应方T2SS运输到废旧发动机再制造企业A所要求的指定再制造成品存储地。要使总服务成本最低、服务时间最少、服务成本最低、服务质量最高,需要确定各服务供应方满足多种约束条件下的最优服务方案,因此,这是一个带约束的多目标优化问题。

服务供应方基础数据及距离数据分别见表5-1和表5-2。表5-1中废旧发动机回收服务供应方与废旧发动机再制造服务供应方服务价格单位为元/台,服务能力单位为台/d;再制造零部件(半成品)运输服务供应方与再制造成品运输供应商服务价格单位为元/(台·km),服务能力单位为台/d;所有服务供应方服务质量均由A企业根据各供应商历史服务情况确定。

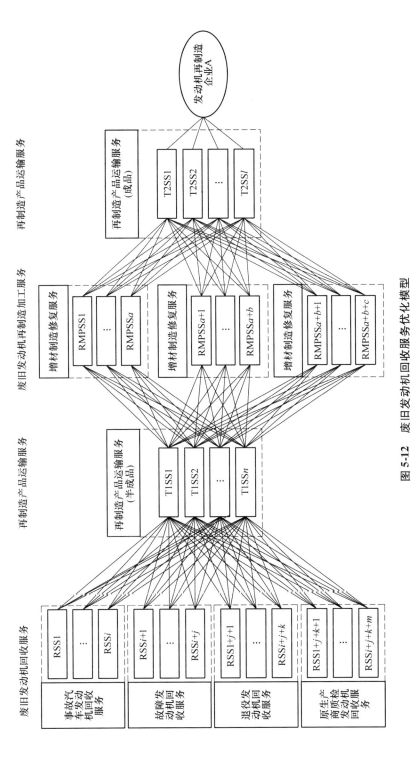

图5-12 废旧发动机回收服务优化模型

表 5-1 服务供应方基础数据

废旧发动机回收				半成品运输				废旧发动机再制造				成品运输			
供应商	服务价格	服务能力	服务质量	供应商	服务价格	服务能力	服务质量	供应商	服务价格	服务能力	服务质量	供应商	服务价格	服务能力	服务质量
RSS1	1798	1250	0.8	T1SS1	1859	1380	0.95	RMPSS1	320	4500	0.88	T2SS1	90	3586	0.94
RSS2	1673	1320	0.85	T1SS2	1900	1500	0.87	RMPSS2	300	3800	0.85	T2SS2	100	3500	0.8
RSS3	1850	1382	0.92	T1SS3	1870	1100	0.92	RMPSS3	280	3500	0.93	T2SS3	85	2812	0.81
RSS4	1900	850	0.95	T1SS4	1886	1400	0.9	RMPSS4	300	4200	0.82	T2SS4	90	3321	0.88
RSS5	1800	700	0.8	T1SS5	1880	1180	0.85	RMPSS5	280	3550	0.9	T2SS5	88	2531	0.87
RSS6	1850	1120	0.88	T1SS6	1871	1440	0.91	RMPSS6	295	4000	0.85	T2SS6	98	3240	0.96
RSS7	1910	1860	0.8	T1SS7	1855	1350	0.88	RMPSS7	316	4400	0.91	T2SS7	92	2957	0.81
RSS8	1690	1080	0.83	T1SS8	1860	1250	0.96	RMPSS8	302	4210	0.88	T2SS8	85	3438	0.92
RSS9	1915	850	0.94	T1SS9	1884	1470	0.89	RMPSS9	297	4050	0.96	T2SS9	95	2912	0.95
RSS10	1720	1300	0.81	T1SS10	1875	1300	0.91	RMPSS10	305	3650	0.81	T2SS10	100	3229	0.94
…	…	…	…	…	…	…	…	…	…	…	…	…	…	…	…

表 5-2 服务供应方距离数据

再制造加工服务供应方	回收服务供应方												再制造企业 A
	RSS1	RSS2	RSS3	RSS4	RSS5	RSS6	RSS7	RSS8	RSS9	RSS10	RSS11	RSS12	
RMPSS1	29	25	3	41	5	20	42	41	37	25	41	7	…	48
RMPSS2	8	40	15	45	30	44	8	15	27	50	34	31	…	5
RMPSS3	7	18	29	21	12	27	23	15	17	18	12	13	…	2
RMPSS4	24	4	27	17	42	18	31	26	42	2	24	22	…	44
RMPSS5	45	30	45	30	43	10	47	16	28	11	20	42	…	12
RMPSS6	28	46	27	45	48	22	42	42	48	20	30	10	…	6
RMPSS7	2	10	22	35	24	48	45	41	45	17	40	15	…	41
RMPSS8	3	22	27	19	11	6	29	28	18	11	5	24	…	7
RMPSS9	40	37	36	37	11	24	29	13	27	47	41	17	…	44
RMPSS10	23	2	1	48	27	43	43	34	17	34	42	40	…	5
…													…

5.3.2 算法求解

运用基于非支配解的带约束多目标双种群遗传算法，基于 MATLAB R2014a

编程对废旧发动机回收服务模型进行求解。算法基础参数见表 5-3。采用实数编码，共 6526 个变量，各变量描述见表 5-4。结合服务供应方的基础数据计算的最优 Pareto 前沿如图 5-13 所示。

表 5-3　算法基础参数

参　数	取　值	描　述
nPop	300	种群规模
nPopf	200	可行解规模
nPopu	100	非可行解规模
Pc	0.8	交叉概率
Pm	0.1	变异概率
itMax	100	最大迭代次数

表 5-4　变量描述

变　量	描　述
R	32×1 维矩阵，R_i 表示第 i 个废旧发动机回收服务供应商的废旧发动机数
RST	32×14×1 维矩阵，RST_{ijk} 表示第 k 个运输服务商从第 i 个回收服务供应商运往第 j 个再制造服务供应商的废旧发动机数
S	14×1 维矩阵，S_i 表示第 i 个再制造服务供应商修复废旧发动机数
SWT	14×14 维矩阵，SWT_{ji} 表示第 j 个成品发动机运输服务供应商从第 i 个再制造服务供应商运往企业 A 的成品发动机数

图 5-13 中三个坐标轴分别表示废旧发动机回收服务优化模型中的服务时间、

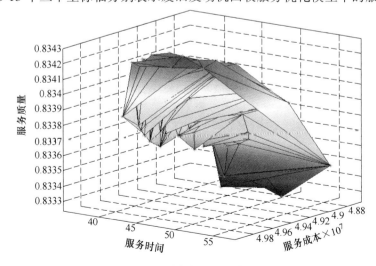

图 5-13　最优 Pareto 前沿

服务成本、服务质量三个目标函数，所得的 Pareto 前沿中每个点对应一组非支配解 $\{R, \text{RST}, S, \text{SWT}\}$。由于三个目标具有互斥性，即要在较短的时间内获得较高的服务质量必然需要较高的服务成本，三者不能同时达到最优，因此在确定服务供应方的组合方案时，需要根据具体的服务需求偏好对服务时间、服务成本、服务质量进行一定的取舍。该企业对于服务时间、服务成本、服务质量比较常用的需求偏好权重为 $\omega = \{\omega_t, \omega_c, \omega_q\} = \{0.2, 0.4, 0.4\}$，根据该权重对 Pareto 前沿中的每个非支配解进行加权组合后的最大值即为该需求偏好下的最优解。最优服务时间为 51d，最优服务成本为 4976.357 万元，最优服务质量为 0.8341，同时可以确定最优服务供应方提供的服务组合方案为 $\{R_{\text{best}}, \text{RST}_{\text{best}}, S_{\text{best}}, \text{SWT}_{\text{best}}\}$。

5.3.3 算法优越性评估

根据标准测试函数 Binh（2），运用收敛性测度和多样性测度方法进行验证分析，并与 NSGA-2 的结果进行对比。双种群遗传算法与 NSGA-2 对标准测试函数 Binh（2）优化结果收敛性和多样性测度值见表 5-5。

表 5-5 收敛性和多样性测度值

算　　法	NSGA-2	双种群遗传算法
收敛性测度	0.0861	0.0379
多样性测度	0.3407	0.2016

收敛性测度和多样性测度值越小，表示其优化结构的收敛性和多样性越好，由表可知，NSGA-2 与双种群遗传算法相对于标准值的收敛性和多样性都非常好，且双种群遗传优化算法相对于 NSGA-2 算法表现出了更好的收敛性与多样性，从而证明双种群遗传优化算法对带约束的多目标优化问题求解结果是正确有效的。

5.4 本章小结

通过科学的服务组合方法建立既满足多样化和个性化的客户需求，又高效、低能耗的服务组合方案，是提升服务柔性和市场竞争力的有效途径。针对再制造服务组合存在的难题，提出了一种再制造服务组合与优化方法。针对 Web 服务组合中 QoS 属性单一性缺点，结合再制造服务实际需求，提出了服务时间、服务成本和服务质量等 QoS 指标，更好地满足了服务需求方定制化的 QoS 需求。针对协作与竞争并存的再制造服务组合模式，提出了一种再制造服务活动组合、服务资源优化的两阶段服务组合方法，既很好地满足了服务活动流程之间的协作关系，又优化了流程内部服务资源之间的竞争关系，使服务需求方、服务提供者利益最大化,服务资源价值利用率最大化。针对再制造服务组合的高复杂性、高维度搜索空间以及多重不确定性问题,提出了带约束的多目标双种群遗传优化算法。实验结果表明,该算法具有高稳定性、高效性和全局最优性等特点,能够有效解决再制造服务组合优化问题。

▶参数说明 (表5-6)

表5-6 再制造服务组合与优化方法参数说明

参数	说明
RMS	一个六元组的再制造服务
Name	再制造服务的名称
In	再制造服务的输入参数集合
Out	再制造服务的输出参数集合
Category	再制造服务所属的分类
Target	后继服务所属分类的集合
QoS	再制造服务关键服务质量指标
$RMS_{request}$	需求服务
$RMSC_n$	再制造组合服务
RMSS	再制造服务提供方
T_{trans}	运输服务时间
T_{pro}	其他生产时间
T_{total}	运输服务时间与其他生产时间的总和
P_{ij}	第 i 类服务中第 j 个生产服务供应商所承担的服务总量
AP_{ij}	第 i 类服务中第 j 个服务供应商的服务能力
$P_{mf\sim ij\sim hk}$	第 i 类运输服务中第 j 个运输服务商,从生产服务供应商 f 到生产服务供应商 k 运输服务总量
AT_{ij}	运输服务供应商运输单位产品单位距离所需平均时间
$S_{mf\sim hk}$	生产服务供应商 mf 到生产服务供应商 hk 之间的运输距离
C_{trans}	运输服务成本
C_{pro}	其他生产成本
C_{total}	运输服务成本与其他生产成本的总和
TAC_{ij}	运输服务供应商 ij 单位距离单位产品运输成本
AC_{ij}	其他服务供应商的单位生产成本
Q_{ij}	服务供应商 ij 的服务质量
P	产品总量

(续)

参　数	说　明
B_f	双种群搜索机制中储存可行解
B_u	双种群搜索机制中储存非可行解
N_f	可行解的种群规模
N_u	非可行解的种群规模
R	32×1 维矩阵，R_i 表示第 i 个废旧发动机回收服务供应商的废旧发动机数
RST	$32\times14\times1$ 维矩阵，RST_{ijk} 表示第 k 个运输服务商从第 i 个回收供应商运往第 j 个再制造服务供应商的废旧发动机数
S	14×1 维矩阵，S_i 表示第 i 个再制造服务供应商修复废旧发动机数
SWT	14×14 维矩阵，SWT_{ij} 表示第 j 个成品发动机运输服务供应商从第 i 个再制造服务供应商运往企业 A 的成品发动机数

参 考 文 献

[1] 王蕾, 夏绪辉, 曹建华, 等. 再制造服务需求动态获取方法及应用 [J]. 计算机集成制造系统, 2018, 24 (3): 781-792.

[2] 单子丹, 邹映, 李雲竹. 基于云计算的服务型制造网络流程优化与决策模型 [J]. 计算机集成制造系统, 2019, 25 (12): 3139-3148.

[3] 夏小云, 周育人. 蚁群优化算法的理论研究进展 [J]. 智能系统学报, 2016, 11 (1): 27-36.

[4] ARIANNA A, CLAUDIO C, ERICA P. A multi-objective tabu search algorithm for product portfolio selection: A case study in the automotive industry [J/OL]. Elsevier Ltd, 2020. https: // doi. org/10. 1016/j. cie. 2020. 106382.

[5] 王蕾, 夏绪辉, 曹建华. 逆向供应链概念性服务模块二层匹配方法及应用 [J]. 机械工程学报, 2017, 53 (2): 164-174.

[6] CHEN Y W, WANG L C, WANG A, et al. A particle swarm approach for optimizing a multistage closed loopsupply chain for the solar cell industry [J]. Robotics and Computer-Integrated Manufacturing, 2015 (105): 348-356.

[7] WANG L, XIA X H, CAO J H, et al. Improved ant colony-genetic algorithm for information transmission path optimization in remanufacturing service system [J]. Chinese Journal of Mechanical Engineering, 2018, 31 (6): 106-117.

[8] ROWSHANNAHAD M, ABSI N, DAUZÈRE-PÉRÈS S, et al. Multi-item bi-level supply chain planning with multiple remanufacturing of reusable by-products [J]. International Journal of Production Economics, 2018 (198): 25-37.

[9] RAMÍREZ F J, ALEDO J A, GAMEZ J A, et al. Economic modelling of robotic disassembly in

end-of-life product recovery for remanufacturing [J/OL]. Elsevier Ltd, 2020. https://doi.org/10.1016/j.cie.2020.106339.

[10] SU C, SHI Y M, DOU J P. Multi-objective optimization of buffer allocation for remanufacturing system based on TS-NSGAII hybridalgorithm [J]. Journal of Cleaner Production, 2017 (166): 756-770.

[11] ANGELIA M A, AMALIA U, WANG K. A comparative study of GA, PSO and ACO for solving construction site layout optimization [J]. KSCE Journal of Civil Engineering March, 2015, 19 (3): 520-527.

[12] 韩煜东, 董双飞, 谭柏川. 基于改进遗传算法的混装线多目标优化 [J]. 计算机集成制造系统, 2015, 21 (6): 1476-1485.

[13] FADEYI J A, MONPLAISIR L, AGUWA C. The integration of core cleaning and product serviceability into product modularization for the creation of an improved remanufacturing-product servicesystem [J]. Journal of Cleaner Production, 2017, 159 (15): 446-455.

[14] ZHAO JJ, WANG C X, XU L. Decision for pricing, service, and recycling of closed-loop supply chains considering different remanufacturing roles and technology authorizations [J]. Computers & Industrial Engineering, 2019 (132): 59-73.

[15] PENG S T, LI T, LI M Y, et al. An integrated decision model of restoring technologies selection for engine remanufacturingpractice [J]. Journal of Cleaner Production, 2019, 206 (1): 598-610.

第 6 章

再制造服务时间及剩余寿命预测

6.1 在役设备最佳再制造服务时间预测

再制造是拓展设备生命周期，实现资源再利用和经济可持续发展的重要途径。当前再制造的毛坯大多为完全报废、功能丧失、失效形式、失效程度等质量状态参差不齐的废旧设备，其再制造方案和再制造成本具有较大的不确定性。借助生命周期成本（Life Cycle Cost，LCC）思想，确定最佳再制造时间，以提升再制造设备多生命周期的质量性能和经济效益，是设备再制造决策的重点。设备最佳再制造时间应该是其平均运行成本最低时间点，在设备购置费和运行费劣化比率相对稳定的情况下，准确预测再制造成本是确定最佳再制造时间的关键。相关学者在再制造成本预测方面做了一些研究工作，如：GALBRET 提出了再制造条件下的回收和分类策略，构造了再制造成本与再制造率之间的函数关系；FERRER 等从再制造率对再制造成本的影响出发，构建了单一厂商的两期生产优化模型；李新军在 FERRER 研究的基础上，假设市场上只有一个完全垄断的制造商且只生产一种产品，在回收率一定的条件下，建立了再制造成本与再制造率的函数关系；刘志峰等以需再制造零部件比例和需替换零部件比例为自变量，以再制造成本为因变量，建立了再制造成本线性回归预测模型。本节针对再制造成本的随机性、不确定性、可用数据样本有限，以及浅层学习算法不足等问题，提出设备最佳再制造时间深度置信网络（Deep Belief Net，DBN）预测模型，以提高估算结果的准确性。该算法能够自动从样本中提取更加抽象、更具表达能力的特征，实现输入和输出数据之间的复杂非线性映射。同时，利用 DBN 算法对某轧机变速箱训练样本和测试样本进行估算。

6.1.1 设备最佳再制造时间

1. 设备多生命周期

设备多生命周期是指设备从设计、制造、服役到经济寿命终止报废后，进入回收、再设计、再制造、再使用的多次再生周期循环，直到最后一次再生服役期结束所经历的全部时间，如图 6-1 所示。设备在一次服役过程中，虽经历多次维修，功能有一定恢复，但性能呈劣化趋势，继续使用一段时间将报废，通过一段时间（图中阴影部分）的再制造，产品性能恢复或超过新产品，实现生命周期的延拓，进入新生命周期。

在图 6-1 所示的常规设备多生命周期中，通常是在设备报废，即设备第一生命周期终结后进行再制造，此时的报废设备大多处于过度使用状态，其零部件的性能状态大幅降低，再制造的难度和成本大大提升。为了避免设备的过度使用或过早再制造造成设备经济价值损失，从设备多生命周期平均运行成本最低的角度，确定设备最佳再制造时间，可以有效提升设备经济价值，降低设备多生命周期的资源消耗，减小环境负荷。

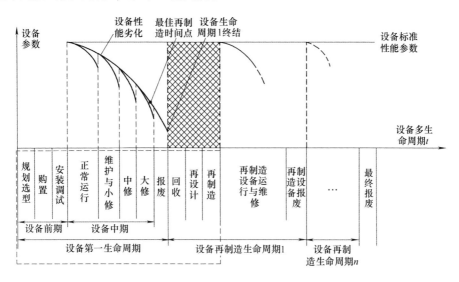

图 6-1 设备的多生命周期及其性能变化

2. 设备生命周期成本

为了确定平均运行成本最低的设备最佳再制造时间，首先需以图 6-1 中虚线框所示的设备生命周期为对象，分析设备该生命周期成本，其成本构成见表 6-1，费用资金流如图 6-2 所示。

表 6-1 设备生命周期成本构成

阶 段		成 本	说 明
第一生命周期费用	前期费用	规划选型服务费	市场调查、需求分析服务、可行性分析服务、试验等过程中产生的人员、差旅等相关费用
		购置费	设备直接购置费，因贷款、汇率等产生的相关费用，以及安装调试费
	中期费用	运行费	人工费（培训、工时等）、能源动力费、物料消耗费、环境附加费用等
		维护费	设备维修费、特殊大修及改造费、维护人工费、维护能源动力费、备件费、材料费等
	后期费用	报废处置服务费	设备在完成第一生命周期，且还未进入再制造生命周期的时间内产生的拆装服务、库存服务、评估服务等费用
再制造生命前期费用		再制造费	回收物流、拆解、清洗、检测、再制造加工等费用

（1）第一生命周期成本　设备第一生命周期成本是指设备从最初规划、选型、购置、安装调试、使用、维护维修、改造更新以及报废处置整个生命过程

中所支出的总费用，可表示为

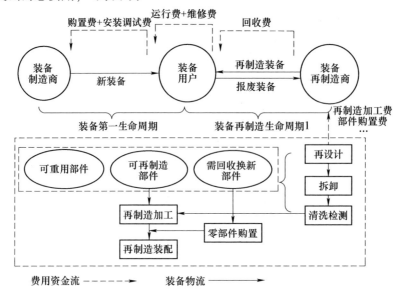

图 6-2　设备多生命周期费用资金流

$$C_1 = c_p + c_a + \sum_{1}^{n}(c_{o_i} + c_{m_i}) + c_s - r_n \qquad (6\text{-}1)$$

式中，C_1 为设备第一生命周期总成本；c_p 为设备规划选型服务费；c_a 为设备购置费；c_{o_i} 为设备第 i 年的年总运行费；c_{m_i} 为设备第 i 年的年总维护费；c_s 为设备报废处置服务费；r_n 为设备第 n 年末所剩残值；n 为设备第一生命周期年限。

（2）再制造成本　再制造成本是考虑设备回收、拆卸、再设计、清洗、检测、再制造加工、再装配整个再制造过程的成本。除涉及各项再制造费用外，再制造过程中废旧零部件的处理会有一定的收益，以抵消部分再制造费用。因此，设备第 j 个再制造生命周期的再制造成本 c_{rm_j} 应为再制造过程的总支出费用和处理废旧产品的收益差，可表示为

$$c_{rm_j} = \sum_{1}^{9} c_{rm_{jq}} - (r_{j_1} + r_{j_2}) \qquad (6\text{-}2)$$

式中，第 j 次再制造服务的总支出费用 $\sum_{1}^{9} c_{rm_{jq}}$ 是由回收成本 $c_{rm_{j1}}$、拆卸成本 $c_{rm_{j2}}$、检测成本 $c_{rm_{j3}}$、清洗成本 $c_{rm_{j4}}$、可直接再利用零件的保养成本 $c_{rm_{j5}}$、可再制造零部件的再制造加工成本 $c_{rm_{j6}}$、需替换零部件的替换成本 $c_{rm_{j7}}$、不可再制造零部件的处理成本 $c_{rm_{j8}}$、再制造装配成本 $c_{rm_{j9}}$ 构成的。废旧产品处理的收益，即为直接材料回收价值 r_{j_1} 与材料降价使用价值 r_{j_2} 之和。

3. 设备再制造时间

根据设备生命周期成本（LCC）的估算，设备最佳再制造时间点，即为多生命周期平均运行成本最低所对应的时间点。

假设设备在第t_r年进行再制造后，其第一次再制造成本为c_{rm_1}，可知设备生命周期各阶段成本C_I、c_{rm_1}与再制造时间t_r的关系如图6-3所示。其中，设备规划选型服务费c_p、设备购置费c_a、设备报废处置服务费c_s是既定的，与设备使用时间无关，故为直线；设备累计总运行费和维护费$\sum_{i=1}^{n}(c_{o_i}+c_{m_i})$随着设备使用时间的延长而逐渐增加，且每年的运行费和维护费也是递增的，因此设备运行和维护费用与使用时间

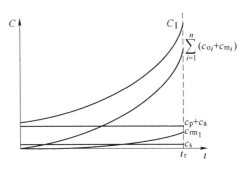

图6-3 设备生命周期成本曲线

成正比，可以通过对设备运行维护成本和使用时间的统计数据进行回归分析，得到两者之间的关系曲线；设备再制造加工成本通常随着设备使用时间的延长而逐渐增加，根据再制造企业的实际调研和专家判断选取代表性设备进行估算，得到再制造加工成本与再制造时间成正向关系。

则设备在第一生命周期和第一再制造生命周期的平均成本$AC(t)$可表示为

$$AC(t) = \frac{C_I + c_{rm_1}}{t_r} = \frac{\left[c_p + c_a + \sum_{i=1}^{n}(c_{o_i}+c_{m_i}) + c_s - r_n\right] + c_{rm_1}}{t_r} \quad (6-3)$$

从而可得，设备多生命周期平均成本与再制造时间的关系如图6-4所示。

假设设备在各生命周期内任意年报废的处置费为S，报废处理时设备残值为L，设备在各生命周期的年运行费和维护费的费用增量（劣化比率）相同且为α，则设备年均成本$AC(t)$可表示为

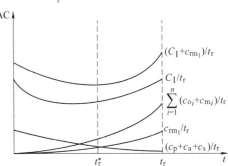

图6-4 设备多生命周期平均成本与再制造时间的关系曲线

$$AC(t) = \frac{c_p + c_a}{t_r} + \frac{S - L + c_{rm_1}}{t_r} + \left[(c_{o_1}+c_{m_1}) + \frac{t_r-1}{2}\alpha\right] \quad (6-4)$$

由式（6-4）可得$AC'(t) = -\frac{c_p + c_a + S - L + c_{rm_1}}{t^2} + \frac{1}{2}\alpha$，令$\frac{dAC(t)}{dt}=0$，则有

$$t_r^* = \sqrt{\frac{2(c_p + c_a + S - L + c_{rm_1})}{\alpha}} \quad (6-5)$$

进一步地，$AC''(t) = \dfrac{c_p + c_a + S - L + c_{rm_1}}{t^3}$，由 $t>0$ 且 $c_{rm_1}>L$，可知 $AC''(t)>0$，故 $AC(t^*)$ 为极小值，t^* 为极小值点。则式（6-5）所示设备多生命周期最佳再制造时间点 t_r^* 是设备生命周期内平均成本最低时所对应的时间点。

6.1.2 设备再制造时间估算方法

1. DBN 算法

作为一种典型的深度学习方法，深度置信网络（Deep Belief Network，DBN）是由多层受限玻尔兹曼机（Restricted Boltzmann Machine，RBM）和一层有监督网络层组成的，能够从大量样本中有效学习到输入、输出数据之间的非线性映射关系的一种深层神经网络。作为一种生成模型，通过训练其神经元间的权重，可以让整个神经网络按照最大概率来生成训练数据，从而提高设备再制造时间估算精度。本节采用的经典 DBN 结构模型由若干层 RBM 和一层 BP 神经网络组成，如图 6-5 所示。该 DBN 的每一层分别用于表示最原始输入数据的不同粒度的特征描述，各层均需单独训练。

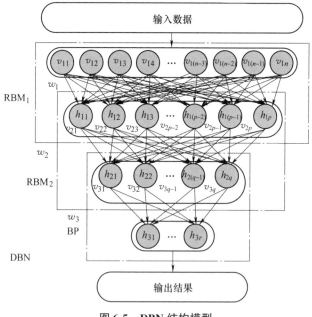

图 6-5 DBN 结构模型

2. DBN 算法输入

采用图 6-5 所示的 DBN 算法对式（6-5）中的最佳再制造时间点 t_r^* 进行预测。由于设备购置费 c_a 为常量，DBN 算法的输入数据为设备规划选型服务费 c_p、

报废处置费 S、设备报废时残值 L、年费用增量 α 和设备再制造成本 c_{rm_1}。但是，由于再制造成本 c_{rm_1} 所涉及的再制造的总支出费用 $\sum_1^9 c_{rm_{1q}}$ 中，除再制造装配成本 $c_{rm_{19}}$ 在一定时间段内是稳定的，其他 8 项均具有不确定性。如：废旧设备因各部件失效程度不同，使得有损/无损拆卸比例、拆卸时间不同，从而导致拆卸成本 $c_{rm_{12}}$ 的差异；设备废旧部件可直接再利用、可再制造加工、需替换的比例不同，也会造成清洗成本 $c_{rm_{14}}$、可直接再利用零部件的保养成本 $c_{rm_{15}}$、可再制造零部件的再制造加工成本 $c_{rm_{16}}$、需替换零部件的替换成本 $c_{rm_{17}}$、不可再制造零部件处理成本 $c_{rm_{18}}$ 的不确定性。在不可再制造材料收益方面，根据不可再制造材料的性质和特点，常有直接材料回收、对材料降价使用和对剩余固体垃圾的环保处理三种处理方式，由于三种方式处理材料的比例不确定，而同一种处理方式，其不同材料类型的比例也不确定，致使直接材料回收的价值具有不确定性。此外，降价使用部分的质量状态不同，其所获得的价值也不等。因此，再制造成本具有较大的随机性和不确定性，准确预测再制造成本是确定最佳再制造时间点 t_r^* 的关键。

考虑再制造成本构成分项众多，若对各分项成本进行预测后求和，会存在累积误差，从而降低预测精度。若可明确再制造成本的主要影响因素，根据主要影响因素直接预测再制造成本，则可大大提高预测精度。根据产品再制造成本分布统计，60% 为再制造加工、零部件替换成本，另外约 40% 的成本包括清洗、检测和人工费等。因此，在很大程度上，可再制造加工零部件数量及替换零部件数量对再制造成本有着重要影响。故可根据设备拆卸后零部件的类型，确定影响再制造成本的各类零部件占零部件总数量的比率。

假设可直接再利用零部件比率为 λ_{reuse}、可再制造加工零部件比率为 λ_{remanu}、需替换零部件所占比率为 $\lambda_{replace}$，且 $\lambda_{reuse} = 1 - (\lambda_{remanu} + \lambda_{replace})$。由于再制造过程中，零部件可再制造加工成本及零部件替换成本占的比例很大，故 λ_{remanu}、$\lambda_{replace}$ 是影响再制造成本的两个主要影响因素。进一步考虑在 λ_{remanu} 和 $\lambda_{replace}$ 都相同的条件下，再制造成本会受再制造难度的影响，为了提高预测精度，引入 μ 作为再制造技术难度指数。μ 越大，越易再制造，再制造成本越低；μ 越小，越难再制造，再制造成本越高。

根据上述分析可知，DBN 算法的输入数据为设备规划选型服务费 c_p、报废处置费 S、设备报废时残值 L、设备年费用增量 α 和零部件再制造加工比率 λ_{remanu}、零部件替换比率 $\lambda_{replace}$ 及技术难度指数 μ。经过 DBN 预测模型之后，得到 t_r^* 估算值。

▶ 3. DBN 训练

DBN 由多个隐含层和一层 BP 神经网络组成，相邻的两个隐含层构成一个 RBM，其结构如图 6-5 所示。其中，v 为可视层内节点值，h 为隐含层内节点值，可视层和隐含层之间对称双向连接，w 为两层间权值，同一层内单元之间没有连接，隐含单元可获取输入可视单元的高阶相关性，且所有单元的状态都是二元变量，只能取 0 或 1。DBN 的训练过程如图 6-6 所示。

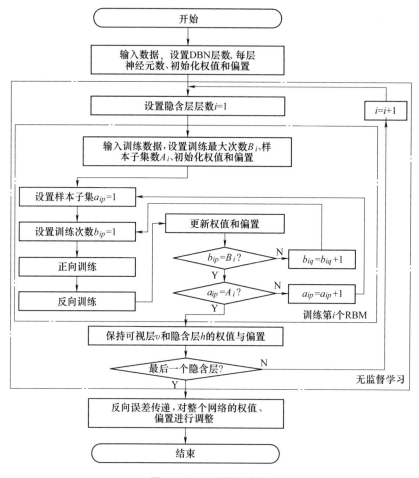

图 6-6　DBN 训练过程

1）设定 DBN 层数、隐含层单元数等参数，随机初始化整个 DBN 的网络参数。

2）RBM 训练。RBM 训练的目标为获取生成性权值。采用 GEOFFREY 提出的对比分歧算法（Contrastive Divergence，CD）进行训练，来获得 RBM 网络参数 $\theta = \{w_{ijk}, \beta_{ij}, \varepsilon_{ik}\}$。式中，$w_{ijk}$ 为可视层 v_i 中单元 v_{ij} 和隐含层 h_i 中单元 h_{ik} 之间的连接权值；β_{ij} 为对 v_{ij} 的偏置系数；ε_{ik} 为对 h_{ik} 的偏置系数。RBM 训练步骤为：

① 设定最大训练次数 B_i、样本子集个数 A_i 等参数，随机初始化 RBM 的网络参数。

② 将第 a_{ip} 个样本子集赋给可视层 v_i，利用式（6-6）计算出隐含层 h_i 中每个隐含单元（神经元）h_{ik} 被激活的概率 $p(h_{ik} = 1 | v_i)$。式中，Sigmoid 函数 $\sigma(x) =$

$1/(1+\exp(-x))$。

$$p(h_{ik}=1|v_i) = \sigma(\varepsilon_{ik} + \sum_j v_{ij}w_{ijk}) \quad (6\text{-}6)$$

③ 从计算的概率分布 $p(h_{ik}=1|v_i)$ 中采取吉布斯抽样抽取一个样本：$h_i \sim p(h_{ik}=1|v_i)$。

④ 用 h_i 重构可视层 v_{i+1}，即通过隐含层反推可视层，利用式（6-7）计算可视层 v_{i+1} 中每个神经元被激活的概率 $p[v_{(i+1)j}=1|h_i]$，并从计算得到的概率分布中采取吉布斯抽样抽取一个样本：$v_{i+1} \sim p[v_{(i+1)j}=1|h_i]$。

$$p[v_{(i+1)j}=1|h_i] = \sigma(\beta_{ij} + \sum_k h_{ik}w_{ijk}) \quad (6\text{-}7)$$

⑤ 利用式（6-6）再次计算隐含层 h_{i+1} 中每个神经元被激活的概率，得到概率分布 $p[h_{(i+1)k}=1|v_{i+1}]$。

⑥ 更新权重：

$$w_{(i+1)jk} \leftarrow w_{ijk} + \lambda\{p(h_{ik}=1|v_i)v_i - p[h_{(i+1)k}=1|v_{i+1}]v_{i+1}\} \quad (6\text{-}8)$$

$$\beta_{(i+1)j} \leftarrow \beta_{ij} + \lambda(v_i - v_{i+1}) \quad (6\text{-}9)$$

$$\varepsilon_{(i+1)k} \leftarrow \varepsilon_{ik} + \lambda(h_i - h_{i+1}) \quad (6\text{-}10)$$

⑦ 按照步骤①~⑥对第 a_{ip} 个样本子集进行多次训练，每次训练完成后更新网络参数，直到达到最大训练次数 B_i。

⑧ 按照步骤②~⑦对第 $a_{ip}+1$ 个样本子集进行训练，并更新网络参数，直到全部 A_i 个样本子集训练完毕，保存 RBM 的网络参数，结束训练。

3）将 RBM 的隐含层输出作为输入数据训练下一个 RBM+1，直到所有的 RBM 训练完毕。通过无监督的预训练，可获得整个 DBN 参数的初始值。

4）利用最后一层的 BP 神经网络进行有监督的训练，并反向调整各层 RBM，对整个网络参数进行微调，从而获得调整后的 DBN 参数。

从图 6-6 中可以看出，在 DBN 的训练过程中，RBM 的训练是核心。在 RBM 的逐层训练中，隐含层不仅能较为精准地显示可视层的特征，同时还能够还原可视层。当隐含层神经元数量小于可视层时，则会产生一种"数据压缩"的自动编码效果，同时实现 DBN 参数的初始化。这些网络参数虽然不是最优参数，但是它们往往落在最优值附近，可有效避免 BP 算法在训练分类器时由于随机初始化网络参数而导致陷入局部最优、训练时间过长等缺陷。

4. 基于 DBN 算法的设备再制造时间估算流程

根据 DBN 算法流程，依次对 RBM 训练过程、DBN 训练过程编程，将试验获取的数据导入程序中，选择相应的训练样本和测试样本对算法进行预训练。具体步骤如下：

1）网络结构确定。DBN 的隐含层数越多，则输出结果越详细，但训练时间越长。本节设定的 DBN 结构参数见表 6-2。

表 6-2 DBN 结构参数

变量	取值	描述
隐含层层数 i	4	网络结构含有的 RBM 个数
B_i	50	最大训练次数
A_i	30	最大样本子集数

2）训练样本采集。训练数据和测试数据的准备是获取深度学习网络模型的关键。合理的训练样本能够保证网络模型的精度，通常要求训练样本覆盖整个工作范围，并要求具有相当的样本数。样本集准备包括输入样本和输出样本的获取，具体采集结果见 6.1.3 节案例分析。

3）样本数据归一化。样本中含有设备年费用增量 α 和零部件再制造加工比率 λ_{remanu}、零部件替换比率 $\lambda_{replace}$ 及技术难度指数 μ 四种变量，其范围均为 $0 \sim 1$，无须进行数据处理。但是，输入数据中的规划选型费 c_p、报废服务费 S、设备残值 L，以及输出数据设备再制造时间 t_r^* 的量纲不同。为了消除各变量的数量级差别，避免因为输入输出数据数量级差别较大而造成网络预测误差较大，采用式 (6-11) 所示的最大最小法对输出样本数据进行归一化处理。对输入数据的归一化处理的方法相同。

$$\hat{t}_{rl}^* = \frac{t_{rl}^* - t_{rmin}^*}{t_{rmax}^* - t_{rmin}^*} \quad (6-11)$$

式中，t_{rmax}^*、t_{rmin}^* 分别为单次样本再制造时间 t_r^* 的最大、最小值。

6.1.3 工程实例：某轧机 ZDR200 变速箱最佳再制造时间预测

1. 训练与测试样本的确定

本节以某钢铁企业轧机的 ZDR200 变速箱再制造为例，该变速箱设备原值（购置费）c_a 为 146 万元。通过对同型号变速箱生命周期运行费统计，及其拆卸、检测分析，得到变速箱规划选型费 c_p、报废处置费 S、设备残值 L、运行费用增量 α、可再制造加工率 λ_{remanu}、替换率 $\lambda_{replace}$ 及再制造技术难度指数 μ 与再制造时间的 50 组历史数据，随机抽取 30 组作为网络训练样本，其余 20 组为测试样本。训练和测试样本数据分别见表 6-3 和表 6-4。

表 6-3 训练样本数据

序号 i	输入量							输出量
	c_p/万元	S/万元	L/万元	α	λ_{remanu}	$\lambda_{replace}$	μ	t_r/d
1	0.16	2.50	10.80	0.23	0.12	0.37	0.81	3455.18
2	0.24	3.34	11.97	0.26	0.16	0.41	0.73	3279.95

(续)

序号	输入量							输出量
i	c_p/万元	S/万元	L/万元	α	λ_{remanu}	$\lambda_{replace}$	μ	t_r/d
3	0.27	3.13	14.60	0.31	0.15	0.50	0.65	2939.62
4	0.23	2.71	14.02	0.30	0.13	0.48	0.69	3001.26
5	0.23	3.13	12.26	0.26	0.15	0.42	0.73	3234.50
6	0.21	2.92	11.97	0.26	0.14	0.41	0.75	3274.28
7	0.19	3.75	8.47	0.18	0.18	0.29	0.83	3954.77
8	0.18	3.34	9.05	0.19	0.16	0.31	0.83	3811.02
9	0.22	3.13	11.68	0.25	0.15	0.40	0.75	3321.28
10	0.22	2.71	13.72	0.29	0.13	0.47	0.70	3036.24
…	…	…	…	…	…	…	…	…

表 6-4 测试样本数据

序号	输入量							输出量
i	c_p/万元	S/万元	L/万元	α	λ_{remanu}	$\lambda_{replace}$	μ	t_r/d
1	0.19	2.71	11.68	0.25	0.13	0.40	0.77	3315.55
2	0.24	2.92	13.72	0.29	0.14	0.47	0.69	3038.93
3	0.34	3.75	14.89	0.32	0.18	0.51	0.61	2915.38
4	0.28	3.34	14.02	0.30	0.16	0.48	0.66	3009.26
5	0.24	3.55	11.39	0.24	0.17	0.39	0.74	3372.87
6	0.27	2.71	16.35	0.35	0.13	0.56	0.61	2754.89
7	0.19	2.50	12.85	0.27	0.12	0.44	0.74	3145.24
8	0.25	2.71	15.18	0.33	0.13	0.52	0.65	2871.23
9	0.21	2.50	14.02	0.30	0.12	0.48	0.70	2998.58
10	0.19	3.75	8.47	0.18	0.18	0.29	0.83	3954.77
…	…	…	…	…	…	…	…	…

2. 测试结果分析

利用所建立的 DBN 再制造时间预测模型，对表 6-3 中的测试样本数据进行预测。DBN 预测结果如图 6-7 及表 6-5 所示。可以看出，利用 DBN 预测模型所得预测值与真实值非常接近，平均相对误差仅为 6%，预测结果比较理想，从而验证了 DBN 在再制造时间预测中的有效性和准确性。

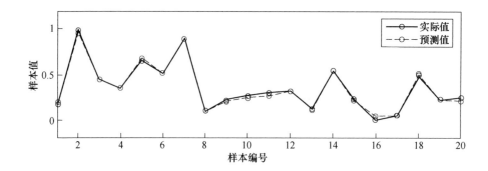

图 6-7 DBN 预测结果

表 6-5 预测值（归一量）及相对误差

i	实际值	DBN 预测值	DBN 相对误差 e（%）	BP 预测值	BP 相对误差 e（%）
1	0.44	0.44	0.01	0.44	0.02
2	0.25	0.22	0.13	0.27	0.10
3	0.16	0.21	0.26	0.11	0.30
4	0.23	0.21	0.07	0.21	0.07
5	0.48	0.51	0.05	0.56	0.16
6	0.05	0.05	0.03	(0.04)	1.81
7	0.32	0.33	0.00	0.37	0.15
8	0.13	0.12	0.11	0.09	0.29
9	0.22	0.22	0.01	0.27	0.22
10	0.89	0.90	0.01	0.97	0.08
11	0.35	0.35	0.01	0.39	0.11
12	0.30	0.27	0.10	0.31	0.02
13	0.10	0.10	0.08	0.03	0.73
14	0.51	0.51	0.00	0.51	0.01
15	0.54	0.55	0.01	0.56	0.04
16	0.00	0.04	—	(0.03)	—
17	0.66	0.68	0.03	0.68	0.02
18	0.27	0.25	0.08	0.31	0.12
19	0.23	0.20	0.13	0.21	0.07
20	1.00	0.96	0.04	1.00	0.00
$\bar{e}$	—	—	0.06	—	0.22

图6-8所示为利用相同样本数据采用BP神经网络预测模型预测的结果，从图中可以看出，大部分预测点的预测值与真实值也很接近，但与图6-7所示DBN的预测结果相比，其相对误差较大。从表6-5中可以看出，DBN预测值的平均相对误差为6%，远小于BP神经网络预测结果的平均相对误差22%。此外，在同等运算环境下，DBN的预测运行时间只有BP运行时间的1/12，并且在反复50次的预测计算中，DBN的预测结果基本保持不变，而BP的预测结果波动较大。由此证明，对于小样本数据，DBN比BP神经网络的预测精度更高，预测结果更稳定和准确。由于DBN能够从样本中提取更加抽象、更具表达能力的特征，故其能弥补BP神经网络等浅层算法的不足，并具有更高的精确性和更大的优越性。

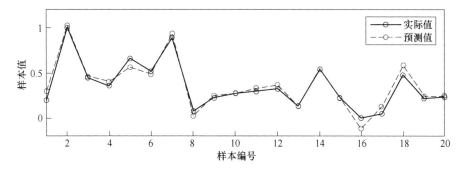

图6-8 BP预测结果

6.2 退役设备零部件剩余寿命预测

量大面广的机械设备，因其服役环境和磨损状态不同，不仅会导致设备寿命差异较大，也会致使其退役后经过拆解、清洗所得到的退役设备零部件损伤形式、失效状态和剩余寿命具有不确定性。虽然设备退役后其整体剩余寿命为零，但可通过退役设备零部件的剩余寿命来评估退役设备的可再制造性，同时，退役设备零部件剩余寿命也是废旧零部件是否可进行再制造加工或再利用的依据。因此，本节将重点对退役设备零部件的剩余寿命预测方法展开研究。

6.2.1 退役设备零部件剩余寿命分析

1. 退役设备零部件的失效特点

机械设备本身结构复杂，是由多种零部件组成的有机整体，可分为设备、部件、零件等多层级。同时，除主体结构外，各层级之间及同层级不同零部件之间还有连接件约束关系，形成了一个多层级多分支的多叉结构，如图6-9所示。该结构可用于描述设备零部件间的结构与层次关系。虽然在机械设备服役期内,设备多组零部件同步运行,但因各零部件设计寿命、磨损程度不同,使得机械设备失效具有核心失效性、局部失效性和层级失效性。

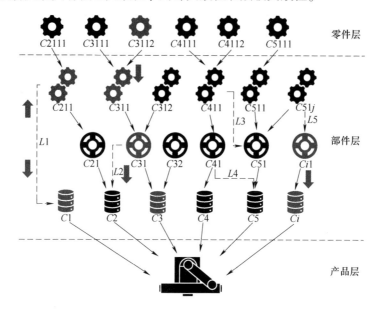

图 6-9　机械设备产品多叉结构图

1) 核心失效性,指机械设备失效通常归因于其关键零部件失效。因为设备在运行时其关键零部件的应力集中,会发生性能劣化,从而导致设备整体性能降低,直至机械设备失效报废。

2) 局部失效性,指机械设备退役时,通常只是局部零部件失效,而其他零部件仍具有一定的剩余寿命。

3) 层级失效性,指机械设备失效过程具有逐步性与层次性,即某一零部件失效将逐层引起与之密切相关的其他零部件失效。

▶▶**2. 退役设备零部件剩余寿命的概念**

退役设备零部件是指从退役设备上集中拆卸得到的全套可再次还原设备结构的零部件。通过对设备零部件失效点的分析,根据零部件失效的难易度,可将退役设备零部件分为如下几种:

1) 退役设备关键零部件(Decommissioned Main Parts,DMP),指直接影响设备总体性能和退役时间的零部件。从基于设备运行参数估算的角度,可认为在设备退役时刻,该类退役设备关键零部件剩余寿命 $L_{\text{R-DMP}}=0$。

2) 退役设备易失效零部件(Decommissioned Vulnerable Parts,DVP),指在设备服役期被一次或多次替换的零部件。在设备退役时刻 t_D,从基于设备运行参数估算的角度，最后一次更换的该类零件仍具有剩余寿命 $L_{\text{DR-DVP}} > 0$，如图 6-10a 所示。

3）退役设备难失效零部件（Decommissioned Refractory Parts，DRP），指在设备服役期无须替换的零部件，例如发动机气缸盖。在设备退役时刻 t_D，从基于设备运行参数估算的角度，此类零部件仍具有剩余寿命 $L_{\text{DR-DRP}} > 0$，如图 6-10b 所示。

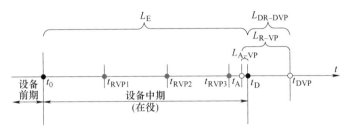

a）退役设备易失效零部件剩余寿命示意图

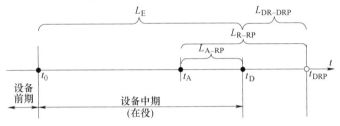

b）退役设备难失效零部件剩余寿命示意图

图 6-10 退役设备零部件剩余寿命示意图

L_E—设备服役寿命 t_0—设备服役时间起点 t_D—设备退役时间点 t_A—设备易失效/难失效零部件失效时间预测时间点 t_{DVP}—设备易失效零部件预测失效时间点 L_{A-VP}—预测零部件失效时间后易失效零部件实际使用时间 L_{R-VP}—设备易失效零部件剩余寿命 L_{DR-DVP}—退役设备易失效零部件剩余寿命 t_{DRP}—设备难失效零部件预测失效时间点 L_{A-RP}—预测零部件失效时间后难失效零部件实际使用时间 L_{R-RP}—设备难失效零部件剩余寿命 L_{DR-DRP}—退役设备难失效零部件剩余寿命

由图 6-10 可知，当退役设备零部件存在剩余寿命时，退役设备零部件剩余寿命 L_{DR} 为其在役时预期的全部剩余寿命 l_R 与设备退役时刻 t_D 前该零部件已使用寿命 L_A 的差。其具体预测与计算方法将在 6.2.3 节详细阐述。

▶ 3. 退役设备零部件剩余寿命影响因素分析

通常情况下，影响零部件寿命的因素主要包括零部件材料、零部件服役环境和零部件状态，如图 6-11 所示。

根据退役设备零部件剩余寿命的概念及零部件寿命影响因素的分析可知，退役设备零部件剩余寿命影响因素体系庞大且复杂。为了提高退役设备零部件剩余寿命预测的效率和准确性，一方面，在进行设备零部件失效时间点及剩余寿命预测时，需要对其影响因素进行主成分分析，筛选出主要影响因素；另一方面，在构建预测模型时，需要考虑零部件的真实工况数据和废旧零部件的监测状态数据。

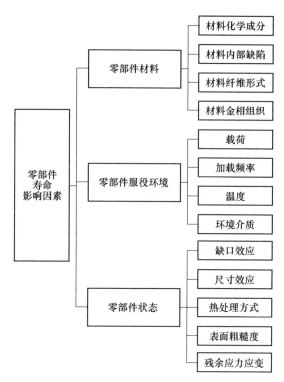

图 6-11　零部件寿命影响因素

▶ 4. 退役设备零部件剩余寿命预测方法选择

目前，零部件寿命预测的方法大致可分为三类：基于力学性能的零部件寿命预测方法、基于概率统计的零部件寿命预测方法和基于信息技术的零部件寿命预测方法，如图 6-12 所示。

基于力学性能和概率统计的零部件寿命预测方法，主要是依据零部件材料和结构的损伤机理，建立其相应的力学模型、数学模型或者有限元仿真模型，从而通过对零部件状态的分析实现其寿命预测。在实际应用过程中，因零部件服役环境、初始状况、材料结构等因素对其寿命的影响，使得这类方法具有一定的局限性，此外，这类方法大多要进行大量的疲劳试验和繁琐的样本采集工作，数据处理难度大，导致物理和数学模型构建困难。基于信息技术的零部件寿命预测方法以零部件在役运行数据为基础，拟合出影响因素和零部件在役期剩余寿命的关系，从而预测出零部件在役阶段的剩余寿命，是一种简单而有效的寿命预测方法，很好地降低了预测过程的复杂度。

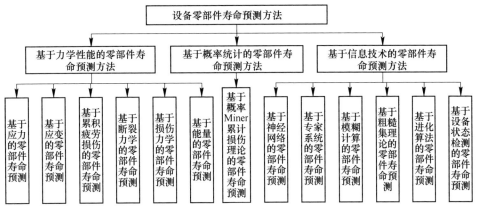

图 6-12 零部件寿命预测方法

据此，本节拟借鉴基于 BP 神经网络的寿命预测方法，结合剩余寿命的影响因素和预测特性，来预测零部件的剩余寿命。虽然目前 BP 神经网络在寿命预测方面已有广泛应用，但其对小样本问题进行运算的过程中容易出现局部最优，导致预测精度不足等问题，而灰色系统能够弱化数据的随机性，有效克服样本小时数据质量差的缺点。而将两者融合构成组合模型能在一定程度上避免信息丢失、减少随机性，更贴切地反映出系统的变化规律，提高预测精度。因此，本节拟将 BP 神经网络和灰色系统相结合，提出一种基于灰色神经网络（Grey Neural Network）模型的退役设备零部件剩余寿命预测方法。

6.2.2 灰色神经网络模型

灰色神经网络包括 BP 神经网络和灰色系统两部分。灰色系统是对初始数据进行一次累加，用连续函数或微分方程进行数据拟合和预测，假设有时间序列 $x^{(0)}$：

$$x^{(0)} = (x_t^{(0)} | t = 1, 2, \cdots, n) \tag{6-12}$$

对 $x^{(0)}$ 进行累加得到 $x^{(1)}$，$x^{(1)}$ 的第 t 项是 $x^{(0)}$ 前 t 项之和，即

$$x^{(1)} = (x_t^{(1)} | t = 1, 2, \cdots, n) = (x_1^{(0)}, \sum_{t=1}^{2} x_t^{(0)}, \sum_{t=1}^{2} x_t^{(0)}, \cdots, \sum_{t=1}^{n} x_t^{(0)}) \tag{6-13}$$

对 $x^{(1)}$ 构建白化方程，得到 $x^{(1)}$ 的估计值 $x_t^{*(1)}$，对 $x_t^{*(1)}$ 做一次累减计算，得到 $x^{(0)}$ 的预测值 $x_t^{*(0)}$：

$$x_t^{*(0)} = x_t^{*(1)} - x_{t-1}^{*(1)}, t = 2, 3, \cdots, n \tag{6-14}$$

为方便运算，用 $x(t)$ 表示 $x^{(0)}$，$y(t)$ 表示一次累加后生成的数列 $x_t^{(1)}$，$z(t)$ 表示预测结果 $x_t^{*(1)}$，其中包含 n 个参数的灰色神经网络微分方程为

$$\frac{dy_1}{dt} + ay_1 = b_1 y_2 + b_2 y_3 + \cdots + b_{n-1} y_n \tag{6-15}$$

式中，y_1，y_2，y_3，$\cdots$，y_n 是系统的输入参数；a，b_1，b_2，$\cdots$，b_{n-1} 为微分方程的系数。

时间响应式为

$$z(t) = \left(y_1(0) - \frac{b_1}{a} y_2(t) - \frac{b_1}{a} y_3(t) - \cdots - \frac{b_{n-1}}{a} y_n(t) \right) e^{-at} + \frac{b_1}{a} y_2(t) + \frac{b_2}{a} y_2(t) + \cdots \frac{b_{n-1}}{a} y_n(t) \tag{6-16}$$

设 $c = \frac{b_1}{a} y_2(t) + \frac{b_2}{a} y_2(t) + \cdots + \frac{b_{n-1}}{a} y_n(t)$，则式（6-16）可以表示为

$$z(t) = \left[(y_1(0) - c) - y_1(0) \frac{1}{1+e^{-at}} + 2c \frac{1}{1+e^{-at}} \right] (1 + e^{-at}) \tag{6-17}$$

将式（6-17）映射到一个 BP 神经网络中，能够得到 n 个输入参数、1 个输出的灰色神经网络，其拓扑结构如图 6-13 所示。

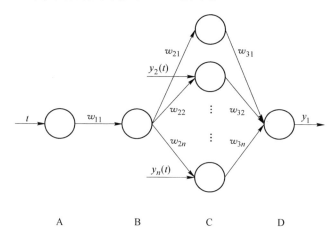

图 6-13　灰色神经网络拓扑结构

在图 6-13 中，t 为输入参数的编号；$y_2(t)$，$\cdots$，$y_n(t)$ 为网络的输入参数；w_{ij} 为网络权值；y_1 为预测值；A、B、C、D 表示神经网络的四层结构。其中，各网络初始权值为

$$w_{11} = a, w_{21} = -y_1(0), w_{22} = \frac{2b_1}{a}, \cdots, w_{2n} = \frac{2b_{n-1}}{a} \tag{6-18}$$

$$w_{31} = w_{32} = \cdots = w_{3n} = 1 + e^{-at} \tag{6-19}$$

输出层阈值 o 为

$$o = (c - y_1(0))(1 - e^{-at}) \tag{6-20}$$

6.2.3 基于灰色神经网络的退役设备零部件剩余寿命预测模型

由 6.2.1 节的分析可知，退役设备零部件剩余寿命 L_{DR} 是其在役时预期的全部剩余寿命 L_R 与设备退役时刻 t_D 前该零部件已使用寿命 L_A 之差，即

$$L_{DR} = L_R - L_A \tag{6-21}$$

式中，L_{DR} 表示退役设备零部件的剩余寿命；L_A 表示在动态工况下，从检测并预测零部件剩余寿命的时间点 t_A 到设备退役时刻 t_D，零部件的使用寿命；L_R 表示根据 t_A 时刻检测的零部件状态及设备服役环境，采用灰色神经网络预测得到的设备零部件剩余寿命，是一个随设备服务环境变化的动态值，其预测模型输入端是零部件运行状态数据，输出端是服役环境下的实际失效时间，流程图如图 6-14 所示。

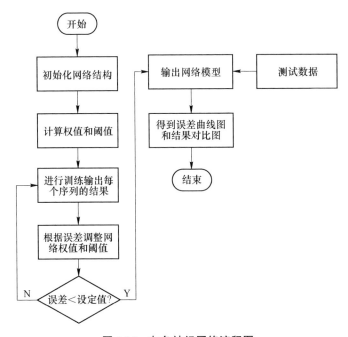

图 6-14 灰色神经网络流程图

其中，输入端需要零部件服役环境和状态数据，因此在寿命预测时选取转速、温度、室内环境等数据作为模型输入。在迭代过程中，将样本数据集分为迭代和验证两部分，在灰色神经网络迭代完成之后，误差逐渐趋向平稳，再将验证数据作为灰色神经网络的输入，迭代得到零部件剩余寿命 L_R，依据实际值和预测值的偏差比对分析灰色神经网络的效果。

利用灰色神经网络得到一批零部件的剩余寿命后，以相同的零部件数据为基础，利用基础的神经网络进行寿命预测。将两种神经网络的预测结果和零部

件的实际剩余寿命进行比对，从而验证灰色神经网络的有效性和优越性。

6.2.4 工程实例：某退役减速器高速轴剩余寿命预测

高速轴是减速器实际运行中必不可少的关键部件，其失效会直接引起减速器停工。本节以高速轴剩余寿命预测为例，对所建模型进行验证分析。

1. 高速轴剩余寿命预测

影响高速轴寿命的主要因素通常有转速、温度、运行状况等。在此，以高速轴转速、箱体温度、齿轮减速器日常使用时间、室内温度、室内湿度为灰色神经网络的样本数据，高速轴在该服役环境下正常运转到失效的时间，即高速轴剩余寿命 L_R 为灰色神经网络的输出值。其灰色神经网络的整体结构如图 6-15 所示。

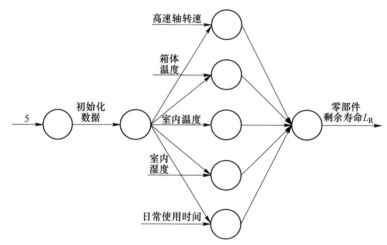

图 6-15 高速轴剩余寿命预测模型

以上灰色神经网络组合模型为 $1 \times 1 \times 6 \times 1$ 的 4 层网络模型，采用 MATLAB 2014a 软件进行算法编程求解，并编写灰色神经网络主程序和子程序，灰色神经网络迭代最大次数为 1000 次，初始迭代速度是 0.005，模型误差设置为 0.01，利用现场调研数据进行网络训练。通过现场调研获取的实际数据见表 6-6。

表 6-6 不同工况下高速轴的剩余寿命

序号	输入					输出
	高速轴转速 /(r/min)	箱体温度/℃	日常使用时间/h	室内湿度(%)	室内温度/℃	剩余寿命/d
1	942	82.2	8.43	38	25.0	3431
2	1020	72.1	8.08	37	31.1	3225

(续)

序号	输入					输出
	高速轴转速/(r/min)	箱体温度/℃	日常使用时间/h	室内湿度(%)	室内温度/℃	剩余寿命/d
3	1090	67.7	8.37	37	27.0	3766
4	1346	84.2	9.15	36	30.0	4001
5	890	77.9	7.79	33	25.2	3674
6	1237	84.2	8.23	37	34.0	3764
7	1113	65.5	9.04	33	19.5	3588
8	1252	88.1	8.35	38	31.9	4600
9	1331	75.5	8.89	34	33.3	3676
10	1360	84.8	7.83	37	34.8	4571
11	1286	84.1	8.19	36	38.1	3575
12	1296	72.0	7.57	35	31.2	3868
13	944	76.9	7.63	36	26.6	3406
14	928	70.9	7.78	37	29.7	3280
15	1061	70.7	8.10	38	27.6	3534
16	1362	91.7	9.40	34	32.1	4244
17	944	82.0	8.83	30	24.5	3521
18	1141	85.1	7.82	35	34.3	3809
19	990	67.5	9.51	34	21.2	4037
20	1283	90.2	8.32	38	35.0	4551
21	1414	76.5	8.36	36	36.9	4174
22	1483	83.9	7.85	37	37.1	3469
23	1342	89.1	8.54	37	38.0	3895
24	1251	74.5	8.59	34	33.0	3778
25	940	77.8	7.73	36	25.5	3757
26	954	67.0	8.38	37	31.7	3043
27	948	64.5	8.62	38	26.6	3613
28	1380	83.8	9.92	37	32.4	4229
29	771	75.2	8.78	32	23.0	3676
30	1155	80.7	7.65	36	32.7	3945
31	1032	62.9	9.74	34	21.6	3606
32	1331	86.7	8.65	35	32.2	4386

（续）

序号	输入					输出
	高速轴转速/（r/min）	箱体温度/℃	日常使用时间/h	室内湿度（%）	室内温度/℃	剩余寿命/d
33	1362	72.3	7.86	34	33.3	3688
34	1305	79.8	8.31	36	34.9	4204
35	1435	89.8	8.48	38	38.7	4123
36	1261	71.7	7.54	34	34.2	4089

用以上36组数据进行灰色神经网络训练，其中前30组样本用于神经网络的迭代，后6组样本用于验证神经网络训练的性能，得到的预测结果如图6-16和图6-17所示。

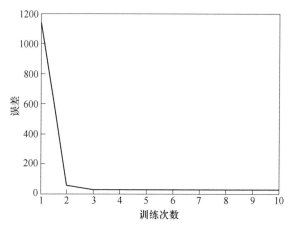

图6-16 灰色神经网络训练过程预测结果

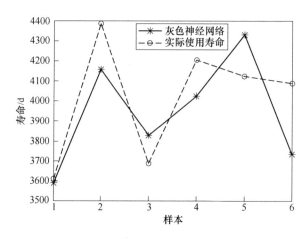

图6-17 迭代拟合预测结果曲线

为对比灰色神经网络的精度,同时使用 BP 神经网络在相同样本的基础上进行预测,预测对比结果见表 6-7。

表 6-7 灰色神经网络和 BP 神经网络预测结果及误差

序号	实际值	灰色神经网络		BP 神经网络	
		预测值	相对误差(%)	预测值	相对误差(%)
1	3606	3598	0.23	3989.1	10.61
2	4386	4171.7	4.89	3761.9	14.23
3	3688	3820.8	3.6	4264.3	15.64
4	4204	4020.8	4.35	3839.6	8.66
5	4123	4310.1	4.55	3779.1	8.33
6	4089	3749.5	8.3	4389.6	7.36

2. 预测结果分析比较

由表 6-7 中数据能够画出相对误差曲线图,如图 6-18 所示。其中,BP 神经网络相对误差曲线为星形折线,灰色神经网络相对误差曲线为方框折线。从图中可以看出,灰色神经网络相对误差波动小,且在 BP 神经网络图形之下,说明灰色神经网络预测性能较好。同时进行误差计算,在高速轴的寿命预测中,采用灰色神经网络的方法得到的预测值相对误差平均值为 4.32%,方差为 5.5776;而 BP 神经网络的预测值相对误差平均值为 10.805%,方差为 10.176。通过对比分析可知,灰色神经网络能有效提高预测精度,预测结果更优。

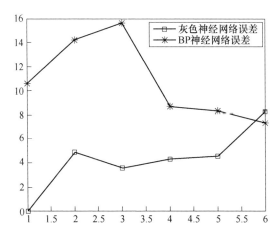

图 6-18 灰色神经网络和 BP 神经网络预测结果相对误差曲线图

输入工况参数：高速轴转速 1032r/min、箱体温度 62.9℃、齿轮减速器日常使用时间 9.74h、室内温度 21.6℃、室内湿度 34%，输出高速轴的剩余寿命 $L_R = 3598d$。综合 L_A 和 L_R 能够实时预测高速轴的剩余寿命，由式（6-21）可得高速轴的剩余寿命 $L_{DR} = (3598 - 3268.73)d = 329.7d$，其中，3268.73d 为该设备退役时零部件实际使用寿命。

6.3 本章小结

本章首先分析了再制造设备的多生命周期，从平均成本最低的角度，利用 DBN 算法估算出设备的最佳再制造时间，从而延长在役设备的生命周期，并以某轧机 ZDR200 变速箱为例，验证了该方法的可行性和有效性。随后在分析设备失效特点、设备与其零部件寿命之间关系的基础上，给出了退役设备零部件剩余寿命的概念，对其影响因素和预测方法进行了分析，并提出了一种基于灰色神经网络的退役设备零部件剩余寿命预测模型，最后以某退役减速器高速轴剩余寿命预测为例验证了该模型的有效性和可行性。

▶参数说明 （表6-8 和表6-9）

表6-8 在役设备最佳再制造服务时间预测参数说明

参　　数	说　　明
C_I	设备第一生命周期总成本
c_p	设备规划选型服务费
c_a	设备购置费
c_{o_i}	设备第 i 年的年总运行费
c_{m_i}	设备第 i 年的年总维护费
c_s	设备报废处置服务费
r_n	设备第 n 年末所剩残值
n	设备第一生命周期年限
c_{rm_j}	设备第 j 个再制造生命周期的再制造成本
$c_{rm_{j1}}$	第 j 次再制造服务的回收成本
$c_{rm_{j2}}$	第 j 次再制造服务的拆卸成本
$c_{rm_{j3}}$	第 j 次再制造服务的检测成本
$c_{rm_{j4}}$	第 j 次再制造服务的清洗成本
$c_{rm_{j5}}$	第 j 次再制造服务的可直接再利用零件的保养成本

(续)

参　　数	说　　明
c_{rmj6}	第 j 次再制造服务的可再制造零部件的再制造加工成本
c_{rmj7}	第 j 次再制造服务的需替换零部件的替换成本
c_{rmj8}	第 j 次再制造服务的不可再制造零部件的处理成本
c_{rmj9}	第 j 次再制造服务的再制造装配成本
r_{j1}	第 j 次再制造服务的直接材料回收价值
r_{j2}	第 j 次再制造服务的材料降价使用价值
t_r	设备再制造时间
$AC(t)$	设备在第一生命周期和第一再制造生命周期的平均成本
S	设备在各生命周期内任意年报废的处置费
L	设备在各生命周期内任意年报废处理时的残值
α	设备在各生命周期的年运行费和维护费的费用增量
t_r^*	设备多生命周期最佳再制造时间点
λ_{reuse}	可直接再利用零部件比率
λ_{remanu}	可再制造加工零部件比率
$\lambda_{replace}$	需替换零部件所占比率
μ	再制造技术难度指数
v	可视层内节点值
h	隐含层内节点值
w	两层间权值
θ	RBM 网络参数
RBM	由相邻的两隐含层构成
v_i	可视层
v_{ij}	可视层 v_i 中的单元
h_i	隐含层
h_{ik}	隐含层 h_i 中的单元
w_{ijk}	可视层 v_i 中单元 v_{ij} 和隐含层 h_i 中单元 h_{ik} 之间的连接权值
β_{ij}	对 v_{ij} 的偏置系数
ε_{ik}	对 h_{ik} 的偏置系数
B_i	最大训练次数
A_i	最大样本子集数
t_{rmax}^*	单次样本再制造时间 t_r^* 的最大值
t_{rmin}^*	单次样本再制造时间 t_r^* 的最小值

表 6-9 退役设备零部件剩余寿命预测参数说明

参　　数	说　　明
DMP	退役设备关键零部件
$L_{R\text{-}DMP}$	退役设备关键零部件剩余寿命
DVP	退役设备易失效零部件
$L_{R\text{-}DVP}$	退役设备易失效零部件剩余寿命
DRP	退役设备难失效零部件
$L_{R\text{-}DRP}$	退役设备难失效零部件剩余寿命
L_{DR}	退役设备零部件剩余寿命
L_R	在役时预期的全部剩余寿命
L_A	设备退役时刻 t_D 前该零部件已使用寿命
t_D	设备退役时间点
L_E	设备服役寿命
t_0	设备服役时间起点
t_{RVPi}	设备易失效零部件第 i 次更换时间点
t_A	设备易失效零部件失效时间预测时间点
t_{DVP}	设备易失效零部件预测失效时间点
$L_{A\text{-}VP}$	预测零部件失效时间后易失效零部件实际使用时间
$L_{R\text{-}VP}$	设备易失效零部件剩余寿命
$L_{DR\text{-}DVP}$	退役设备易失效零部件剩余寿命
t_{DRP}	设备难失效零部件预测失效时间点
$L_{A\text{-}RP}$	预测零部件失效时间后难失效零部件实际使用时间
$L_{R\text{-}RP}$	设备难失效零部件剩余寿命
$L_{DR\text{-}DRP}$	退役设备难失效零部件剩余寿命
$x(t)$	时间序列
$x_t^{*(1)}$	时间序列累加的估计值
$x_t^{*(0)}$	$x^{(0)}$ 的预测值
$y(t)$	一次累加后生成的数列 $x_t^{(1)}$
$z(t)$	预测结果 $x_t^{*(1)}$
n	灰色神经网络中参数个数
$y_1, y_2, y_3, \cdots, y_n$	系统的输入参数
$a, b_1, b_2, \cdots, b_{n-1}$	微分方程的系数
t	输入参数的编号
$y_2(t), \cdots, y_n(t)$	网络的输入参数
w_{ij}	网络权值

参 考 文 献

[1] JOHAN V D, GUSTAV J, ERIK S, et al. Prerequisite factors for original equipment manufacturer remanufacturing [J/OL]. Elsevier BV, 2020. https：//doi.org/10.1016/j.jclepro.2020.122309.

[2] 时君丽,王怀志,马名扬,等. 基于 LCA/LCC 的汽车发动机最佳再制造时间点的确定 [J]. 大连工业大学学报, 2019, 38 (6)：459-463.

[3] FAN J. Research on the coal equipment manufacturing model based on the life cycle [J]. China Management Informationization, 2014, 11 (16)：108-111.

[4] 柯庆镝,王辉,宋守许,等. 产品全生命周期主动再制造时域抉择方法 [J]. 机械工程学报, 2017, 53 (11)：134-143.

[5] YUFUNE K, ISHIDA R, SATO N, et al. Developing demand forecasting model of remanufactured parts of mining machinery [J]. Procedia CIRP, 2020 (90)：85-90.

[6] TSILIYANNIS C A. Markov chain modeling and forecasting of product returns in remanufacturing based on stock mean-age [J]. European Journal of Operational Research, 2018, 271 (2)：474-489.

[7] WU J Y, WU M, CHEN Z H, et al. A joint classification-regression method for multi-stage remaining useful life prediction [J]. Journal of Manufacturing Systems, 2021, 58 (A)：109-119.

[8] ZHAO B, REN Y, GAO D K, et al. Prediction of service life of large centrifugal compressor remanufactured impeller based on clustering rough set and fuzzy Bandelet neural network [J]. Applied Soft Computing Journal, 2019 (78)：132-140.

[9] KE Q D, WANG H, SONG S X, et al. A timing decision-making method for product and its key components in proactive remanufacturing [J]. Procedia CIRP, 2016 (48)：182-187.

[10] 华亮,田威,廖文和,等. 基于非线性连续疲劳损伤的再制造毛坯剩余寿命评估 [J]. 机械工程学报, 2015, 51 (21)：132-136.

[11] 郑汉东,陈意,李恩重,等. 再制造产品服务系统生命周期评价建模及应用 [J]. 中国机械工程, 2018, 29 (18)：2197-2203.

[12] ENE S, ÖZTÜRK N. Grey modelling based forecasting system for return flow of end-of-life vehicles [J]. Technological Forecasting & Social Change, 2016 (115)：155-166.

[13] 刘金娜,徐滨士,王海斗,等. 薄膜疲劳失效预测方法与损伤机制的研究进展 [J]. 机械工程学报, 2014 (20)：26-34.

[14] HAO H, ZHANG Q, WANG Z G, et al. Forecasting the number of end-of-life vehicles using a hybrid model based on grey model and artificial neural network [J]. Journal of Cleaner Production, 2018 (202)：684-696.

[15] CHEN K, LAGHROUCHE S, DJERDIR A. Degradation prediction of proton exchange membrane fuel cell based on grey neural network model and particle swarm optimization [J]. Energy Conversion and Management, 2019 (195)：810-818.

第 7 章

再制造回收数量预测与物流网络优化

再制造服务物流网络是不确定因素较多的复杂系统，存在着随机参数变化的动态连续性。在以往的文献中，库存、缺货补货的成本通常以惩罚成本或库存成本的形式和其他成本形式出现在同一个目标函数中。基于此，本章综合考虑了回收再制造物流网络在回收、预处理、再制造、处理过程中的成本问题和多个周期内库存、缺货补货的时间问题，结合多周期建模理论，根据废旧产品回收数量的预测值，分别构建物流设施不可扩展及物流设施可扩展条件下的单产品、多周期的多目标动态规划网络优化模型；利用改进的遗传算法解决多个决策变量的优化问题，展示系统内部的物流量变化规律，实现成本的最小化。

7.1 废旧产品回收数量预测

在回收再制造物流网络中，回收废旧产品的数量、质量及回收时间等因素对确定物流网络设施位置分布、设施规模大小以及设施是否扩展等具有重大影响。因此，建立合适的预测模型将不确定性因素转化为确定性因素，对回收再制造物流网络的构建和决策具有重要意义。

7.1.1 回收物流网络及其不确定性

废旧产品回收再制造物流过程如下：回收中心从消费者手中回收废旧产品，然后运往预处理中心；预处理中心对回收的废旧产品进行检测、分类、拆解等，能用于再制造的零部件被运往制造/再制造中心，不能用于再制造的废弃物被运往处理中心做废弃处理；制造/再制造中心对零部件进行修复，经过修复的零件被用于制造新产品，再制造新产品经分销中心销售给消费者。根据回收再制造物流过程建立网络结构，如图7-1所示。

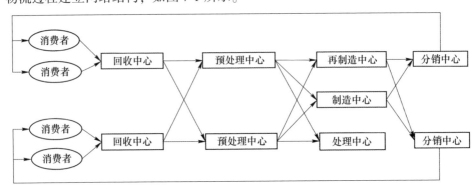

图7-1 回收再制造物流网络结构图

回收再制造物流网络系统与正向物流网络系统相比具有高度的不确定性，其不确定性因素见表7-1。这些不确定性因素会导致回收再制造物流网络系统的建立和优化、生产计划与调度、库存控制的复杂性。如，在回收再制造物流网络优化模型中，废旧产品回收数量预测问题就成为确定整个回收再制造物流网络选址中设施是否扩展及扩展规模的核心和关键所在。

表 7-1 回收再制造逆向物流网络系统中的不确定性因素

时间不确定	回收产品到达时间不确定
	回收产品检测、分类、拆解时间不确定
	再制造加工时间不确定
	再制造产品的销售需求时间不确定
数量不确定	回收产品的数量不确定
	再制造产品的销售需求数量不确定
质量不确定	回收产品的可拆解性不确定
	回收产品的可制造率不确定
其他不确定	废旧产品产生的地点不确定
	再制造加工路线不确定
	再制造加工过程不确定
	回收与需求间的平衡有相当的不确定性

通常，任何单一预测模型都只能呈现研究对象的有限侧面，全面揭示研究对象的发展规律比较困难。另一方面，系统在实际发展演化过程中，预知因素和未预知因素、确定性因素和不确定性因素相互发生作用，而多数预测模型需要大量的观测和统计数据，许多经济数据难以满足预测模型的建模要求。这就需要以科学的分析为基础，对研究对象的实验、观测、统计数据进行必要的调整和修正。在回收再制造物流网络系统中，回收技术、预处理技术及再制造技术等各种技术相互影响，各种物流模式相互发生作用，历史统计资料参差不齐。因此，有必要采用组合预测模型对回收再制造物流网络中的一些不确定性因素进行预测。

7.1.2 回收数量预测模型

1. 基本预测理论

（1）灰色-Markov 预测理论　灰色模型作为灰色理论的核心内容，是针对信息不完备系统，利用系统部分已知信息，建立起反映系统发展规律的微分数学模型，发掘和掌握系统之间发展的规律，针对系统的未来做出科学的定量预测。$GM(n,h)$ 模型是灰色模型的一般形式，表示 h 个变量的 n 阶微分方程。取 $n=1$，$h=1$，得到灰色模型中最常用的 $GM(1,1)$ 模型。在试验数据缺乏及其所研究系统的概率分布未知的情况下，系统中的内在规律可以充分地体现在 GM(1,1) 模型运算结果中。

但是，针对预测数据噪点大、波动性强的预测，采用 Markov 预测方法比较合适。由于样本数据的数量关系到 Markov 状态的划分，样本数据划分区间数量越多，区间间隔越小，Markov 预测精度越高。因此，将灰色预测理论与 Markov 预测方法相结合，既能最大化两个模型的优点，又能弥补数据信息不明确和波动性强的不足，进一步提高预测精度。

（2）非线性灰色 Bernoulli 预测模型

1）预测模型流程。灰色 GM(1,1) 模型的建模过程如下：

① 将现有的时间序列数据做一次累加，建立一次累加时间序列数据。

② 通过运算，将最后生成时间序列模型中的数据累减，得到 GM(1,1) 模型的最终预测值。

非线性灰色 Bernoulli 预测模型（NGBM）在传统灰色 GM(1,1) 模型基础上，改进了时间序列数据生成的微分方程，进一步将模型的预测精度提高。非线性灰色 Bernoulli 预测模型流程图如图 7-2 所示。

图 7-2　非线性灰色 Bernoulli 预测模型流程图

2）预测模型建模过程。非线性灰色 Bernoulli 预测模型的具体建模过程如下：

① 建立原始时间序列 $X^{(0)}(t)$：

$$X^{(0)}(t) = \{x^{(0)}(1), x^{(0)}(2), \cdots, x^{(0)}(t)\}, (t=1,2,\cdots,n) \quad (7\text{-}1)$$

② 对①中的原始时间序列数据做一次累加（1-AGO）生成新序列 $X^{(1)}(t)$：

$$X^{(1)}(t) = \{x^{(1)}(1), x^{(1)}(2), \cdots, x^{(1)}(t)\}, (t=1,2,\cdots,n) \quad (7\text{-}2)$$

式中，$X^{(1)}(t) = \sum_{k=1}^{t} X^{(0)}(k)$。 $\quad (7\text{-}3)$

③ 对①中的 $X^{(0)}(t)$ 建立白化微分方程：

$$\frac{dX^{(1)}(t)}{dt} + aX^{(1)}(t) = b(X^{(1)}(t))^p, (t=1,2,\cdots,n) \quad (7\text{-}4)$$

式中，$p \in \mathbf{R}$，且 $p \neq 1$，当 $p=0$ 时，模型为灰色 GM(1,1) 模型；a、b 为待辨识参数。p、a、b 的取值影响模型的预测精度。导数定义可以表述如下：

$$\frac{dX^{(1)}(t)}{dt} \cong \frac{X^{(1)}(t+\Delta t)}{\Delta t}, (t=1,2,\cdots,n) \quad (7\text{-}5)$$

如果 $\Delta t = 1$，则

$$\frac{dX^{(1)}(t)}{dt} + X^{(1)}(t+1) - X^{(1)}(t) = X^{(0)}(t), (t=1,2,\cdots,n) \quad (7\text{-}6)$$

$$\begin{cases} X^{(1)}(t) \cong R^{(1)}(t) \\ R^{(1)}(t) \cong m x^{(1)}(t) + (1-m)x^{(1)}(t-1) \end{cases}, (t=1,2,\cdots,n) \quad (7\text{-}7)$$

式中，m 为背景值生成系数，m 的取值也影响模型的预测精度。传统 GM(1,1) 和 NGBM 中 $m=1/2$，即

$$R^{(1)}(t) \cong \frac{1}{2}x^{(1)}(t) + \frac{1}{2}x^{(1)}(t-1), (t=2,3,\cdots,n) \quad (7\text{-}8)$$

故式（7-6）转换为

$$X^{(0)}(t) + a R^{(1)}(t) = b(X^{(0)}(t))^p \quad (7\text{-}9)$$

④ 用最小二乘法和微分法求取参数 a 和 b 的差分方程。这是一个一阶变量的微分方程模型。记参数为 $\hat{a}$：

$$\hat{a} = \begin{bmatrix} a \\ b \end{bmatrix} \quad (7\text{-}10)$$

由最小二乘法得参数：

$$\hat{a} = (\boldsymbol{B}^T \boldsymbol{B})^{-1} \boldsymbol{B}^T \boldsymbol{Y}_N \quad (7\text{-}11)$$

式中，$\boldsymbol{B}$ 是累加生成矩阵；$\hat{a}$ 为向量；T 为矩阵的转置；$\begin{bmatrix} a \\ b \end{bmatrix}$ 是矩阵的逆。

$$\boldsymbol{B} = \begin{bmatrix} -R^{(1)}(2) & [R^{(1)}(2)]^2 \\ -R^{(1)}(3) & [R^{(1)}(3)]^2 \\ \vdots & \vdots \\ -R^{(1)}(t) & [R^{(1)}(t)]^2 \end{bmatrix} \quad (7\text{-}12)$$

即

$$\boldsymbol{B} = \begin{bmatrix} -\frac{1}{2}[x^{(1)}(2)+x^{(1)}(3)] & \{\frac{1}{2}[x^{(1)}(2)+x^{(1)}(3)]\}^p \\ -\frac{1}{2}[x^{(1)}(3)+x^{(1)}(4)] & \{\frac{1}{2}[x^{(1)}(3)+x^{(1)}(4)]\}^p \\ \vdots & \vdots \\ -\frac{1}{2}[x^{(1)}(t-1)+x^{(1)}(t)] & \{\frac{1}{2}[x^{(1)}(t-1)+x^{(1)}(t)]\}^p \end{bmatrix} \quad (7\text{-}13)$$

$$\boldsymbol{Y}_N = (x^{(0)}(2), x^{(0)}(3), \cdots, x^{(0)}(t))^T \quad (7\text{-}14)$$

参数 p 的确定方法如下：

$$p = \frac{1}{n-2} \sum_{t=2}^{n-1} p(t) \quad (7\text{-}15)$$

式（7-4）中微分方程的解为

$$p(t) = \frac{\{[x^{(0)}(t+1)-x^{(0)}(t)]R^{(1)}(t+1)R^{(0)}(t)x^{(0)}(t) - [x^{(0)}(t)-x^{(0)}(t-1)]R^{(1)}(t+1)R^{(0)}(t)x^{(0)}(t+1)\}}{\{[x^{(0)}(t+1)]^2 R^{(1)}(t)x^{(0)}(t) - [x^{(0)}(t)]^2 R^{(1)}(t+1)x^{(0)}(t+1)\}}$$

$$(t=1,2,\cdots,n-1) \quad (7\text{-}16)$$

⑤ 求解微分方程：

$$\hat{x}^{(1)}(t+1) = \left[\left(x^{(0)}(1)^{1-p} - \frac{b}{a}\right)e^{-a(1-p)t} + \frac{b}{a}\right]^{\frac{1}{1-p}}, (t=1,2,\cdots,n-1)$$
$$(7\text{-}17)$$

$$\hat{x}^{(1)}(1) = x^{(0)}(1) \quad (7\text{-}18)$$

⑥ 累减生成预测值。由式（7-17）得到的数据是累加生成数据，需要做 1-AGO 处理，即

$$\hat{x}^{(0)}(1) = \hat{x}^{(1)}(1) \quad (7\text{-}19)$$

$$\hat{x}^{(0)}(t) = \hat{x}^{(1)}(t) - \hat{x}^{(1)}(t-1), (t=2,3,\cdots,n) \quad (7\text{-}20)$$

根据式（7-19）和式（7-20），将累加预测序列做累减还原为非累加序列的预测值。

(3) Markov 模型

1) Markov 链。Markov 链是一种特殊的随机过程，最早由 A. A. MARKOV 提出。Markov 预测法是一种基于 Markov 链并根据事件目前状态预测未来某个时刻事件发生概率的方法。Markov 链的定义如下：$X = \{X_n, n \geq 0\}$ 是定义在概率空间 (Ω, F, P) 上的随机过程，状态空间为可数集合 S，如果对任意的 $n \geq 0$，以及 $i_0, i_1, \cdots, i_n, i_{n+1} \in S$，有

$$P(X_{n+1} = i_{n+1} | X_0 = i_0, X_1 = i_1, \cdots, X_n = i_n) = P(X_{n+1} = i_{n+1} | X_n = i_n)$$

称随机过程 X 为离散时间马尔科夫（Markov）链，简称马氏链。满足 Markov 链的事物需要具备以下三个特征：

① 过程的离散性：事物的发展在时间上可离散为有限个或无限个可列状态。

② 过程的随机性：事物从某一状态转移到另一状态是随机的。

③ 过程的无后效性：事物的下一状态只与事物当前状态有关，与当前状态以前的各状态无关，如定义中的式子所表达。

2) Markov 预测模型建模过程。

① 划分状态。

有 n 个状态 $K_1, K_2, \cdots, K_n$，依据研究对象和原始数据确定，$K_i = [K_{i1}, K_{i2}]$，其中 $i = 1, 2, \cdots, n$。

② 计算初始概率。n 个状态 $K_1, K_2, \cdots, K_n$，观察 D 个时期，其中状态 K_i 出现 D_i 次，于是

$$f_i = \frac{D_i}{D} \quad (7\text{-}21)$$

即为 K_i 出现的频率，这时用频率 $f_i = p_i$ 表示 K_i 出现的概率。

③ 计算状态转移概率。首先计算由状态 K_i 转化到状态 K_j 的频率。状态 K_i 经过 m 步转化到状态 K_j 出现了 D_{ij} 次，则

$$f_{ij}(m) = \frac{D_{ij}}{D_i} \tag{7-22}$$

令 $f_{ij} = p_{ij}$。

④ 构造状态转移矩阵。根据②中的转移概率构造 m 步状态转移矩阵 $\boldsymbol{P}(m)$：

$$\boldsymbol{P}(m) = \begin{bmatrix} p_{11}(m) & \cdots & p_{1n}(m) \\ \vdots & & \vdots \\ p_{n1}(m) & \cdots & p_{nn}(m) \end{bmatrix} \tag{7-23}$$

分析矩阵 $\boldsymbol{P}(m)$，即可知预测系统未来状态的转移方向。如果目前预测对象处于状态 K_i，描述了历史上从目前状态 K_i 在未来转向 $K_j(j=1,2,\cdots,n)$ 的可能性。

⑤ 确定预测值。根据最大概率准则，选择 $(p_{i1}, p_{i2}, \cdots, p_{in})$ 中最大值对应的状态作为预测结果，即

$$p_{ij} = \text{Max}\{p_{i1}, p_{i2}, \cdots, p_{in}\} \tag{7-24}$$

于是预测系统下一步将转向状态 K_j。当 j 有两个或两个以上相同或非常接近的最大值时，可以进一步考察 h（$h>m$）步状态转移矩阵 $\boldsymbol{P}(h)$。在确定了未来转移状态后，则可确定预测值的变动区间 $[K_{i1}, K_{i2}]$。

2. 改进的非线性灰色 Bernoulli-Markov 预测模型

在回收再制造物流系统中，对于不同的运营周期，由于各种因素的影响，回收中心回收的废旧产品在数量等方面都会有所不同。因此，建立预测模型时，不能套取现有的模型或者固定地采用某种模式，而应当根据回收中心的实际情况改进模型，使模型更加具有针对性和实用性。

（1）改进的预测模型流程　在传统的 GM(1,1) 预测模型中，由于一些偶然因素，原始时间序列数据中会出现一些噪点。引入指数平滑法修匀原始时间序列数据，减少噪点所引起的预测误差。新增时间序列数据会改变整个时间序列数据的特征，改变模型预测走向，影响预测精度。随着最新时间序列数据的出现，原始时间序列数据中最早采集的时间序列数据对整个预测模型的预测意义越来越小，可能成为系统预测中的影响噪点。因此，要删除预测时间序列数据中采集时间最久的数据，增加最新获得的时间序列数据，对时间序列数据使用新陈代谢模型进行更新处理。处理后的数据能更准确地反应时间序列数据的最新特征，可以更准确地预测未来数据。结合 Markov 模型修正残差，提高模型的预测精度。改进的非线性灰色 Bernoulli-Markov 预测模型流程如图 7-3 所示。

1）指数平滑法及平滑系数优化。根据平滑次数的不同，常用的趋势型指数平滑法分为 1 次指数平滑法、2 次指数平滑法和 3 次指数平滑法。

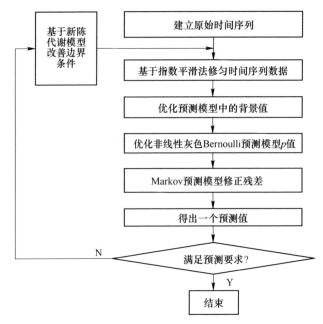

图 7-3 改进的非线性灰色 Bernoulli-Markov 预测模型流程图

① 1 次指数平滑法。设时间序列为 x_1, x_2, $\cdots$, x_t,则计算公式如下:

$$\begin{cases} S_{t+1}^{(1)} = \theta x_i + (1-\theta) S_t^{(1)} \\ S_1^{(1)} = x_1 \end{cases}, (t=1,2,\cdots,n) \quad (7\text{-}25)$$

式中,$S_t^{(1)}$ 是第 t 周期的 1 次指数平滑值;θ 是平滑系数,$0<\theta<1$。

将式 (7-25) 展开:

$$S_t^{(1)} = \theta x_t + \theta(1-\theta) x_{t-1} + \theta(1-\theta)^2 x_{t-2} + \cdots + \theta(1-\theta)^{t-1} x_1 + \theta(1-\theta)^t x_0 \quad (7\text{-}26)$$

② 2 次指数平滑法。当时间序列的变动呈直线趋势时,采用 1 次指数平滑法会出现明显的滞后偏差,就需要在 1 次指数平滑的基础上再做一次平滑,建立直线趋势预测模型,称为 2 次指数平滑法。其计算公式如下:

$$S_t^{(2)} = \theta S_t^{(1)} + (1-\theta) S_{t-1}^{(2)} \quad (7\text{-}27)$$

式中,$S_t^{(2)}$ 是第 t 周期的 2 次指数平滑值。

③ 3 次指数平滑法。当时间序列的变动呈二次曲线趋势时,需要采用 3 次指数平滑法。其计算公式如下:

$$S_t^{(3)} = \theta S_t^{(2)} + (1-\theta) S_{t-1}^{(3)} \quad (7\text{-}28)$$

式中,$S_t^{(3)}$ 是第 t 周期的 3 次指数平滑值。

指数平滑法既可以用来预测,也可以用来修匀原始数据。由于本章仅用指数平滑法来修匀时间序列数据，因此，本节仅探究指数平滑法用于修匀时间序列数据时平滑系数的优化方法。当指数平滑法用于修匀时间序列时，其主要作用在于消除偶然性因素的影响，呈现时间序列发展的长期趋势。修匀后的结果既关系原时间序列的波动，也关系原时间序列的趋势。总体来说，为了达到修匀时间序列数据的目的，且不影响预测精度，θ 不宜取太大的值。θ 的取值需遵循以下四个标准：

① 当原时间序列呈水平变化趋势时，无论波动大小，一般在 0.05~0.2 之间取 θ 值，这样新时间序列中包含了较多的原时间序列信息，且能达到修匀时间序列的目的。

② 当原时间序列有波动，但没有明显的持续快速上升或下降的趋势时，一般在 0.1~0.4 之间取 θ 值。

③ 当时间序列有波动，并且有明显持续上升或下降的趋势时，一般在 0.6~0.8 之间取 θ 值。

④ 当时间序列呈现持续上升或下降趋势时，一般在 0.6~1 之间取 θ 值。

在实际案例中，遵循以上标准确定 θ 的取值区间，从区间内多取几个 θ，比较不同 θ 下的预测精度，确定 θ 最终值。

2）新陈代谢模型。实际生活中，随着时间的推移，任何一个系统在发展过程中，都会不断有一些随机变动或其他驱动因素进入系统，影响系统的发展。在利用 GM(1,1) 模型建模或 Markov 链建模的过程中，周期越往后推，预测的准确度越低，老的时间序列数据不能很好地反映当前系统的特征。所以在建模时，引进新信息的同时要将旧信息去除，这样得到的模型称为新陈代谢模型。新信息的引入能保证在迭代矩阵维数不变的情况下，达到自我更新的效果，提高预测精度。

（2）改进的预测模型建模过程

1）建立原始时间序列：
$$X_1^{(0)}(0) = \{x_1^{(0)}(1), x_1^{(0)}(2), \cdots, x_1^{(0)}(t)\}, (t=1,2,\cdots,n) \quad (7\text{-}29)$$

对其采用指数平滑法进行处理可得新时间序列：
$$X^{(0)}(t) = \{x^{(0)}(1), x^{(0)}(2), \cdots, x^{(0)}(t)\}, (t=1,2,\cdots,n) \quad (7\text{-}30)$$

主要目的是改进时间序列的初始值，消除随机因素对预测产生的影响，达到去噪的目的。

2）对时间序列 $X^{(0)}(t)$ 中的数据做一次累加（1-AGO）生成新序列 $X^{(1)}(t)$：
$$X^{(1)}(t) = \{x^{(1)}(1), x^{(1)}(2), \cdots, x^{(1)}(t)\}, (t=1,2,\cdots,n) \quad (7\text{-}31)$$

3）优化预测模型中的背景值。传统的背景值生成系数 $m=1/2$。本书基于齐次指数函数的背景值拟合法重构背景值方法优化模型。具体做法如下：

将时间序列 $X^{(1)}(t)$ 抽象为齐次指数函数，即

$$X^{(1)}(t) = Ce^{Qt}, (t = 1, 2, \cdots, n) \tag{7-32}$$

式中，C、Q 为待定参数。则背景值：

$$R^{(1)}(t) = \frac{1}{Q}[x^{(1)}(t) - x^{(1)}(t-1)] \tag{7-33}$$

齐次指数函数背景值拟合法的关键是求取待定参数 Q，具体求解方法如下：

$$\frac{x^{(1)}(t)}{x^{(1)}(t-1)} = \frac{Ce^{Qt}}{Ce^{Q(t-1)}} = e^Q \tag{7-34}$$

两边取对数 $Q = \ln x^{(1)}(t) - \ln x^{(1)}(t-1)$ \hfill (7-35)

$$R^{(1)}(t) = \frac{[x^{(1)}(t) - x^{(1)}(t-1)]}{\ln x^{(1)}(t) - \ln x^{(1)}(t-1)}, (t = 2, 3, \cdots, n) \tag{7-36}$$

4）确定矩阵 **B**，求出 a，b。采用改进的非线性 Bernoulli 模型求出 $\hat{x}^{(0)}(1)$，$\hat{x}^{(0)}(2)$，$\cdots$，$\hat{x}^{(0)}(n)$，$\hat{x}^{(0)}(n+1)$，并计算残差。

5）根据残差划分状态，计算状态转移概率，建立状态转移矩阵。根据 Markov 理论，将改进后模型的相对残差序列分成若干个不同的状态。首先计算状态转移概率 $p_{ij}(m)$ 建立状态转移矩阵。取 $m=1$，$p_{ij}(1)$ 表示数据由状态 K_i 经 1 步转移到状态 K_j 的概率。构建 1 步转移概率矩阵 $\boldsymbol{P}(1)$：

$$\boldsymbol{P}(1) = \begin{bmatrix} p_{11}(1) & \cdots & p_{1n}(1) \\ \vdots & & \vdots \\ p_{n1}(1) & \cdots & p_{nn}(1) \end{bmatrix} \tag{7-37}$$

然后计算模型预测值的灰色区间为 $[K_{i1}, K_{i2}]$。模型预测值为灰色区间最大值与最小值的平均值，即

$$\hat{X}^{(0)}(t+1) = \frac{K_{i1} + K_{i2}}{2} \tag{7-38}$$

6）基于新陈代谢模型改善初始值。将该数据代入原始数据序列 $X^{(0)}(t)$，并剔除该序列的第一个元素，对其进行步骤 1）~5）的计算，即可获得 $\hat{X}^{(0)}(n+1)$。

3. 模型检验

（1）检验方法　只有经过检验才能判断模型的有效性和精确性，采用比较常用的相对误差和后验差比值 C 指标对模型进行检验，过程如下：

1）计算残差、相对误差、平均相对误差：

$$\varepsilon^{(0)}(t) = x^{(0)}(t) - \hat{x}^{(0)}(t) \tag{7-39}$$

$$\Delta(t) = \left| \frac{-\varepsilon^{(0)}(t)}{x^{(0)}(t)} \right| \tag{7-40}$$

$$\overline{\Delta} = \frac{1}{n} \sum_{t=1}^{n} \Delta(t) \tag{7-41}$$

式中，$\varepsilon^{(0)}(t)$ 为 t 时刻的残差；$\Delta(t)$ 为 t 时刻的相对误差；$\overline{\Delta}$ 为平均相对误差。

2）计算后验差比值 C：

$$\overline{\varepsilon} = \frac{\sum_{t=1}^{n} \varepsilon(t)}{n} \tag{7-42}$$

$$\tau_1 = \sqrt{\frac{1}{n}\sum_{t=1}^{n}(\varepsilon(t) - \overline{\varepsilon})^2} \tag{7-43}$$

$$\overline{x}^{(0)} = \frac{\sum_{t=1}^{n} x^{(0)}(t)}{n} \tag{7-44}$$

$$\tau_2 = \sqrt{\frac{1}{n}\sum_{t=1}^{n}(x^{(0)}(t) - \overline{x}^{(0)})^2} \tag{7-45}$$

$$C = \frac{\tau_1}{\tau_2} \tag{7-46}$$

式中，τ_1 是残差均方差；τ_2 是原始时间序列均方差；C 是后验差比值。

3）精度检验参照表 7-2。

表 7-2 精度检验参照表

模型精度	相对误差 Δ（%）	C
1 级	$\Delta \leq 1$	$C \leq 0.35$
2 级	$1 < \Delta \leq 5$	$0.35 < C \leq 0.5$
3 级	$5 < \Delta \leq 10$	$0.5 < C \leq 0.65$
4 级	$10 < \Delta \leq 20$	$C > 0.65$

（2）验证实例 通过分析整理我国统计年鉴，以报废汽车产品为算例，得出我国 2011—2016 年报废汽车回收量的数据，见表 7-3。分别采用 GM(1,1) 模型、GM(1,1)-Markov 模型、非线性灰色 Bernoulli 模型以及改进的非线性灰色 Bernoulli-Markov 模型对我国报废汽车回收量进行预测，并将其与实际统计数据比较，分析各预测模型的精度及稳定性。2011—2014 年的数据构成原始时间序列，2015、2016 年的数据为检验数据。

表 7-3 我国 2011—2016 年报废汽车回收量 （单位：10 万辆）

年 份	2011	2012	2013	2014	2015	2016
数 量	5.7	6	8.3	12.8	17	15.9

采用 GM(1,1) 模型、GM(1,1)-Markov 模型、非线性灰色 Bernoulli 模型（NGBM）以及改进的非线性灰色 Bernoulli-Markov 模型对我国报废汽车回收量进行预测的结果及相对误差见表 7-4。

表7-4 四种模型的预测结果及相对误差

年份	原始数据(10万辆)	GM(1,1)		GM(1,1)-Markov		NGBM		改进的 NGBM-Markov	
		预测值(10万辆)	相对误差(%)	预测值(10万辆)	相对误差(%)	预测值(10万辆)	相对误差(%)	预测值(10万辆)	相对误差(%)
2015	17.0	18.20	7.05	18.20	7.05	19.16	12.70	16.41	3.47
2016	15.9	26.20	64.77	27.19	71.00	29.77	87.23	19.00	19.50

根据公式分别计算平均相对误差和 C 值，见表7-5。

表7-5 四种模型的平均相对误差和 C 值

模型	GM(1,1)	GM(1,1)-Markov	NGBM	改进的 NGBM-Markov
$\bar{\Delta}$ (%)	35.91	39.03	49.97	11.49
C 值	0.3967	0.4161	0.4167	0.2874

1) 通过对比分析单个预测值的相对误差发现：在2015年，改进的 NGBM-Markov < GM(1,1) = GM(1,1)-Markov < NGBM；在2016年，改进的 NGBM-Markov < GM(1,1) < GM(1,1)-Markov < NGBM。

2) 通过对比分析平均相对误差发现：改进的 NGBM-Markov < GM(1,1) < GM(1,1)-Markov < NGBM。

3) 通过对比分析 C 值发现：改进的 NGBM-Markov < GM(1,1) < GM(1,1)-Markov < NGBM。

因此，在我国报废汽车回收量历史数据比较少和数据波动比较大的情况下，改进的 NGBM-Markov 模型在单个预测值的相对误差、平均相对误差和 C 值上有较大幅度的减小：在2015年，模型精度为1～2级；在2016年，由于国家政策原因，导致报废汽车回收量异常，但即使如此，改进的 NGBM-Markov 模型的精度也远远高于其他三种模型。由此说明，改进的 NGBM-Markov 模型确实能提高模型的精度和稳定性。

7.2 再制造物流服务网络优化设计

7.2.1 基于物流设施不可扩展的回收物流网络选址模型

1. 问题描述及假设条件

本节讨论的是基于制造商自营模式的物流设施不可扩展的回收再制造的多目标、多层级的闭环物流供应链网络，如图7-4所示。在每个运营周期，回收中心将回收的废旧产品运输至预处理中心进行预处理。预处理过程包括分类、清洗、检测和拆解等。在预处理完成后，产生的废弃物全部运输到处理中心废弃处理，能用于再制造的零部件运输至制造商进行再制造，制造商再制造需求量不足的部分将由供应商补足，最终再制造产品进入正向供应链中流通。本节主要讨论产品从回收至再制造的物流网络结构及产品在系统中的运输路径。

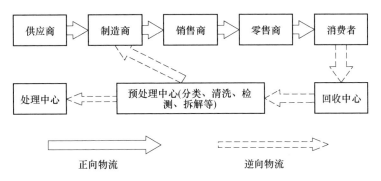

图 7-4 基于回收再制造的闭环物流供应链网络结构

为建模需要，做出以下合理假设：

1）制造商再制造的需求量、最大处理能力和回收中心的容量是预知的。

2）已知供应商、制造商、回收中心和处理中心的位置且位置固定，处理中心的服务能力不限。

3）已知预处理中心的候选位置及预处理能力。

4）只允许相邻层级之间存在物流，即不考虑同级和越级之间的物流。

5）固定运营周期。

6）固定预处理中心的再制造废弃率。

7）回收中心回收的废旧产品当期及时运往预处理中心，即回收中心无库存。

2. 多目标规划模型构建

（1）网络模型 结合实际应用，考虑两个目标：①最小化回收再制造物流网络问题中运输成本和中心开放的固定成本；②基于及时交货原则，最小化制造商在各个时期缺货补货成本和库存成本。回收再制造物流网络各节点和成本如图 7-5 所示，可以看出：物流网络中有多个回收中心、多个预处理中心、1个制造商、1个处理中心和1个供应商。回收的废旧产品在回收中心经过简单的分类，送往预处理中心进行进一步的拆卸、检测、清洗、分类、仓储，将可再制造的零部件送往制造商，将废弃物送往处理中心。当制造商的需求量大于从预处理中心运送来的产品量时，制造商发生缺货补货；反之，制造商产生库存。在正向供应链中，当制造商发生缺货时，交货时间是从供应商到制造商的运输时间，是可以预知的。在回收再制造物流网络中，由于回收中心回收产品的时间、数量等的不确定性，交货时间是无法预知的。当制造商发生缺货时，供应商向制造商补货。因此，本节建立的两个目标函数是为了保证制造商再制造产品延缓和早熟的平衡，使制造商的缺货和库存不会同时发生，从而实现精益生产。模型中涉及的参数及其说明见本章末尾的参数说明表。

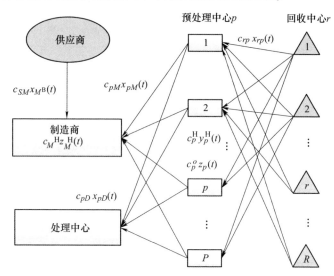

图7-5 回收和预处理中心不可扩展的回收再制造物流网络各节点和成本

（2）目标函数 根据上述符号定义和说明，建立动态的多目标规划模型的目标函数：

$$\min f_1 = \sum_{t=1}^{T} \left[\sum_{p=1}^{P} c_p^o z_p(t) + \sum_{r=1}^{R}\sum_{p=1}^{P} c_{rp} x_{rp}(t) + \sum_{p=1}^{P} c_{pM} x_{pM}(t) + \sum_{p=1}^{P} c_{pD} x_{pD}(t) \right] \quad (7\text{-}47)$$

$$\min f_2 = \sum_{t=1}^{T} \left\{ c_{SM} x_M^B(t) + c_M^H z_M^H(t) + \sum_{p=1}^{P} c_p^H y_p^H(t) \right\} \quad (7\text{-}48)$$

式（7-47）表示最小化回收再制造物流网络中的运输成本（从回收中心到预处理中心的运输成本，从预处理中心到制造商和处理中心的运输成本）和预处理中心开放的固定成本。式（7-48）表示基于再制造产品能及时交货的原则，最小化制造商在各个运营周期的缺货补货成本和库存成本，以及预处理中心的库存成本。

（3）约束条件

1）考虑回收中心和预处理中心的容量。

$$\sum_{p=1}^{P} x_{rp}(t) \leq a_r, \forall r, t \quad (7\text{-}49)$$

$$\sum_{r=1}^{R} x_{rp}(t) + y_p^H(t-1) \leq b_p z_p(t), \forall p, t \quad (7\text{-}50)$$

式（7-49）保证在每个运营周期从单个回收中心运往预处理中心的总量不

大于单个回收中心的容量。式（7-50）保证在每个运营周期，从回收中心运往预处理中心的出货量与预处理中心的库存量不大于单个预处理中心的容量。

2) 考虑制造商的需求量和最大处理能力。

$$\sum_{p=1}^{P} x_{pM}(t) + x_{M}^{B}(t) \geq d_{M}, \forall t \tag{7-51}$$

$$\sum_{p=1}^{P} x_{pM}(t) \leq \eta_{M}, \forall t \tag{7-52}$$

式（7-51）保证在每个运营周期从预处理中心到制造商的出货量与制造商的缺货量不小于制造商的需求量。式（7-52）保证在每个运营周期从预处理中心到制造商的出货量不大于制造商的最大处理能力。

3) 考虑预处理中心的库存量。

$$y_{p}^{H}(t-1) + \sum_{r=1}^{R} x_{rp}(t) - [x_{pM}(t) + x_{pD}(t)] = y_{p}^{H}(t), \forall p,t \tag{7-53}$$

式（7-53）保证在每个运营周期预处理中心的出货量和库存量平衡。

4) 考虑预处理中心可以开放的上限。

$$\sum_{p=1}^{P} z_{p}(t) \leq P \tag{7-54}$$

5) 考虑尽量满足库存和缺货同时是非正的。

$$z_{M}^{H}(t) \leq u_{M} w_{M}(t), \forall t \tag{7-55}$$

$$x_{M}^{B}(t) \leq u_{M}[1 - w_{M}(t)], \forall t \tag{7-56}$$

当 $w_{M}(t) = 1$ 时，式（7-55）保证在每个运营周期制造商的库存持有量不大于它允许的最大缺货量；当 $w_{M}(t) = 0$ 时，式（7-56）保证在每个运营周期供应商对制造商的出货量不大于制造商允许的最大缺货量。

6) 考虑出货量和缺货量是非负的。

$$x_{rp}(t), x_{pM}(t), x_{pD}(t), x_{M}^{B}(t) \geq 0, \forall r,p,t \tag{7-57}$$

7) 考虑二元变量的取值。

$$w_{M}(t) \in \{0,1\}, \forall t \tag{7-58}$$

$$z_{p}(t) \in \{0,1\}, \forall p,t \tag{7-59}$$

8) 考虑预处理中心的再制造废弃率。

$$x_{pD}(t) = \lambda_{p} x_{pD}(t), \forall p,t \tag{7-60}$$

7.2.2 基于物流设施可扩展的回收物流网络选址模型

尽管 7.2.1 节构建的选址模型可以实现回收再制造物流网络在各运营周期的动态选址，但并没有考虑回收再制造物流网络的物流设施规模（即最大处理能力或容量）在各运营周期的动态选择。实际上，由于运营周期的时间较长，废旧产品回收量的波动较大，如果不能实现物流设施规模的动态选择，可能会导致某些情况下少建一个物流设施而不具备处理所有废旧产品的能力。为进一步提高回收再制造物流网络物流设施的有效利用率，有必要对回收再制造物流网络的物流设施规模进行动态优化设计。

采用7.1节的预测模型对回收中心回收的可用于再制造的废旧产品数量进行预测，当回收中心回收的废旧产品数量大于回收中心的容量时，考虑原址扩展回收中心；当回收中心回收的废旧产品数量总和大于预处理中心容量总和时，考虑原址扩展预处理中心；当预处理中心可用于再制造零部件数量总和大于制造商的最大处理能力时，考虑异址扩展制造商，即新建再制造中心。因此，本节建立了物流设施可扩展的回收再制造物流网络选址模型。

1. 条件假设

本节讨论的是基于物流设施可扩展的回收再制造的多目标、多层级的闭环物流供应链网络，问题描述同7.2.1节问题描述。

为建模需要，做出以下合理假设：

1）制造商再制造的需求量和最大处理能力是预知的。

2）已知供应商、制造商、回收中心和处理中心的位置且位置固定，处理中心的服务能力不限。

3）已知预处理中心的候选位置及预处理能力。

4）只允许相邻层级之间存在物流，即不考虑同级和越级之间的物流。

5）固定运营周期。

6）固定预处理中心的再制造废弃率。

7）回收中心的容量是预知的，且回收中心回收的废旧产品及时运往预处理中心，即回收中心无库存。

8）原址扩展回收中心的扩展成本主要是指回收中心的管理、人工成本等，为建模需要，单位扩展成本折合成一个量表示，并与回收数量和回收中心容量的差成正比。

9）原址扩展预处理中心的扩展成本主要是指预处理中心的临时扩建、管理、人工成本等，为建模需要，每个预处理中心扩展成本按一定的等级折合成一个量表示。

10）异址扩展制造商是指制造商异址再建一个再制造中心，且位置确定。为建模需要，再制造中心开放的成本按一定的等级折合成一个量表示。

2. 多目标规划模型构建

（1）网络模型　基于物流设施可扩展，本节考虑两个目标：①最小化回收再制造物流网络问题中的运输成本、中心开放的固定成本以及物流设施扩展的成本；②基于及时交货原则，最小化制造商在各个时期的缺货补货成本和库存成本。本节讨论的回收再制造物流网络各节点和成本如图7-6所示。

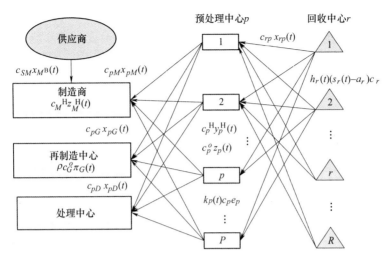

图 7-6 基于物流设施可扩展的回收再制造物流网络各节点和成本

物流网络中有多个回收中心、多个预处理中心、1个制造商、1个制造商可能新建的再制造中心、1个处理中心和1个供应商。考虑回收中心的容量限制,当回收废旧产品的数量大于容量限制时,扩展回收中心。回收的废旧产品在回收中心进行简单的分类,送往预处理中心进一步进行拆卸、检测、清洗、分类、仓储;当回收中心回收的废旧产品的数量总和大于预处理中心的总容量时,考虑扩展预处理中心;将可再制造的零部件送往制造商,当预处理中心可用于再制造零部件数量总和大于制造商的最大处理能力时,考虑异址扩展制造商,新建再制造中心;将废弃物送往处理中心。当制造商的需求量大于从预处理中心运送来的产品量时,制造商发生缺货补货;反之,制造商产生库存。在正向供应链中,当制造商发生缺货时,交货时间是从供应商到制造商的运输时间,是可以预知的。在回收再制造物流网络中,由于回收中心回收废旧产品的时间等的不确定性,交货时间是无法预知的,当制造商发生缺货时,供应商向制造商补货。因此,本节建立的两个目标函数是为了保证制造商再制造产品延缓和早熟的平衡,使制造商的缺货和库存不会同时发生,从而实现精益生产。模型中涉及的参数及其说明见本章末尾的参数说明表。

(2)目标函数 根据上述符号定义和说明,建立动态的多目标规划模型的目标函数。

$$\min f_1 = \sum_{t=1}^{T} \Big[\sum_{p=1}^{P} c_p^o z_p(t) + \sum_{r=1}^{R} \sum_{p=1}^{P} c_{rp} x_{rp}(t) + \sum_{p=1}^{P} c_{pM} x_{pM}(t) + \rho\, c_G^o \pi_G(t) +$$
$$\sum_{p=1}^{P} c_{pD} x + \sum_{r=1}^{R} h_r(t)(s_r(t)-a_r)c_r + \sum_{p=1}^{P} k_p(t)c_p e_p + \sum_{p=1}^{P} \pi_G(t) x_{pG}(t) \Big] \quad (7\text{-}61)$$

$$\min f_2 = \sum_{t=1}^{T} \Big\{ c_{SM} x_M^B(t) + c_M^H z_M^H(t) + \sum_{p=1}^{P} c_p^H y_p^H(t) \Big\} \quad (7\text{-}62)$$

式（7-61）表示最小化回收再制造物流网络的运输成本（从回收中心到预处理中心的运输成本，从预处理中心到制造商、再制造中心和处理中心的运输成本）、预处理中心开放的固定成本以及物流设施扩展的成本。式（7-62）表示基于再制造产品能及时交货的原则，最小化制造商在各个运营周期的缺货补货成本和库存成本，以及预处理中心的库存成本。

（3）约束条件

1）考虑回收中心的回收数量和预处理中心的容量。

$$\sum_{p=1}^{P} x_{rp}(t) = s_r(t), \forall r, t \tag{7-63}$$

$$\sum_{r=1}^{R} x_{rp}(t) + y_p^H(t-1) \leq b_p z_p(t) + e_p k_p(t), \forall p, t \tag{7-64}$$

式（7-63）保证从单个回收中心运往预处理中心的总量等于单个回收中心的回收数量。式（7-64）保证在每个周期，从回收中心运往预处理中心的出货量与预处理中心的库存量不大于单个预处理中心的容量及扩展量的和。

2）考虑制造商的需求量和最大处理能力。

$$\sum_{p=1}^{P} x_{pM}(t) + x_M^B(t) \geq d_M(t), \forall t \tag{7-65}$$

$$\sum_{p=1}^{P} x_{pM}(t) \leq \eta_M, \forall t \tag{7-66}$$

式（7-65）保证从预处理中心到制造商的出货量与制造商的缺货量不小于制造商的需求量。式（7-66）保证从预处理中心到制造商的出货量不大于制造商的最大处理能力。

3）考虑预处理中心的库存量。

$$y_p^H(t-1) + \sum_{r=1}^{R} x_{rp}(t) - (x_{pM}(t) + x_{pD}(t) + x_{pG}(t)) = y_p^H(t), \forall p, t \tag{7-67}$$

式（7-67）保证预处理中心的出货量和库存量平衡。

4）考虑可扩展回收中心、预处理中心的上限和预处理中心可以开放的上限。

$$\sum_{r=1}^{R} h_r(t) \leq R, \forall t \tag{7-68}$$

$$\sum_{p=1}^{P} k_p(t) \leq P, \forall t \tag{7-69}$$

$$\sum_{p=1}^{P} z_p(t) \leq P, \forall t \tag{7-70}$$

5）考虑尽量满足库存和缺货同时是非正的。

$$z_M^H(t) \leq u_M(t) w_M(t), \forall t \tag{7-71}$$

$$x_M^B(t) \leq u_M(t)(1 - w_M(t)), \forall t \tag{7-72}$$

当 $w_M(t) = 1$ 时，式（7-71）保证制造商的库存持有量不大于它允许的最大缺货量；当 $w_M(t) = 0$ 时，式（7-72）保证供应商对制造商的出货量不大于制造商允许的最大缺货量。

6）考虑出货量和缺货量是非负的。

$$x_{rp}(t), x_{pM}(t), x_{pD}(t), x_{pG}(t), x_M^B(t) \geq 0, \forall r, p, t \quad (7-73)$$

7）考虑二元变量的取值。

$$h_r(t) \in \{0,1\}, \forall r, t \quad (7-74)$$

$$k_p(t) \in \{0,1\}, \forall p, t \quad (7-75)$$

$$w_M(t) \in \{0,1\}, \forall t \quad (7-76)$$

$$z_p(t) \in \{0,1\}, \forall p, t \quad (7-77)$$

$$\pi_G(t) \in \{0,1\}, \forall t \quad (7-78)$$

8）考虑预处理中心的再制造废弃率。

$$x_{pD}(t) = \lambda_p x_{pM}(t), \forall p, t \quad (7-79)$$

7.2.3 基于目标加权遗传算法的模型求解

以上两个问题均属于典型的 NP（Non-deterministic Polynomial）难题，用常规方法求解比较困难，因此，本节寻求智能算法进行求解。目前采用比较多的智能算法有遗传算法、禁忌搜索法、模拟退火算法和邻域搜索法。其中，遗传算法是处理复杂问题的一种自适应启发式、概率型迭代式全局搜索算法，具有解决不同非线性问题的鲁棒性、全局最优性、不依赖问题的规模、可并行和高效率等特点。遗传算法对搜索空间没有任何特殊要求（如连续、凸性），几乎不限制目标函数，不要求可微，仅要求可用适应度函数评价个体。由于遗传算法具备全局搜索能力，一次迭代可同时产生几个优良解，具有隐并行性，适合大规模、复杂问题的求解，相比其他几种算法更简单、高效和实用。同时，考虑以上两个问题均具有多目标的特点，本节采用目标加权遗传算法对模型进行求解。

（1）算法流程 目标加权遗传算法是求解多目标优化问题的经典算法，该方法是通过将所有的目标函数加权求和而聚合成一个带参数的目标函数，从而将多目标优化问题转化成单目标优化问题求解。通过选取不同的权重，可以获得不同的 Pareto 最优解。通过每次取不同的均匀随机权重系数，得到多种权重加权的目标函数，进行优化计算即可获得多组 Pareto 最优解，从而得到完整的 Pareto 最优前沿。本节中所采用的目标加权遗传算法的流程如图 7-7 所示。

（2）算法编码策略 决策变量 z_p 只能取 0 和 1，利用 rand 函数和 round 函数，随机取出 0 和 1。本节考虑的是 R 个回收中心、P 个预处理中心备选点、两个需求点的选址问题，故决策变量 z_p 包含的变量数目为 P。决策变量 x_{rp} 和 x_{pM} 表示出货量，采用平均随机数生成函数配合约束系数，得到满足各阶段出货量约束条件的随机出货量。决策变量 x_{rp} 包含的变量数目为 RP；决策变量 x_{pM} 包含的变量数目为 P；决策变量 w_M 为单一数值变量，包含的变量数目为 1。计算过程中，决策变量 z_p、x_{rp}、x_{pM} 和 w_M 采用随机浮点数的编码方法，且任意一个 z_p 对应

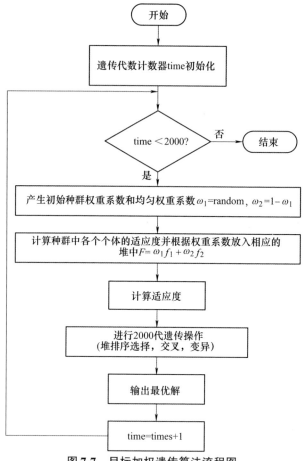

图 7-7 目标加权遗传算法流程图

x_{rp} 中的 R 个变量和 x_{pM} 中的 1 个变量。

在编码方式的选择上,二进制编码通常适用于决策变量总数规模较小的场合。若采用二进制编码,随着回收中心和预处理中心数目的增加,决策变量总数将急剧增加,从而导致算法搜索空间急速膨胀,搜索效率降低。而浮点数编码串较短,解码方便,在进行大规模数据空间搜索时运算效率更高,所以该选址问题宜选用浮点数编码。

当选中某预处理中心备选点时,各回收中心有可能向该预处理中心出货,该预处理中心即可向制造商运送可再制造品;当某预处理中心未被选中时,回收中心则不可能向其出货,该预处理中心也不可能向制造商出货。所以,决策变量 z_p 与决策变量 x_{rp} 和 x_{pM} 并不是相互独立的,决策变量 z_p 的取值决定了 x_{rp} 和 x_{pM} 的取值。当 $z_p=1$ 时,x_{rp} 和 x_{pM} 所包含的变量不全为 0;当 $z_p=0$ 时,x_{rp} 和 x_{pM} 所包含的变量全为 0。

(3) 随机初始化种群 随机生成一组长度为125的混合编码的个体，构成初始种群，种群的大小直接影响到遗传算法的收敛性或计算效率。种群太大时，会增加计算量，使遗传算法的运行效率降低；种群较小时，可提高计算速度，但降低了群体多样性，易过早收敛到局部最优解而不是全局最优解。群体规模可以根据实际情况在10～200之间选定。

(4) 适应度函数 将多目标优化问题转为简单的单目标优化问题，是解决多目标优化问题的重要途径。利用均匀分布随机量发生函数，将两个目标函数f_1和f_2的权重ω_1与ω_2转化到0～1之间，且$\omega_1+\omega_2=1$，得到新的目标函数$F=\omega_1 f_1+\omega_2 f_2$。每运行一次算法只能产生一组最优解，且该解必定位于Pareto最优前沿上，通过每次取不同的均匀随机权重系数，得到多种权重加权的目标函数，进行优化计算即可获得多组Pareto最优解，从而得到完整的Pareto最优前沿。将约束条件作为第一评判因素，统计每一个体违反约束的次数；将适应度值作为第二评判因素，由适应度函数值的大小确定个体适应度。即若个体甲违反约束的次数少于乙，则认为甲优于乙；若甲和乙违反约束的次数相等，而甲的适应度值比乙的好，则甲优于乙。

(5) 遗传操作

1) 选择。首先，找到当前种群中最优的个体和最差的个体，若当次的最优个体优于原最优个体，则用当次的最优个体代替原最优个体，逐一对比，直至找到种群最优个体。同理，可以找出种群最差个体。用原来的最优个体替换掉当前种群中的最差个体，即将该最优个体的数据直接复制替换最差个体，然后采用轮盘赌选择方法复制个体进入下一代。轮盘赌方法中，各个个体的选择概率和其适应度值成正比。设群体大小为n，个体i的适应度为F_i，则个体i被选中的概率为$\varphi_i = F_i / \sum F_i (i=1,\cdots,n)$。

2) 交叉。对决策变量z_p进行单点交叉。因为决策变量相互关联，所以决策变量x_{rp}和x_{pM}也需要采用与决策变量z_p相同的单点交叉法。由于决策变量w_M是单数据，因此不对其进行交叉操作。在本案例中，取交叉概率为0.75，利用rand函数，得到一个(0,1)之间的随机数，当其小于0.75时，在决策变量z_p的P个基因位置中，随机选取某个交叉位置进行两个体之间的数据交换。同理，对其他决策变量进行单点交叉操作，加速算法的全局寻解。

3) 变异。由于群体规模比z_p变量个数大很多，完全可以保证产生z_p个体的多样性，因此，只针对$z_p=1$时对应的决策变量x_{rp}、x_{pM}和w_M进行变异操作。案例中采用非均匀变异，取变异率为0.3，利用rand函数，得到一个(0,1)之间的随机数，当其小于0.3时，则在决策变量x_{rp}、x_{pM}和w_M基因中，随机选取某个变异基因点，进行满足约束条件的随机增加或减少，加速算法的局部寻解。

7.2.4 工程实例：废旧汽车产品回收物流网络规划分析

汽车工业是现代工业文明中最具代表性和影响力的产业之一，也是决定国家综合经济实力的重要产业。随着我国工业化、城市化进程的加快，汽车工业的上下游产业链延伸到实体经济的诸多方面，成为国民经济发展的中流砥柱，对国民经济平稳运行有较强的带动作用。随着汽车制造业持续高速发展，资源成为汽车工业发展的一个瓶颈，废旧汽车产品的回收再制造成为人们关注的重点。因此，本节以废旧汽车产品回收再制造物流网络为例，对前面所建模型进行计算及分析。

1. 报废汽车回收模式及废旧汽车产品类型

根据回收主体的不同，报废汽车回收模式分为三种：第一种模式是汽车制造商自营，独立建立逆向物流系统，管理报废汽车的回收处理业务；第二种模式是报废汽车回收，预处理企业（或拆卸企业，为方便描述，以下统称预处理企业）占主导地位，汽车制造商将废旧汽车回收、预处理业务部分或全部外包给报废汽车回收、预处理企业；第三种模式是联营模式，汽车制造商采用契约的方式规定合作企业各自承担相应的管理费用和管理责任，形成合作关系。

废旧汽车产品主要分为四类：①可直接再利用的产品，如包装物等；②修复后可用的产品，如一些零部件等；③可再制造的零部件，如发动机、变速器等；④可循环的材料，如玻璃、钢板等。报废汽车回收、预处理企业将可直接再利用的产品、修复后可用的产品直接或者修复后销售给配件销售商、汽修厂、零部件制造商等；将可参与再制造的零部件拆卸下来，按照协议交付给汽车再制造商进行再制造；对报废汽车拆解后剩下的有色贵金属、钢铁、非金属部分等可循环的材料进行材料再循环。目前，报废汽车的废钢和部分有色金属回收利用率较高，零部件的再制造率低，塑料、玻璃往往当作垃圾处理。总之，废旧汽车产品总体利用率还比较低。

2. 基于物流设施不可扩展回收物流网络选址

（1）算例描述 假设有 8 个位于不同地理位置的回收中心负责各区域的某种废旧汽车产品回收，回收中心容量已知。有 5 个位于不同地理位置的预处理中心备选点，拟订从这 5 个预处理中心备选点中选出 2~4 个建立预处理中心，预处理中心容量已知。制造商仅有一处，且各个运营周期需求量相同。处理中心仅有一处，处理能力无限。经过预处理后，可以参与再制造的零部件运往制造商进行再制造，剩余的零部件运往处理中心。假定预处理中心的再制造废弃率固定为 2%；运营周期 $T=2$，在每个运营周期，制造商需求量为 1000t，最大处理能力为 3000t，允许最大缺货量为 80t，单位库存持有成本为 5 元/t，供应商对制造商的单位运输成本为150元/t。各回收中心 r 每个周期的容量见表7-6。

表7-6 各回收中心 r 每个周期的容量

回收中心 r	1	2	3	4	5	6	7	8
容量/t	150	190	230	140	220	180	150	210

各预处理中心 p 参数见表7-7。

表7-7 各预处理中心 p 参数

预处理中心 p	1	2	3	4	5
容量/t	340	210	320	280	360
开放的固定成本/元	60000	90000	75000	60000	75000
单位库存持有成本/（元/t）	15	5	15	10	15
对制造商的单位运费/（元/t）	55	110	60	85	75
对处理中心的单位运费/（元/t）	25	50	50	75	25

各回收中心 r 对预处理中心 p 的单位运费表7-8。

表7-8 各回收中心 r 对预处理中心 p 的单位运费 （单位：元/t）

r	p				
	1	2	3	4	5
1	30	65	50	65	45
2	55	80	55	75	35
3	25	40	15	45	15
4	40	45	25	30	10
5	25	20	5	35	30
6	50	35	25	10	25
7	55	20	45	50	60
8	55	20	25	10	40

（2）求解及分析　采用7.2.3节的算法，对本案例进行模拟仿真，得到的计算有效解集如图7-8所示。图中横坐标为目标函数 f_1，纵坐标为目标函数 f_2，散点所构成的解集为算法求解出的有效解集。可以看出：在加权系数 ω_1 与 ω_2 完全随机独立取值的情况下，计算结果随机覆盖整个解集。大部分解出现在目标函数 f_2 趋近于0附近，即最优解收敛情况最大概率出现在 $f_2 \ll f_1$ 时。若 f_1 取最小值，则 f_1 与 f_2 更接近最优解。根据计算结果，当目标函数 f_1 和目标函数 f_2 的加权系数 ω_1 与 ω_2 在 0~1 之间随机变化时，$f_2 \ll f_1$ 的情况出现得更多，所以目标函数 f_1 对总成本造成的影响更大，即目标函数 f_1 对总成本的影响系数大于目标函数 f_2 对总成本的影响系数。

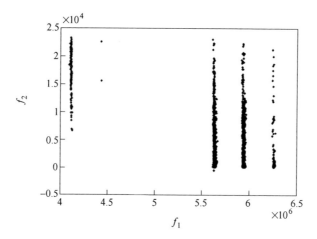

图 7-8 计算有效解集

由解空间的具体数值比较得出最近似的最优解，最终优化结果总费用 $F_{\min}$ = 5632600 元。其中，$t=1$、2 时，$z_1=1$，$z_2=0$，$z_3=1$，$z_4=1$，$z_5=1$。

回收中心 r 对预处理中心 p 的可用于再制造的出货量见表 7-9。有序实数对 $(x_{rp}^{(1)}, x_{rp}^{(2)})$ 的前者表示在运营周期 $t=1$ 时的出货量，后者表示在 $t=2$ 时的出货量。

表 7-9　回收中心 r 对预处理中心 p 的可用于再制造的出货量　　　（单位：t）

r	p				
	1	2	3	4	5
1	(10.0737,29.5651)	(0,0)	(19.5385,43.1804)	(14.1828,35.8889)	(32.3707,67.3929)
2	(65.1854,15.5555)	(0,0)	(4.6484,4.5750)	(19.9113,28.4279)	(84.1587,31.2387)
3	(28.4080,3.9182)	(0,0)	(57.4693,18.8741)	(74.0247,72.0400)	(36.8289,18.4854)
4	(13.8754,8.1737)	(0,0)	(23.6321,8.6551)	(5.0465,18.6909)	(33.7369,75.4529)
5	(14.2734,28.1860)	(0,0)	(20.4154,34.7303)	(16.6528,54.8639)	(24.3340,15.5048)
6	(4.2692,13.7686)	(0,0)	(39.5159,6.8287)	(91.4672,29.1165)	(10.8760,101.5767)
7	(9.1358,31.0858)	(0,0)	(25.3040,80.0927)	(17.1155,4.7983)	(84.2850,16.8548)
8	(34.6206,35.3238)	(0,0)	(71.8528,64.5102)	(25.5392,12.9152)	(16.5408,1.2565)

预处理中心对制造商的出货量见表 7-10。有序实数对 $(x_{pM}^{(1)}, x_{pM}^{(2)})$ 的前者表示在运营周期 $t=1$ 时的出货量，后者表示在 $t=2$ 时的出货量。

表 7-10　预处理中心 p 对制造商的出货量　　　（单位：t）

p	1	2	3	4	5
制造商	(179.8416,165.5767)	(0,0)	(262.3764,261.4466)	(263.9399,256.7415)	(323.1310,327.7626)

在 5 个备选点中，选取第 1、第 3、第 4 和第 5 个位置建立预处理中心。按照表 7-7 和表 7-8 中的值进行配送，在满足该目标函数约束条件的情况下，总费用最少。从 $(x_{rp}^{(1)}, x_{rp}^{(2)})$ 的取值来看，最大值为 $x_{65}^{(2)} = 101.5767\text{t}$，最小值为 $x_{85}^{(2)} = 1.2565\text{t}$，符合实际运送选择。从 $(x_{pM}^{(1)}, x_{pM}^{(2)})$ 的取值来看，最大值为 $x_{51}^{(2)} = 327.7626\text{t}$，最小值为 $x_{11}^{(2)} = 165.5767\text{t}$，符合实际运送选择。

运行本问题中，共进行了 2000 次运算，耗时 142265.84s，平均每次运算约 71s。总体而言，采用该算法求解本算例，结果是较准确的，模型是可行的。

3. 基于物流设施可扩展回收物流网络选址

（1）汽车废旧产品回收量预测　采用 7.1 节构建的预测模型对 7.2.1 节中的 8 个回收中心回收某种可用于再制造的废旧汽车产品的回收量进行预测。假设根据历史统计资料，各回收中心前 4 个周期的回收量已知，见表 7-11。

表 7-11　各回收中心前 4 个周期的回收量　　　　（单位：t）

r	t			
	1	2	3	4
1	86	93	101.2	123.6
2	91.3	103.5	117.8	143.6
3	115.6	126.4	143.2	168.3
4	73.6	96.8	118.1	136.4
5	132.5	162.7	153.6	192.8
6	94.8	105.3	162.7	152.6
7	83.4	97.2	116.3	142.4
8	123.2	152.7	143.6	191.3

以回收中心 1 为例，预测未来第 5 和第 6 个周期该回收中心回收某种可用于再制造的废旧汽车产品的数量。

1）根据表 7-11 中的数据，构建原始时间序列，并采用指数平滑法修匀。

$$X_1^{(0)}(t) = \{86, 93, 101.2, 123.6\}, (t = 1, 2, 3, 4)$$

其原始时间序列散点折线图如图 7-9 所示。由图发现，本案例采用 1 次指数平滑法修匀时间序列数据。通过多次验证，取 $\theta = 0.732$，得到修匀后的时间序列 $X^{(0)}(t)$：

$$X^{(0)}(t) = \{86, 91.12, 98.5, 116.87\}, (t = 1, 2, 3, 4)$$

2）时间序列 $X^{(0)}(t)$ 中的数据做一次累加（1-AGO）生成新序列 $X^{(1)}(t)$。

$$X^{(1)}(t) = \{86, 177.12, 275.62, 392.49\}, (t = 1, 2, 3, 4)$$

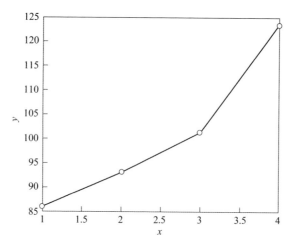

图7-9 原始时间序列散点折线图

3）优化背景值。

$$R^{(1)}(2) = \frac{91.12}{\ln 177.12 - \ln 86} = 126.03$$

$$R^{(1)}(3) = \frac{98.5}{\ln 275.62 - \ln 177.12} = 196.22$$

$$R^{(1)}(4) = \frac{116.87}{\ln 392.49 - \ln 275.62} = 330.14$$

4）确定 p 值。

$$p(2) = -0.0808, p(3) = 1.477$$

$$p = \frac{-0.0808 + 1.477}{2} = 0.698$$

5）确定矩阵 $\boldsymbol{B}$、$\boldsymbol{Y}_N$，求参数 a、b，确定 $X^{(1)}(t+1)$。

$$a = 0.6744, b = 5.9035$$

得

$$X^{(1)}(t+1) = (8.754 - 4.915 \mathrm{e}^{-0.204t})^{3.311}$$

6）基于改进的非线性灰色 Bernoulli 模型的预测值及残差见表7-12。

表7-12 基于改进的非线性灰色 Bernoulli 模型的预测值及残差　（单位：t）

周　　期	原　始　值	预　测　值	残　　差
1	86	86	0
2	93	87.54	5.45
3	101.2	101.76	−0.56
4	123.6	115.62	7.98
5	—	116.12	—

7) 根据残差划分状态：
$$K_1:[K_{11},K_{12}), K_{11}=-0.56, K_{12}=0$$
$$K_2:[K_{21},K_{22}), K_{21}=0, K_{22}=5.45$$
$$K_3:[K_{31},K_{32}], K_{31}=5.45, K_{32}=7.98$$

确定状态转移矩阵

$$\boldsymbol{P}=\begin{bmatrix}0 & 0 & 1\\ 0 & 0 & 1\\ 1 & 0 & 0\end{bmatrix}$$

8）第 4 个周期的数据位于状态 K_3，观察状态转移矩阵，发现最大值为 p_{31}，故该系统的下一状态为 K_1。因此，在第 5 个周期，该回收中心回收某种可用于再制造的废旧汽车产品的数量为

$$\hat{x}^{(0)}(5)=116.12+\frac{-0.56+0}{2}=115.8$$

9）将 $\hat{x}^{(0)}(5)=115.8$ 代入原始时间序列 $X_1^{(0)}(t)$，删掉该时间序列的第一个数据，并对其进行 1）~8）步的运算，就可以得到该回收中心第 6 个周期回收某种可用于再制造的废旧汽车产品的数量。

根据以上步骤，对 8 个回收中心回收的数量分别进行预测，见表 7-13。

表 7-13 各回收中心回收某种可用于再制造的废旧汽车产品的预测数量　（单位：t）

t	r							
	1	2	3	4	5	6	7	8
5	115.8	168.3	195.1	160.2	204.6	187.7	169.3	209.5
6	123.0	199.2	222.3	189.3	221.8	224.6	208.7	245.8

（2）回收再制造物流网络选址

1）算例描述。8 个位于不同地理位置的回收中心负责各区域的某种可用于再制造的废旧汽车产品的回收，且当回收废旧产品的数量超过回收中心的容量时，扩展回收中心。有 5 个位于不同地理位置的预处理中心备选点，拟订从这 5 个预处理中心备选点中选出 2~4 个建立预处理中心，且当回收中心回收废旧产品数量总和超过预处理中心容量总和时，考虑扩展预处理中心。制造商仅有一处，根据实际情况，每个运营周期的需求量不同，当预处理中心可用于再制造的零部件数量总和大于制造商的最大处理能力时，考虑异址扩展制造商，新建再制造中心。处理中心仅有一处，处理能力无限。经过预处理后，可以参与再制造的零部件运往制造商进行再制造，剩余的运往处理中心。运营周期 $T=2$，

在每个运营周期，供应商对制造商的单位运输成本为150元/t，制造商再建一个再制造中心的等级为2000t，单位等级开放的固定成本为90元/t。各回收中心 r 的参数设置见表7-14。

表7-14 各回收中心 r 的参数设置

回收中心 r		1	2	3	4	5	6	7	8
容量/t		150	190	230	140	220	180	150	210
单位扩展成本/(元/t)		50	60	55	45	70	45	50	60
回收量	$t=1$	115.8	168.3	195.1	160.2	204.6	187.7	169.3	209.5
	$t=2$	123.0	199.2	222.3	189.3	221.8	224.6	208.7	245.8

各预处理中心 p 的参数设置见表7-15。

表7-15 各预处理中心 p 的参数设置

预处理中心 p	1	2	3	4	5
容量/t	340	210	320	280	360
开放的固定成本/元	60000	90000	75000	60000	75000
单位扩展成本/（元/t）	60	70	65	70	60
扩展等级/t	100	50	100	100	150
单位库存持有成本/（元/t）	15	5	15	10	15
对制造商的单位运费/（元/t）	55	110	60	85	75
对再制造中心的单位运费/（元/t）	45	90	55	75	65
对处理中心的单位运费/（元/t）	25	50	50	75	25
预处理中心的再制造废弃率（%）	1.8	2	2	1.8	1.8

各回收中心 r 对预处理中心 p 的单位运费见表7-16。

表7-16 各回收中心 r 对预处理中心 p 的单位运费 （单位：元/t）

r	p				
	1	2	3	4	5
1	30	65	50	65	45
2	55	80	55	75	35
3	25	40	15	45	15
4	40	45	25	30	10
5	25	20	5	35	30
6	50	35	25	10	25
7	55	20	45	50	60
8	55	20	25	10	40

制造商的相关参数设置见表7-17。

表7-17 制造商的相关参数设置

周期	需求量/t	允许最大缺货量/t	最大处理能力/t	单位库存持有成本/(元/t)
1	1000	80	3000	5
2	1200	100		

2）求解及分析。采用7.2.3节的算法，对本案例进行模拟仿真，得到的计算有效解集如图7-10所示。图中横坐标为目标函数f_1，纵坐标为目标函数f_2，散点所构成的解集为算法求解出的有效解集。从图中可以看出：①在加权系数ω_1与ω_2完全随机独立取值的情况下，计算结果随机覆盖整个解集，目标函数f_1和目标函数f_2的加权系数ω_1与ω_2在0~1之间随机变化时，$f_2 \ll f_1$的情况出现得更多，目标函数f_1对总成本的影响系数大于目标函数f_2对总成本的影响系数；②和设施不可扩展回收物流网络相比，目标函数f_2对总成本的影响系数在逐渐变大，这主要是由于物流设施可以扩展，可能会导致预处理中心的库存成本增加。

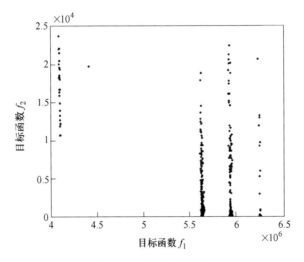

图7-10 计算有效解集

由解空间的具体数值比较得出最近似的较优解，最终优化结果总费用$F_{\min}$ = 5672800元。其中，$t=1$时：$h_1=0$，$h_2=0$，$h_3=0$，$h_4=1$，$h_5=0$，$h_6=1$，$h_7=1$，$h_8=0$；$z_1=1$，$z_2=0$，$z_3=1$，$z_4=1$，$z_5=1$；$k_1=0$，$k_2=0$，$k_3=0$，$k_4=0$，$k_5=1$。$t=2$时：$h_1=0$，$h_2=1$，$h_3=0$，$h_4=1$，$h_5=1$，$h_6=1$，$h_7=1$，$h_8=1$；$z_1=1$，$z_2=0$，$z_3=1$，$z_4=1$，$z_5=1$；$k_1=1$，$k_2=0$，$k_3=1$，$k_4=0$，$k_5=1$。

回收中心r对预处理中心p的出货量见表7-18。有序实数对$(x_{rp}^{(1)}, x_{rp}^{(2)})$中的前者表示$t=1$时的出货量，后者表示$t=2$时的出货量。

表 7-18　回收中心 r 对预处理中心 p 的出货量　　（单位：t）

r	p				
	1	2	3	4	5
1	(15.0236,19.2365)	(0,0)	(28.1542,21.3476)	(20.7238,32.2289)	(51.8982,50.1870)
2	(58.2345,50.7256)	(0,0)	(6.7482,39.4263)	(16.3442,20.1342)	(86.9731,88.9139)
3	(13.9352,33.1928)	(0,0)	(66.3245,34.3841)	(86.0437,99.4255)	(28.7966,55.2976)
4	(32.7382,34.9312)	(0,0)	(54.1456,56.3538)	(13.1893,20.0472)	(60.1269,77.9678)
5	(63.6571,60.0968)	(0,0)	(44.8913,46.4365)	(26.3511,41.1798)	(69.7005,74.0869)
6	(16.6577,82.3864)	(0,0)	(42.3521,54.8541)	(97.5725,34.1164)	(31.1177,53.2431)
7	(21.3142,48.0712)	(0,0)	(46.6522,98.2754)	(15.8934,28.3488)	(85.4402,34.0046)
8	(113.3889,97.4438)	(0,0)	(30.7319,68.9222)	(3.8820,3.5743)	(61.4972,75.8597)

预处理中心 p 对制造商的出货量见表 7-19。有序实数对 $(x_{pM}^{(1)}, x_{pM}^{(2)})$ 中的前者表示 $t=1$ 时的出货量，后者表示 $t=2$ 时的出货量。

表 7-19　预处理中心 p 对制造商的出货量　　（单位：t）

p	1	2	3	4	5
制造商	(296.8676,418.5504)	(0,0)	(313.7255,411.7647)	(275.0491,274.1209)	(467.1420,500.5507)

在 5 个备选点中，当 $t=1$ 时，选取第 1、3、4 和第 5 个位置建立预处理中心，且对第 5 个位置进行扩展；当 $t=2$ 时，选取第 1、3、4 和第 5 个位置建立预处理中心，且对第 1、3、5 个位置进行扩展。按照表 7-18 和表 7-19 中的值进行配送，在满足该目标函数约束条件的情况下，总费用最少。从 $(x_{rp}^{(1)}, x_{rp}^{(2)})$ 的取值来看，最大值为 $x_{81}^{(1)}=113.3889\text{t}$，最小值为 $x_{84}^{(2)}=3.5743\text{t}$，符合实际运送选择。从 $(x_{pM}^{(1)}, x_{pM}^{(2)})$ 的取值来看，最大值为 $x_{51}^{(2)}=500.5507\text{t}$，最小值为 $x_{41}^{(2)}=274.1209\text{t}$，符合实际运送选择。

设施可扩展与不可扩展回收物流网络规划算例相比：①在回收中心回收的废旧产品的数量大幅度增加，各物流设施间的物流量也相应增加，但最终优化结果总费用增加得不多；②最终优化结果总费用之所以增加了，主要是因为该模型考虑各回收中心、各预处理中心和制造商的容量与该地区的某种可用于再制造的废旧汽车产品的回收量，能够根据预测回收数量扩展物流设施，符合实际情况和实际需求。

7.3　本章小结

本章对影响再制造服务效率及效益的源头环节——回收与物流进行研究。首先针对面向再制造服务的废旧产品回收数量预测问题，提出一种适用于废旧产品回收量预测的改进非线性灰色 Bernoulli-Markov 组合预测模型,在提高预测结果可靠性的同时,解决了回收再制造物流网络系统中的废旧产品回收数量不确定性问题。其次,针对废旧产品回收再制造物流网络在回收、预处理、再制造、处理过程中的成本问题和多个周期内库存、缺货补货的时间问题,结合多周期建模理论,构建了基于物流设施不可扩展和物流设施可扩展的回收再制造物流网络选址模型;采用目标加权遗传法将多目标优化问题转化成单目标优化问题对模型求解。以某种可用于再制造的废旧汽车产品的回收再制造为算例,进一步验证了废旧产品回收再制造物流网络选址规划模型的有效性和实用性,为再制造服务回收及物流网络问题提供参考。

参数说明 (表 7-20 和表 7-21)

表 7-20 废旧产品回收数量预测模型参数说明表

参 数	说 明
$X^{(0)}(t)$	时间序列
a	时间序列的白化微分参数
b	时间序列的白化微分参数
m	背景值生成系数
$X = \{X_n, n \geq 0\}$	定义在概率空间上的随机过程
S	状态空间可数集合
K_i	状态
P_{ij}	状态转移概率
$\boldsymbol{P}(m)$	m 步状态转移矩阵
$S_t^{(i)}$	第 t 周期的 i 次指数平滑值

表 7-21 再制造回收物流网络选址模型参数说明表

符 号	说 明
r	回收中心 ($r = 1, 2, \cdots, R$)
p	预处理中心 ($p = 1, 2, \cdots, P$)
t	运营周期 ($t = 1, 2, \cdots, T$)
参 数	说 明
R	回收中心的数量
P	预处理中心的数量
T	规划的运营周期
a_r	回收中心 r 的容量
$s_r(t)$	运营周期 t 回收中心 r 的回收数量
b_p	预处理中心 p 的容量
$d_M(t)$	运营周期 t 制造商的需求量

(续)

参　　数	说　　明
η_M	制造商的最大处理能力
$u_M(t)$	运营周期 t 制造商允许的最大缺货量
c_r	回收中心 r 的单位扩展成本
c_p	预处理中心 p 的单位扩展成本
e_p	预处理中心 p 的扩展等级
c_{rp}	从回收中心 r 到预处理中心 p 的单位运输成本
c_{pM}	从预处理中心 p 到制造商的单位运输成本
c_{pD}	从预处理中心 p 到处理中心的单位运输成本
c_{SM}	从供应商到制造商的单位运输成本
c_{pG}	从预处理中心 p 到再制造中心的单位运输成本
c_p^o	预处理中心 p 开放的固定成本
c_p^H	预处理中心 p 在每个运营周期的单位库存持有成本
c_M^H	制造商在每个运营周期的单位库存持有成本
ρ	制造商再建一个再制造中心的等级
c_G^o	再制造中心单位等级开放的固定成本
λ_p	预处理中心 p 的再制造废弃率
决策变量	说　　明
$x_{rp}(t)$	在运营周期 t 从回收中心 r 到预处理中心 p 的出货量
$x_{pM}(t)$	在运营周期 t 从预处理中心 p 到制造商的出货量
$x_{pD}(t)$	在运营周期 t 从预处理中心 p 到处理中心的出货量
$x_{pG}(t)$	在运营周期 t 从预处理中心 p 到再制造中心的出货量
$x_M^B(t)$	在运营周期 t 制造商的缺货量
$y_p^H(t)$	在运营周期 t 预处理中心 p 的库存持有量
$z_M^H(t)$	在运营周期 t 制造商的库存持有量
$hx(t)$	$\begin{cases} 1, & S_r(t) > a_r, \forall t \\ 0, & S_r(t) > a_r, \forall t \end{cases}$
$kp(t)$	$\begin{cases} 1, & \sum_{r=1}^{R} S_r(t) > \sum_{p=1}^{p} b_p \\ 0, & 其他 \end{cases}$
$w_M(t)$	$\begin{cases} 1, & 在运营周期 t 制造商有库存 \\ 0, & 其他 \end{cases}$
$z_p(t)$	$\begin{cases} 1, & 在运营周期 t 预处理中心 p 开放 \\ 0, & 其他 \end{cases}$
$\pi_G(t)$	$\begin{cases} 1, & 在运营周期 t 制造拓展 \\ 0, & 其他 \end{cases}$

注：加粗部分参数为物流设施可扩展回收物流网络选址模型相较于物流设施不可扩展回收物流网络选址模型所独有的。

参考文献

[1] 孙嘉轶,滕春贤,陈兆波. 基于回收价格与销售数量的再制造闭环供应链渠道选择模型 [J]. 系统工程理论与实践, 2013, 33 (12): 3079-3086.

[2] 王圣池,杨斌,许波桅,等. 考虑自贸区的再制造物流网络设计 [J]. 计算机集成制造系统, 2015, 21 (6): 1609-1616.

[3] LIU M Z, CHEN X H, ZHANG M Y, et al. End-of-life passenger vehicles recycling decision system in China based on dynamic material flow analysis and life cycle assessment [J]. Waste Management, 2020 (117): 81-92.

[4] LU S, ZHU L, WANG Y, et al. Integrated forward and reverse logistics network design for a hybrid assembly-recycling system under uncertain return and waste flows: A fuzzy multi-objective programming [J/OL]. Elsevier BV, 2020. https://doi.org/10.1016/j.jclepro.2019.118591.

[5] 李莉,程发新,程显钦,等. 基于改进多目标粒子群优化算法的企业再制造物流网络优化 [J]. 计算机集成制造系统, 2018, 24 (8): 2122-2132.

[6] HASITH G, JANAKA G, HIMAN P. Remanufacture for sustainability: Barriers and solutions to promote automotive remanufacturing [J]. Procedia Manufacturing, 2020, 43: 606-613.

[7] JOHN S T, SRIDHARAN R, KUMAR P N R. Multi-period reverse logistics network design for used refrigerators [J]. Applied Mathematical Modelling, 2018 (54): 311-331.

[8] YI P X, HUANG M, GUO L J, et al. A retailer oriented closed-loop supply chain network design for end of life construction machinery remanufacturing [J]. Journal of Cleaner Production, 2016 (124): 191-203.

[9] LIAO T Y. Reverse logistics network design for product recovery and remanufacturing [J]. Applied Mathematical Modelling, 2017 (60): 145-163.

[10] 黄鸿云,刘卫校,丁佐华. 基于多维灰色模型及神经网络的销售预测 [J]. 软件学报, 2019, 30 (4): 1031-1045.

[11] 黄魁,苏春. 基于灰色神经网络组合模型的故障预测 [J]. 系统工程与电子技术, 2020, 42 (1): 238-244.

[12] 周清,王奉伟. 灰色预测模型背景值改进方法比较分析 [J]. 东华理工大学学报, 2015, 38 (2): 231-234.

[13] LEI X H, ZHANG J W, WANG H, et al. Deriving mixed reservoir operating rules for flood control based on weighted non-dominated sorting genetic algorithm II [J]. Journal of Hydrology, 2018 (564): 967-983.

[14] AYAN E, ERBAY H, VARÇIN F. Crop pest classification with a genetic algorithm-based weighted ensemble of deep convolutional neural networks [J/OL]. Elsevier BV, 2020. https://doi.org/10.1016/j.compag.2020.105809.

[15] KUO R J, THI P Q N. Genetic intuitionistic weighted fuzzy k-modes algorithm for categorical data [J]. Neurocomputing, 2019 (330): 116-126.

第 8 章

再制造拆卸服务及
其生产线平衡

再制造拆卸服务（Disassembly Services for Remanufacturing，RM-DS）是再制造生产性服务中合理处理回收退役产品零部件的前提，也是提高退役产品循环利用效益和再制造生产服务效率的关键环节，受到了国内外学者的高度关注，相关学者从再制造拆卸模型、拆卸技术与工具、拆卸过程规划与拆卸线平衡、拆卸系统及配置等多个方面展开了研究。其中，对单个退役产品拆卸技术的研究已较为成熟，但无法满足再制造批量生产的需求。再制造拆卸服务不仅要满足单产品个性化拆卸服务需求，更应能满足面向再制造生产的大批量产品拆卸需求。然而，由于再制造拆卸对象在回收数量方面的不确定性，以及在失效形式、失效程度、剩余寿命等方面的差异性，极大增加了再制造拆卸批量作业的难度，合理地设计拆卸服务方案、规划拆卸服务作业流程，并提升拆卸服务生产线平衡水平，是解决问题的关键。

8.1 再制造拆卸服务生产线

8.1.1 再制造拆卸及其服务

1. 拆卸

拆卸是实现产品生命周期完整性与封闭性的必要环节。拆卸是指从产品上系统地分离零件、组件、部件或其他零件集合体的方法。对产品进行拆卸的主要目的是：从产品中获得贵重材料和有价值的零部件，以便直接或经过再制造获得重新利用；通过初步拆卸，简化后续材料分选处理，提高回收材料纯度；从产品中剔除可能损害回收设备（主要是粉碎机）的高强度零部件；从产品中取出对环境和人体有害的材料。

产品拆卸的方式多种多样，可按不同的标准进行分类。按照拆卸操作对零件或产品的损伤程度，可分为破坏性拆卸（destructive disassembly）和非破坏性拆卸（non-destructive disassembly）；按照对产品的拆卸程度，可分为完全拆卸（complete/total disassembly）和选择拆卸（selective disassembly），选择拆卸又称部分/不完全/目标拆卸（partial/incomplete/target disassembly）；按照产品生命周期不同阶段进行拆卸活动的目的，可分为指导产品绿色设计研究的设计型拆卸、对产品中的零部件进行维护的维修型拆卸和对零部件/材料进行回收的回收型拆卸三类。

2. 再制造拆卸

再制造工程以产品全生命周期理论为指导，以旧件实现性能跨越式提升为目标，以优质、高效、节能、节材、环保为准则，以先进技术和产业化生产为手段对旧件进行修复和改造。再制造的重要特征是再制造产品的质量和性能达到或超过新品。再制造在节约资源能源的条件下生产出经济发展所需要的产品,是建设资源节约型、环境友好型社会的有效途径。发展再制造产业,是实现工业循环式发展的必然选择。

再制造是逆向供应链的重要环节,是实现退役产品资源循环再利用和制造业节能环保的重要途径。再制造一般包括以下几个阶段:回收→拆卸→清洗→检测→分类→再加工→再装配→检测→销售/配送。因此,一个再制造工厂一般由三个独立的子系统构成:拆卸车间、再制造车间和再装配车间,如图 8-1 所示。

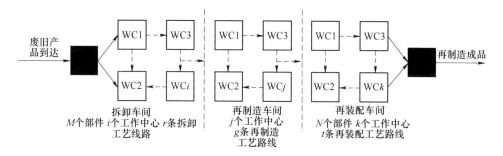

图 8-1 再制造工厂示意图

拆卸车间的主要任务是完成废旧机械产品的拆卸,以及拆卸后零部件的清洗和分类。清洗是提高废旧产品拆卸作业质量的关键,同时对保持生产现场清洁、改善劳动环境具有重要作用。零部件清洗应达到零部件表面无积炭、结胶、锈斑、油垢、水垢和泥迹等。拆卸零部件的检验和处理决策也是再制造过程中的基础工作,通过检验和失效分析,常将废旧零部件分为可再利用、可再制造和可再循环三类。可再利用的零部件是指符合零部件技术标准的零部件,可再制造和可再循环的零部件是指已不符合技术标准的零部件。当零部件已无法通过再制造加工恢复到技术标准,或虽可再制造但所需材料和成本不符合经济要求时,这种零部件称为报废零部件,将进入材料再循环程序。如果通过再制造,能使零部件达到或超过新品的技术标准,并满足成本控制要求,这种零部件即为可再制造的零部件,进入再制造车间。随着科学技术的发展、加工方法的不断改进,再循环的零部件将日益减少,而再制造的零部件将日益增多。再制造车间的主要任务是使拆卸完的零部件恢复到新的状态,其中还包括通过更换一些小的零部件达到恢复性能的目的。再装配车间则将恢复的零部件重新组装为成品。

再制造拆卸是通过一系列操作,系统地从废旧产品中提取出有价值的零部件和原材料,是再制造过程的第一步,会影响再制造的各个方面,是废旧零部件进入再制造的门槛。

3. 再制造拆卸服务

随着世界经济从产品经济向服务经济转型,服务与传统制造、再制造逐渐融合,产生了服务型制造及再制造服务。

再制造服务是以再制造服务集成方(平台)为核心,以再制造企业群为主体,以再制造服务化为基础的一种将整合资源分散服务和提升再制造价值的个性化集成服务方式。再制造服务主要包括两个方面:其一是直接面向客户需求的再制造价值增值服务活动,如再制造性评估服务、再制造设计服务、再制造工程整体解决方案服务等;其二是面向再制造企业的生产性专业服务,如再制造回收服务、再制造拆卸服务、再制造加工服务等。

再制造拆卸服务作为再制造服务的重要组成部分,是废旧产品再制造资源最大化利用的重要前提,是实现产品多生命周期的必要环节。作为面向再制造生产服务的新型服务体,再制造拆卸服务可理解为:以再制造服务集成方/集成平台为核心,由拆卸服务企业或者制造/再制造企业中的拆卸部门构成的拆卸服务企业群面向客户或再制造生产企业的专业服务,其以拆卸专业化和服务化为基础,根据服务需求及服务对象特点,提供专业的拆卸服务方案、系统的拆卸加工,以及从服务对象中获取的指定材料或零部件,其概念模型如图 8-2 所示。

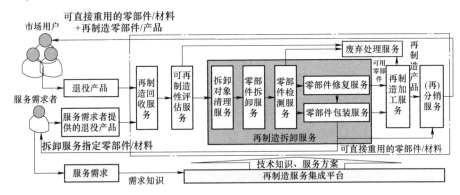

图 8-2 再制造拆卸服务概念模型

再制造拆卸服务的主要功能:一是以提升废旧产品价值为目的的面向客户需求的个性化拆卸服务,包括向客户提供复杂设备拆卸方案、为客户拆卸其提供的指定废旧产品并返回有价值的零部件,以及按客户需求面向市场回收废旧产品并向客户返回指定零部件;二是以满足再制造生产需求为目的的面向再制造企业群的批量拆卸服务,即根据再制造服务集成平台给定的服务任务,对市场回收的大量废旧产品分类拆卸,并向不同的再制造加工企业批量提供不同的废旧零部件。

8.1.2 再制造拆卸服务生产线类型

1. 单产品拆卸服务生产线

单产品拆卸服务主要包括单台单产品个性化拆卸和多台单产品批量拆卸。其中，前者主要针对客户个性拆卸需求展开，拆卸场地等可能不固定，通常无需生产线；后者主要针对批量拆卸，其拆卸服务生产线主要包括单产品直线型拆卸生产线和单产品 U 型拆卸生产线两种。

1）单产品直线型拆卸服务生产线。直线型拆卸生产线适用范围广、布局简单。如某再制造产品共有 n 个拆卸操作，可根据节拍划定其工位。根据零件拆卸任务优先约束关系确定的布局如图 8-3 所示。

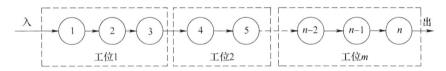

图 8-3　直线型拆卸生产线的布局

2）单产品 U 型拆卸服务生产线。相对于直线型拆卸生产线，U 型拆卸生产线布局紧凑、物流成本低、拆卸效率高。其布局是在零件优先约束关系的条件下，考虑入口和出口的位置同一性、操作人员的右手作业惯性等。以 U 型逆时针流动布局的拆卸生产线如图 8-4 所示。构建 U 型拆卸生产线时需要考虑产品特性，对同一种产品，U 型拆卸生产线的工位数目远少于直线型。

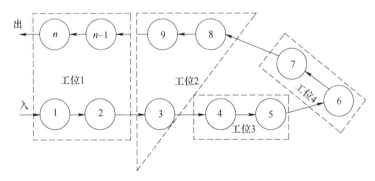

图 8-4　U 型拆卸生产线的布局

2. 多产品混流拆卸服务生产线

多产品混流拆卸服务生产线根据拆卸优先约束关系和生产线节拍划定工位，各工位可以完成不同产品的不同拆卸操作。对于批量再制造拆卸服务，应尽可能考虑具有较大结构相似度的多产品，构成混流拆卸生产线。图 8-5 所示为 A、

B两种同类不同型号的混流拆卸生产线布局。相较于单产品拆卸服务生产线，多产品混流拆卸服务生产线可优化资源配置，降低企业生产成本。

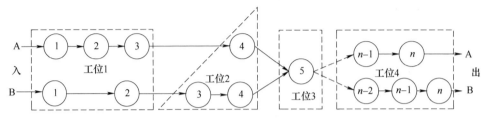

图 8-5　多产品混流异型拆卸生产线布局

3. 基于机器人的柔性拆卸服务生产线

在拆卸服务生产线上，工业机器人能代替人做一些单调、频繁和重复的长时间作业，因此可借鉴柔性制造系统（FMS）的思想，构建基于机器人的拆卸服务生产线。该生产线能对单台复杂设备、多台单品种以及多台多品种产品进行批量拆卸。该拆卸生产线以 U 型和混流异型为主，各工位可设一台或多台工业机器人。图 8-6 所示为 A、B 两种不同类型产品的机器人柔性拆卸生产线布局。

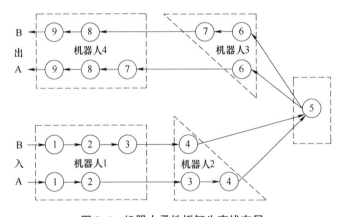

图 8-6　机器人柔性拆卸生产线布局

8.1.3　生产线平衡问题

若不考虑拆卸作业任务的优先关系约束，拆卸服务生产线平衡问题可转化为装箱问题。装箱问题在国际上是公认的 NP 难题，因此，一般拆卸线平衡问题也是 NP 难题。若求解算法设计不合理，将难以求得较好质量的优化解。一般拆卸线平衡问题计算复杂度影响因素如下：

（1）拆卸作业任务数量　拆卸服务生产线平衡问题可视作拆卸作业的排列

组合选择问题，如果忽略作业任务之间的优先关系约束，则存在 N 种选择方式。随着作业任务规模数的增加，算法的搜索空间将以指数方式增加，从而大大增加了算法的计算复杂度。

（2）拆卸作业任务时间　拆卸服务生产线属于典型的离散事件系统，产品的拆卸作业时间是离散变量。由于生产节拍的限制，拆卸作业所需时间越多，工位作业时间的离散化程度反而越低，从而增加了工位闲置时间，导致优化解难以接近最优解，使得拆卸线平衡效果不理想。

（3）工位数量　工位数与拆卸作业任务选择工位为反相关关系。若减少工位数，则会增加分配给单个工位的拆卸作业任务数量，从而增大了算法搜索范围，增加了算法计算复杂度。

（4）作业优先关系约束　作业优先关系约束对拆卸线平衡问题的计算复杂度有双重影响。作业优先关系约束越多，则可行的作业任务排列组合数就越少，即缩小了算法搜索空间，使得计算复杂度降低；作业优先关系约束越少，则作业任务可供选择的机会就越多，提高了作业任务分配决策难度，增加了算法计算复杂度。

8.1.2 节提到三种拆卸服务生产线布局形式不同，但无论哪种生产线均会涉及平衡问题。同时，因退役产品失效形式、失效程度的差异性，如产品在使用的过程中因杂质、污垢、漆层变质、润滑及燃油系统残留污垢、金属表面产生的腐蚀物等，导致退役产品质量、特性及在维护和回收阶段选择拆卸的不确定性，增加了退役产品拆卸难度，从而加大了拆卸服务生产线计划、调度难度，增加了运行成本。为了提高再制造拆卸服务生产线的整体效率，在合理地设计拆卸服务方案、规划拆卸服务作业流程的基础上，提升拆卸服务生产线平衡水平，是解决问题的关键。规模化再制造拆卸服务的研究及应用还处于起步阶段，单产品拆卸服务模式中的单产品直线型拆卸生产线和多产品拆卸服务模式中的混流拆卸生产线是当前典型的拆卸服务模式，其平衡问题具有较好的代表性，故本章针对再制造拆卸服务中单产品直线型拆卸生产线和多产品混流拆卸生产线的平衡问题开展进一步的优化研究。

8.2　确定环境下再制造拆卸服务生产线平衡

8.2.1　确定环境下单产品拆卸服务生产线平衡

1. 单产品拆卸服务生产线平衡优化模型

（1）数学描述　单产品直线型拆卸服务生产线平衡问题的目标：在规定计划期内，根据拆卸对象的拆卸工艺方案，确定拆卸任务优先关系约束，并据此确定拆卸工位的分配任务、操作节拍等，使得拆卸生产线最大化负载均衡率。

此外，为了提高再制造的价值，需要优先拆卸废旧产品中的高价值零部件。

假设：废旧产品 D 由 M 个零件组成，零件集合为 $D=\{D_1,D_2,D_3,\cdots,D_M\}$。在拆卸流程中，产品中每个零件 D_i $(i=1,2,\cdots,M)$ 对应其中一项拆卸任务 A_j $(j=1,2,\cdots,m)$，则废旧产品的拆卸任务集合为 $A=A_1,A_2,\cdots,A_m$。将产品 D 的拆卸任务集合 A 分配到 N 个工位，即拆卸任务集合被划分为 $A=\bigcup_{n=1}^{N}S_n$，其中第 n 个子集 S_n 中的任务数目为 Q_n。每个拆卸任务必须被分配到一个工位内，设 $X=(X_{mn})_{M\times N}$，其中若第 m 个任务分配到第 n 个工位，则 $X_{mn}=1$，反之则 $X_{mn}=0$。因为拆卸任务有拆卸优先约束关系，用矩阵 $Y=(y_{ij})_{M\times M}$ 表示，其中优先矩阵元素 $y_{ij}(i=1,2,\cdots,M;j=1,2,\cdots,M)$ 取决于第 i 个拆卸任务与第 j 个拆卸任务的优先关系，即若拆卸任务 A_i 优先于拆卸任务 A_j，则 $y_{ij}=1$，反之 $y_{ij}=0$，i 和 j 表示拆卸任务的编号。在再制造拆卸服务生产线中，通常高价值的零部件体现在再制造程度低、高需求等指标上。d_m 表示第 m 个拆卸任务中再制造零部件的需求量，$d_m=0$ 表示没有需求，$d_m\neq 0$ 表示有需求，d_m 数值大小表示需求量大小，故需求指数为需求量和零件在拆卸序列中所处位置的乘积。

（2）模型假设　在进行再制造拆卸服务生产线平衡问题的建模过程中，为了避免模型过于复杂，做如下假设：

1）再制造产品是完全拆卸的。

2）再制造产品拆卸任务的拆卸时间是唯一确定的，非随机性变化。

3）拆卸任务是不可分的最小自然单位，一个拆卸任务不能被分配到一个以上工位完成拆卸任务，且每个拆卸任务之间是相互独立的。

4）拆卸生产线的节拍大于拆卸任务时间中的最大者。

5）对于再制造产品零件，除了拆卸的优先约束关系以外没有其他的约束限制。

（3）模型构建　再制造拆卸服务生产线平衡主要考虑以下两个目标：

1）均衡各工位负载。为保证再制造服务拆卸生产线高效运行，尽量减少再制造产品在线阻塞，以及在兼顾最小工位数的同时确保生产线的负载均衡，需要使各工位的操作人员具有相对均衡的作业负荷。该目标表示为

$$Z_1=\sum_{n=1}^{N}\left[\text{CT}-\sum_{m=1}^{M}(t_m x_{mn})\right]^2 \tag{8-1}$$

2）优先拆卸高价值零件。在再制造拆卸服务生产线中，越早拆卸有价值、高价值或者高需求的零件，则可越快给企业带来经济效益。为保证拆卸服务生产线的零件效益最大，应优先拆卸高需求的零部件，目标表示为

$$Z_2=\frac{1}{\sum_{m=1}^{M}md_m} \tag{8-2}$$

根据以上分析，可建立如下再制造拆卸服务生产线平衡模型：

$$\min Z = (Z_1, Z_2) \tag{8-3}$$

$$\text{s. t.} \begin{cases} \sum_{n=1}^{N} x_{mn} = 1 & (m = 1, 2, \cdots, M) \\ \bigcup_{n=1}^{N} Q_n = M & \\ \sum_{m=1}^{M} x_{mn} = Q_n & (n = 1, 2, \cdots, N) \\ \sum_{m=1}^{M} x_{mn} t_m \leq \text{CT} & (n = 1, 2, \cdots, N) \\ \sum_{n=1}^{N} (n\, x_{jn} - n\, x_{in}) \geq 0 & (i = 1, 2, \cdots, M-1; j = 2, 3, \cdots, M) \\ \sum_{m=1}^{M} t_m / \text{CT} \leq N \leq M & \end{cases} \tag{8-4}$$

式中，CT 为再制造拆卸服务生产线的节拍；n 为工位序号；Z_1 为负载均衡指数；Z_2 为零件需求指数；N 为工位数量；M 为拆卸任务的总数目；m 为第 m 个拆卸任务；t_m 为第 m 个拆卸任务的拆卸时间；x_{mn} 是一个 0 或 1 的变量，表示若第 m 个任务分配到第 n 个工位，则 $x_{mn}=1$，反之则 $x_{mn}=0$；Q_n 为分配到工位 n 的拆卸任务的数目。式（8-4）中约束 1 保证任意一个拆卸任务 m 的不可分割性，只能被分配到一个工位中，约束 2 表示拆卸任务集中的所有拆卸任务都要被分配，约束 3 表示工位 n 中的拆卸任务数目，约束 4 保证每个工位的拆卸任务作业时间不能超过拆卸生产线的节拍，约束 5 保证拆卸任务之间的优先约束关系不能违反，约束 6 表示工位数量 N 的取值范围。

2. 基于改进型教与学优化算法的模型求解

（1）经典教与学优化算法　教学过程是一个反复的过程，在这个过程中，学生不断地向教师和其他学生学习。基于这种情况，Rao 提出了一种新颖的群体智能的优化算法——教与学优化（TLBO）算法，该算法参数少、简单、易理解、精度高、收敛性好，并且其计算效率比传统方法的计算效率高。所以，TLBO 算法从提出到现在短短时间内就已经引起很多学者的注意，成为众多学者研究的热点，并且得到了很好的应用。

1）教与学优化算法的原理。教与学优化算法的原理是模拟教师的教学阶段和学生的学习阶段，其目的是通过教师的"教"和学生之间的相互"学习"来提高学生的学习成绩。该算法分为两个阶段：①教师直接向学生授课阶段（称为教阶段）；②学生之间互动学习阶段（称为学生阶段）。TLBO 算法是一种基于种群的优化方法，优化问题的种群规模等同于一个班级的学生，学生是种群中的一个个体，优化问题的决策变量等同于提供给学生的不同课程，优化问题的适应度值等同于学生各科成绩，当前班级中学习成绩最好的学生作为教师，全局最优解是目标函数的最优值。

教与学优化算法主要分两个阶段来模拟学生的学习过程。第一个阶段为"教",主要是教师直接向学生授课,优秀的教师会提高教学平均值。在教阶段,教师教学能力是符合高斯分布规律的,只有很少的学生能够理解所有教师的教学内容(高斯分布的右端);普通学生收获教师教学内容的一部分(高斯分布的中间部分);在某些情况下,教师几乎没有直接影响学生所学的知识(高斯分布的左端)。第二个阶段为"学",学生之间可以互相帮助,从而达到更高的学习平均值,即每个学生随机选取班级中的另一个学生进行相互学习。总的来说,学生学到知识的多少既受到教师教学水平的影响,也需要通过学生之间的相互学习来共同提高。接下来将给出算法的数学解释。

其优化目标如下:

$$Z = \min_{X \in S} f(X) \tag{8-5}$$

式中,$f(X)$表示目标函数。设$X^j = (x_1^j, x_2^j, \cdots, x_d^j)$($j = 1, 2, \cdots, NP$)为搜索空间中的一个点,表示种群中的一个个体,$x_i^j$($i = 1, 2, \cdots, d$)为点$X^j$的一个决策变量,$S = \{X | x_i^L \leq x_i \leq x_i^H, i = 1, 2, 3, \cdots, d\}$表示种群搜索空间,$d$表示决策变量的维数(决策变量的个数),$x_i^L$和$x_i^H$分别为每一维的上界和下界,表示决策变量$x_i$的上界和下界,NP表示种群的规模,即为空间搜索点的个数。

根据以上分析将其转换为数学模型来表示,则班级为搜索空间中所有点的集合,学科即为自变量$X = (x_1, x_2, x_3, \cdots, x_d)$,每个学科为决策变量$x_i$,则一个班级表示成如下形式:

$$\begin{bmatrix} X^1 & f(X^1) \\ X^2 & f(X^2) \\ \vdots & \vdots \\ X^{NP} & f(X^{NP}) \end{bmatrix} = \begin{bmatrix} X_1^1 & X_2^1 & \cdots & X_d^1 & f(X^1) \\ X_1^2 & X_2^2 & \cdots & X_d^2 & f(X^2) \\ \vdots & \vdots & & \vdots & \vdots \\ X_1^{NP} & X_2^{NP} & \cdots & X_d^{NP} & f(X^{NP}) \end{bmatrix} \tag{8-6}$$

式中,X^j($j = 1, 2, \cdots, NP$)表示班级学生;NP为学生个数;d为学生所学科目数量。

教师为种群中最优秀的个体,为班级中学习成绩最好的学生,用$X_{teacher}$表示,$X_{teacher} = \arg\max f(X^j)$($j = 1, 2, \cdots, NP$)。

教阶段:在这一教学阶段中,教师根据自己的教学能力在所教导课程中试图提高学生学科成绩的平均值,学生通过平均值与教师之间的差异性进行学习,逐步提高学习成绩。在教过程中需要许多因素,如学习步长、教学因子等,具体实现过程如下:

① 计算教师与平均值之间的差距。

$$\text{Difference} = r_i(X_{tercher} - TF_i \text{mean}) \tag{8-7}$$

$$\text{mean} = \frac{1}{\text{NP}} \sum_{i=1}^{\text{NP}} X^i \tag{8-8}$$

$$\text{TF}_i = \text{round}[1 + \text{rand}(0,1)] \tag{8-9}$$

式（8-7）中，Difference 反映平均值 mean 和 X_{teacher} 之间的差异；X_{teacher} 表示教师，即适应度值最好的学生；学习步长 $r_i = \text{rand}(0,1)$，表示取 0~1 的随机数。式（8-8）中，mean 表示学生学习成绩的平均值。式（8-9）中，TF_i 表示教学因子，通常取值为 1 或者 2。

② 学生利用差异性进行学习。

$$X_{\text{new}}^i = X_{\text{old}}^i + \text{Difference} \tag{8-10}$$

式中，X_{old}^i 表示第 i 个学生教学前的值；X_{new}^i 表示第 i 个学生教学后的值；i（$i=1,2,\cdots,\text{NP}$）表示班级中第 i 个学生。

在教阶段，给出 TF_i 和 r_i 两个参数可以使该过程更具有随机性，从而更进一步体现出教学质量的重要性。

图 8-7 模拟了教阶段的过程。曲线 1 和曲线 2 分别表示经过了多次教师教学前后，班级成员成绩分布概率密度。开始时，班级平均成绩为平均成绩 Mean_A，相对较低，并且成绩分布比较分散。根据教师和班级平均成绩之间的差距 Difference_mean，教师对学生进行多次努力教学之后，班级平均成绩逐步提高到了 Mean_B，成绩分布越来越集中。

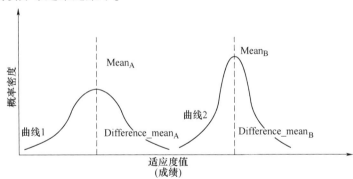

图 8-7 教阶段过程示意图

教学过程结束之后，学生可以根据教的结果来更新自己的学习成绩。如果学生的成绩较之前有所提高，则修改自己的学习值，否则不做改变。更新操作的数学表达见式（8-11）。

若 $\quad\quad\quad\quad\quad\quad f(X_{\text{new}}^i) > f(X_{\text{old}}^i)$

则 $\quad\quad\quad\quad\quad\quad X_{\text{new}}^i = X_{\text{old}}^i \tag{8-11}$

学阶段：在这一教学阶段，学生之间通过互动来提升他们的知识水平。一个学生可以通过随机地与其他学生相互学习，来提高自己的学习成绩。

对于学生 X^i，随机抽取与之不同的学生 X^j 进行共同学习，让学生 X^i 通过分析自己和学生 X^j 的差异对学习进行调整，从而达到相互学习的目的。学习改进的方法类似于差分算法中的差分变异算子，不同之处在于，TLBO 算法中的学习步长 r 对每个学生采用不同的学习因子。学生通过比较两者的适应度值，对学习进行调整。这一阶段的学习现象由式（8-12）和式（8-13）表示。

当 $f(X^j) < f(X^i)$ 时，

$$X^i_{\text{new}} = X^i_{\text{old}} + r_i(X^i - X^j) \tag{8-12}$$

当 $f(X^i) < f(X^j)$ 时，

$$X^i_{\text{new}} = X^i_{\text{old}} + r_i(X^j - X^i) \tag{8-13}$$

式（8-12）和式（8-13）中，$r_i = U(0,1)$ 表示第 i 个学生的学习因子（学习步长）。

相互学习过程结束之后，学生可以根据学习的结果来更新各自的学习成绩。如果学生的成绩较之前有所提高，则修改自己的学习值，否则不做改变。更新操作的数学表达见式：

if $\qquad\qquad\qquad f(X^i_{\text{new}}) > f(X^i_{\text{old}})$
end $\qquad\qquad\qquad X^i_{\text{new}} = X^i_{\text{old}}$;

由图 8-7 可以看出，TLBO 算法中的教阶段与粒子群算法中的社会搜索部分类似，每个个体都在向 teacher 学习，这样种群很容易向 teacher 靠拢聚集，搜索速度很快。但是，种群的多样性容易过早丢失，进而陷入局部搜索。

在学阶段，通过学生之间的交流学习，使其相互取长补短。由于在学阶段学生的学习是在小范围内进行的，不会过早向全局最优点方向聚集，因此，能够有效保持学生的多样性特征，从而保证算法在搜索空间的全局探索能力。

2）教与学优化算法流程。以最小化的问题为例，TLBO 算法流程如图 8-8 所示。

输入：目标函数、种群规模、种群维度及变量取值范围等。

输出：目标函数最优值及此时的最优个体。

① 确定优化问题［式（8-5）］和输入参数（如种群规模、变量维度等），初始化种群［式 8-6］。

② 选取班级中当前最优个体作为教师 X_{teacher}，计算每个维度变量的平均值 Mean。

③ 教阶段。根据每个个体与教师的差距进行调整，利用式（8-7）、式（8-8）和式（8-10）计算差距并求新个体，利用式（8-9）计算教学因子，利用式（8-11）进行个体成绩更新。

④ 学阶段。在种群中任选两个独立个体进行相互学习，具体的相互学习过程由式（8-12）和式（8-13）确定。个体成绩更新与教阶段个体成绩更新过程相同［式（8-11）］。

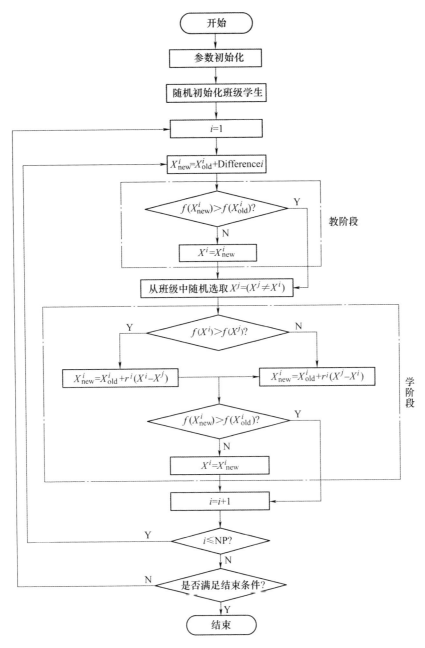

图 8-8 TLBO 算法流程

⑤ 重复步骤②~④，直到满足退出条件，输出优化结果。

(2) 改进型教与学优化算法设计

1) 改进思路。教与学优化算法具有所需参数少、算法精度高、易于理解等优点。与其他群智能优化算法相比较,教与学优化算法仅模拟班级教学过程,大大简化了优化过程。然而,教与学优化算法仍然存在一些问题。如其教学因子只能是1或2,教学能力过分单一,在解决一些大规模复杂问题和高维复杂的问题时容易陷入局部最优解,这些都可能影响算法的全局搜索能力,使得算法往往过早陷入局部最优,出现算法收敛性差、种群多样性少等情况。以上所描述的问题得到了学者们的广泛关注和讨论,本书做了进一步研究,提出了可行的改进方案并获得了一定的成果。下面介绍具有代表性的改进的教与学优化算法,为以后的研究和改进提供一定的参考与理论指导。

在教与学优化算法中,学生向单一的教师学习来提高自身成绩。同时,学生之间相互学习进行提升。教学因子不是1就是2,这就导致了两种极端的学习状态,即学生要么全部接受教师的教育,要么一概否定该教学。基于以上考虑,提出了改进的教与学优化算法。在改进算法中,教师的教学能力得到了显著提高。随着优化的进行,优化问题的收敛速度会显著下降。因此,为了提高搜索效率和收敛能力,改进算法提出了四个方面的改进措施。

① 随机键初始化。TLBO算法通常用于求解连续优化问题,考虑拆卸服务生产线平衡问题本质上为离散优化问题,故在求解前采用随机键方法进行初始化,通过优先级的编码方式,为每个操作分配相应的优先权值,优先权值大的先分配。本节通过Mcgovern在实验中给出的10个任务实例解释初始化过程,对应10个任务的每个位置上产生一个随机数,以随机数的大小决定任务的拆卸顺序。随机键初始化见表8-1。设定随机数大的任务优先拆卸,则该对应随机数大的操作应排在操作序列的前面。例如,操作3对应的随机数0.94最大,则它排在操作序列的第1位,然后是操作9,它对应的随机数为0.91。

表8-1 随机键初始化

操作	1	2	3	4	5	6	7	8	9	10
位置	0.81	0.71	0.94	0.52	0.18	0.79	0.41	0.88	0.91	0.86
序列	5	7	1	8	10	6	9	3	2	4
操作顺序	3	9	8	10	6	1	2	4	7	5

② 教师的个数允许超过1,增加选择教师阶段。在基本的TLBO算法中,唯一的教师努力通过教学提升班级的平均水平,但是,当班级中的学生成绩普遍较差时,一个教师需要付出很大的努力,并且往往难以提升班级整体水平。可将其对应于优化问题中,算法需要很多的函数评价次数,并且难以获得高精度的全局最优解。

为了克服单个教师的教学缺陷,在改进型TLBO算法中,将学生按水平高低分组,按各组水平层次配备不同水平的教师,当某低级别学生小组达到教师水平时，再给该组重新分配更好的教师进行教学。具体的教学方式见式（8-14）和式（8-15）。

$$f(X_{\text{teacher1}}) \geq f(X_i) \geq f(X_{\text{teacher2}}) \tag{8-14}$$

$$f(X_{\text{teacher2}}) \geq f(X_i) \geq f(X_{\text{teacher3}}) \tag{8-15}$$

式中，X_{teacher1} 代表种群中适应度值最好的个体，将 X_{teacher1} 作为首席教师，以首席教师为基础，选取其他教师，根据适应度值给各个教师分配小组。式（8-14）中，给 teacher1 分配 x_i 组。通过这样改进后，算法在种群的多样性和局部收敛性上做了较好的平衡，使其全局探索能力和开发能力得到了进一步提高。

③ 提出一种自适应的教学因子。在基本的 TLBO 算法的教阶段，教学因子随机取 1 或 2，教学方法比较单一。因此，学生在向教师学习时，要么全盘接受，要么全部否定不予接受。但是，在实际学习时，学生向教师学习并不会是两极化的，而是介于两者之间。学生根据自己的学习能力向教师学习，学习能力强则学习较快，学习能力弱则学习较慢。当学生水平接近教师的水平时，往往进步逐步变慢。在针对优化问题时，采用较小的教学因子能够更加细致地搜索，但是其影响了收敛能力。采用较大的教学因子能够加快搜索速度，加快收敛，却降低了细致搜索能力。根据所解决问题的不同，选取合适的教学因子是必要的。因此，对 TLBO 算法的教学因子进行了改进，提出一种自适应的教学因子：

$$\text{TF}_i = \frac{M_i}{M\_\text{new}_i} + 1 \, (i=1,2,\cdots,d) \tag{8-16}$$

式中，M_i 表示进行第 i 次迭代时，某一科目所有班级成员的平均值；M_new_i 表示在第 i 次迭代时，同一科目教师的成绩。因此，改进算法中的教学因子根据科目不同进行了自适应。自适应函数加快了搜索速度，也提高了细致搜索能力，从而能够动态自适应地调整 TLBO 算法的搜索性能。

④ 增加自学习阶段。在实际生活中，最主要的学习方式是自学。但是在基本的教与学优化算法中并没有采用自学机制进行学习。在 TLBO 算法中，教阶段实现了全局搜索，学阶段实现了局部搜索。学习方法如下：

$$X_{\text{new},i}^j = X_{\text{old},i}^j + \text{rand}(0,1) \times (x_i^u - x_i^L) \, (i=1,2,\cdots,d) \tag{8-17}$$

式中，$X_{\text{new},i}^j$ 和 $X_{\text{old},i}^j$ 分别表示学生 j 的第 i 门科目自学前后的水平值。

但拆卸服务生产线平衡问题约束较多，为了增强局部搜索能力，在学阶段后增加自学习阶段，使得在跳出学阶段的局部最优后，能进一步搜索全局最优解，从而使得 TLBO 算法的全局探索能力有所增强。

由于每个学生可能同时学习多门课程（多个决策变量），在进行自学习时只是对部分科目进行调整学习，保持优势科目，增强劣势科目。自学习阶段伪代码如下：

For 每一个 $X_i \, (i=1,2,\cdots,\text{NP})$ Do

$$X_{\text{new}} = X_i$$

对 X_{new} 随机选择一个任务 i，在 j 点执行插入操作

（i, j 是 $\{1, 2, \cdots, NP\}$ 内的一个随机数）

if X_{new} 优于 X_i

$$X_i = X_{\text{new}}$$

End if

End for

2）改进流程。改进的教与学优化算法的步骤如下：

输入：目标函数、种群规模、种群维度及变量取值范围等。

输出：目标函数最优值及此时的最优个体。

① 确定优化问题和输入变量（如种群规模、变量维度等），建初始化种群。

② 选择种群中适应度值最好的个体作为首席教师 X_{teacher1}。

③ 以首席教师为基础，选取其他的教师。

④ 根据适应度值给每个教师分配学生。

⑤ 计算各组学生各科目的平均值。

$$M_i^s = \frac{1}{L_s}\sum_{j=1}^{L_s} x_i^j \quad (s=1,2,\cdots,g; i=1,2,\cdots,d) \tag{8-18}$$

式中，M_i^s 表示第 s 组学生在科目 i 的平均水平；g 表示分组个数；L_s 表示第 s 组中的学生个数。

$$M\_\text{new}_i^s = X_{\text{teacher},s}(i) \quad (i=1,2,\cdots,d) \tag{8-19}$$

式（8-19）表示第 s 组第 i 科目中成绩最好的学生称为教师。

⑥ 计算各组学生平均水平和教师的差距，并计算此时的教学因子。

$$\text{difference}_i^s = r_i(M\_\text{new}_i^s - \text{TF}_{s,i} \times M_i^s) \quad (s=1,2,\cdots,g; i=1,2,\cdots,d) \tag{8-20}$$

$$\text{TF}_i = \frac{M_i}{M\_\text{new}_i} \tag{8-21}$$

⑦ 对第 $s(s=1,2,\cdots,L)$ 组的第 $j(j=1,2,\cdots,L_s)$ 个学生，采用式（8-22）进行教学。

$$X_{\text{new},i}^j = X_{\text{old},i}^j + \text{difference}_i^s \quad (i=1,2,\cdots,d) \tag{8-22}$$

⑧ 各组学生按照式（8-12）和式（8-13）进行相互学习。

⑨ 每个学生利用式（8-17）进行自学。

⑩ 将所有组学生合并。

⑪ 重复步骤②~⑩，直到满足终止条件，优化结束。

(3) 算法验证　为了验证改进型教与学优化算法在解决再制造拆卸服务生产线平衡问题上的有效性，对 2 个经典实例进行求解验证。实例 1 为 MCGOVERN 在实验中给出的 10 个拆卸任务的实际案例，实例 2 为张则强在实验中给出的 52 个拆卸任务的实际案例。利用层次分析法、加权、归一化等数学方法处理

后，构建如下复合目标函数：

$$f_i = w_1 \frac{Z_{1\max} - Z_{1i}}{Z_{1\max} - Z_{1\min}} + w_2 \frac{Z_{2\max} - Z_{2i}}{Z_{2\max} - Z_{2\min}} \quad (i=1,2,\cdots) \qquad (8\text{-}23)$$

式中，Z_{1i} 和 Z_{2i} 分别是第 i 个解时两个目标函数的值；$Z_{1\max}$ 和 $Z_{2\max}$ 分别是最大化 Z_1 和 Z_2；$Z_{1\min}$ 和 $Z_{2\min}$ 分别是最小化 Z_1 和 Z_2；w_1 和 w_2 为权重系数，一般取 $w_1 + w_2 = 1$，w_1 和 w_2 的取值根据目标函数对拆卸服务生产线负载平衡及对零部件的需求指数确定。每个案例运行 10 次，记录下平均值。算法的终止条件为运行时间达到 $nt \times nt \times 10\text{ms}$，其中，$nt$ 为任务矩阵维数。

实例 1 和实例 2 的优先约束关系分别如图 8-9 和图 8-10 所示。圆圈中的数字表示产品零件拆卸任务编号；括号里的数字表示每个拆卸任务对应的拆卸时间；箭头表示拆卸任务的优先关系。

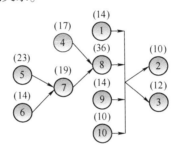

图 8-9 10 个任务的优先关系图

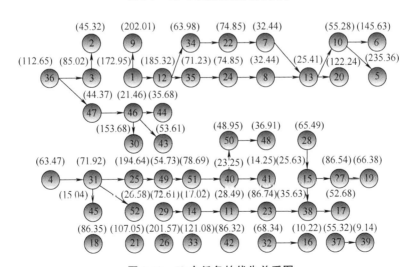

图 8-10 52 个任务的优先关系图

将本节提出的改进型教与学优化（TLBO）算法、改进型粒子群算法（PSO）与遗传算法（GA）的结果进行对比，表 8-2 所列为实例的对比结果。

表 8-2 算法求解结果对比

案例	节拍/s	GA			改进型 PSO			改进型 TLBO		
		平均值/ns	最大值/ns	最小值/ns	平均值/ns	最大值/ns	最小值/ns	平均值/ns	最大值/ns	最小值/ns
实例 1	40	5.3	6	5	5.2	6	5	5	5	5
实例 2	600	7.5	8	7	7.3	8	7	7	7	7

由表 8-2 可知，对于实例 1 和实例 2，改进型教与学优化算法所得到的解都优于遗传算法和粒子群算法，这说明了所提出的改进型教与学优化算法的优越性。

表 8-3 和表 8-4 所列为采用遗传算法、改进型粒子群算法和改进型教与学优化算法求解实例 1 和实例 2 得到的最优拆卸方案。

由表 8-3 可知，对于实例 1，采用遗传算法所得到的工位数为 5 个，工位负载最大值为 40s，工位负载最小值为 22s，相差 18s，相对于节拍时间 40s，时差比例为 45%，零部件需求指数之和为 9740；采用改进型粒子群算法所得到的工位数为 5 个，工位负载最大值为 40s，工位负载最小值为 22s，相差 18s，相对于节拍时间 40s，时差比例为 45%，零部件需求指数之和为 9240；而采用改进型教与学优化算法所得到的工位数为 5 个，工位负载最大值为 38s，工位负载最小值为 22s，仅相差 16s，相对于节拍时间 40s，时差比例仅为 40%，零部件需求指数之和仅为 7740。很显然，改进型教与学优化算法的结果优于遗传算法和改进型粒子群算法。

表 8-3 10 个任务实例采用 GA、PSO 和 TLBO 求解的最优拆卸方案

算法	工位序号	任务序列	工位负载/s	空闲时间/s	需求指数
GA	1	10,9,6	38	2	2970
	2	4,5	40	0	0
	3	7,1	33	7	1770
	4	8	36	4	0
	5	3,2	22	18	5000
改进型 PSO	1	10,9,6	38	2	2970
	2	5,4	40	0	0
	3	7,1	33	7	1770
	4	8	36	4	0
	5	2,3	22	8	4500

(续)

算法	工位序号	任务序列	工位负载/s	空闲时间/s	需求指数
改进型 TLBO	1	6,9,10	38	2	1470
	2	1,5	37	3	0
	3	7,4	36	4	1770
	4	8	36	4	0
	5	2,3	22	18	4500

由表 8-4 可知，对于实例 2，采用遗传算法所得到的工位数为 7 个，工位负载最大值为 595.63s，工位负载最小值为 451.25s，相差 144.38s，相对于节拍时间 600s，时差比例为 24.06%，零部件需求指数之和为 14826；采用改进型粒子群所得到的工位数为 7 个，工位负载最大值为 593.95s，工位负载最小值为 460.89s，相差 133.06s，相对于节拍时间 600s，时差比例为 22.18%，零部件需求指数之和为 15182；而采用改进型教与学优化算法所得到的工位数为 7 个，工位负载最大值为 596.72s，工位负载最小值为 491.73s，仅相差 104.99s，相对于节拍时间 600s，时差比例仅为 17.50%，需求指数之和仅为 13126。由上述结果对比分析可知，所提出的改进型教与学优化算法在解决拆卸服务生产线平衡问题上明显优于遗传算法和改进型粒子群算法，且求解效率比较高。

表 8-4 52 个任务实例采用 GA、PSO 和 TLBO 求解的最优拆卸方案

算法	工位序号	任务序列	工位负载/s	空闲时间/s	需求指数
GA	1	26, 4, 42, 32, 28, 15, 29, 16	593.65	6.35	377
	2	14, 21, 31, 45, 52, 36, 3, 2, 27, 11	595.63	4.37	1655
	3	19, 37, 39, 18, 1, 9	592.15	7.85	1400
	4	23, 38, 17, 33, 47, 46, 44, 43	451.25	148.75	2605
	5	30, 12, 35, 24, 8, 34	581.50	18.50	2501
	6	25, 49, 51, 40, 50, 41, 48, 22, 7, 13	584.12	15.88	3801
	7	10, 6, 5, 20	558.51	41.49	2487
改进型 PSO	1	29, 21, 37, 42, 36, 47, 14, 3, 39	589.50	10.50	495
	2	46, 43, 26, 33, 11, 23, 2, 44	593.95	6.05	1095
	3	1, 9, 12	560.28	39.72	538
	4	4, 31, 45, 30, 52, 25, 28	590.82	9.18	1737
	5	34, 35, 24, 8, 22, 18, 49, 15, 38, 7, 13	577.54	22.46	3790
	6	51, 40, 41, 10, 17, 32, 16, 6, 27, 50	583.83	16.17	5223
	7	19, 5, 20, 18	460.89	139.11	2304

(续)

算法	工位序号	任务序列	工位负载/s	空闲时间/s	需求指数
改进型TLBO	1	33, 29, 14, 11, 28, 15, 27, 37, 39, 23	568.06	31.94	792
	2	4, 31, 32, 45, 52, 19, 21, 42, 38, 16	550.95	49.05	1711
	3	17, 25, 49, 51, 36, 47, 40, 41, 46	596.72	3.28	2287
	4	43, 3, 1, 12, 35	568.13	31.87	1607
	5	24, 34, 22, 7, 9, 50, 8, 44, 13	590.61	9.39	3494
	6	10, 6, 20, 2, 18, 48	491.73	108.27	2020
	7	5, 26, 30	590.61	9.39	1215

8.2.2 确定环境下多产品混流拆卸服务生产线平衡

1. 多产品混流拆卸服务生产线平衡问题

（1）多产品混流拆卸线平衡问题定义 多产品混流拆卸线平衡问题一般定义：每个产品的拆卸过程均由一系列拆卸作业任务构成，它们之间的拆卸作业任务具有较大的相似性，每个拆卸作业任务都有确定的作业时间，各作业任务之间存在优先顺序约束关系。混流拆卸线平衡问题就是在满足拆卸优先关系约束的情况下，将每个产品的拆卸作业任务分配给生产线上的各个工位。在满足工位作业时间不超过节拍时间的条件下，最小化所需工位的数量，均衡化各个工位之间的空闲时间。

多产品混流拆卸线有两种生产方式。第一种方式是，不同种类产品随机进入拆卸生产线，以单个产品流为研究对象。这种生产方式较为方便，但是在不同种类产品的同一工序所用作业时间不同的情况下，不同种类产品的工位作业时间会有差异，差异越大，则工序作业时间短的产品所在的工位空闲时间就会越多，从而制约生产率。第二种生产方式是，不同种类产品根据产品之间的产量大小按比例顺序循环投放至拆卸线，以最小生产单元为研究对象，即拆卸线为一系列最小生产单元的重复生产过程。假定拆卸线上有 M 种产品，品种 m 的产量为 D_m，则 M 种产品的总产量为 $D_M = \sum_{m=1}^{M} D_m$，令 h 为 m 种产品的产量 D_m（$m=1,2,3,\cdots,M$）的最大公约数，则最小生产单元中各种产品的投产量 $d_m = D_m/h$（$m=1,2,3,\cdots,M$）。将 M 种产品以最小生产单元的方式循环投入生产线时，其循环次数为 h 次，一个循环周期为一个最小的生产循环周期。拆卸线单个产品生产节拍为 CT，则最小生产循环周期节拍约束为 $\sum_{m=1}^{M} d_m \text{CT}$。例如，拆卸线上共有 A 和 B 两种产品，其产量分别为 $D_A = 500$，$D_B = 300$，其最大公约数为 100，则两种产品产量的比值为 A：B = 5：3，即将 5 个 A 产品和 3 个 B 产品组合成一个最小生产单元循环100次投入生产线。这种生产方式需要遵守一定的投放顺序，相较于随机的方式繁琐一点。但是，最小生产单元将单元中所有产品的生产节拍之和作为工位所有产品总作业时间的节拍约束，相较于第一种生产方式仅将单个产品的生产节拍作为工位节拍约束，可消除不同种类产品的作业时间差异对生产率的影响。因此，本节研究第二种混流拆卸线生产方式。

（2）多产品混流拆卸线平衡问题研究的一般方法　由于产品的结构相似性，混流拆卸线上不同产品通常含有相同的作业任务，同时不同产品之间也具有相似的作业任务优先关系。因此，可以采用组合优先图方法将多品种混流拆卸线平衡问题转化为单一产品拆卸线平衡问题。组合优先图可通过逻辑或运算将多个产品的作业优先关系图重新组合。假设第 m 种产品的优先关系图为 G_m，G_m 包含节点集 $N(m)$ 和弧集 $L(m)$：

$$N(m) = \{n(p)_1, n(p)_2, n(p)_3, \cdots\} \tag{8-24}$$

$$L(m) = \{l(p)_1, l(p)_2, l(p)_3 \cdots\} \tag{8-25}$$

在优先关系图 G_m 中，作业任务用节点 $n(p)$ 来表示，作业之间的优先顺序用弧 $l(p)$ 来表示。假定共有 K 种产品，产品集合为 $K=\{1,2,3,\cdots,k\}$，各产品的优先关系图为 G_1，G_2，G_3，$\cdots$，G_k，则产品的组合优先关系图可表示为 G_k，G_k 中的节点集 $N(K)$、弧集 $L(K)$ 分别为

$$N(K) = \{N(1) \cup N(2) \cup N(3) \cdots \cup N(k)\} \tag{8-26}$$

$$L(K) = \{L(1) \cup L(2) \cup L(3) \cdots \cup L(k)\} \tag{8-27}$$

在组合优先图中，由于产品自身结构的差异，导致一些作业任务并不包含所有的产品，这里定义一个决策变量 δ_{jm}，若作业任务 j 包含产品 m，则 $\delta_{jm}=1$；若不包含，则 $\delta_{jm}=0$。

令 t_{jm} 表示第 m 种产品作业任务 j 的作业时间，其中，$m=1, 2, 3, \cdots, M$，为产品种类集；$j=1, 2, 3, \cdots, N$，为产品的作业任务集。第 m 种产品的生产量为 d_m（$m=1,2,3,\cdots,M$），则联合优先关系图中作业任务 j 的作业时间 t_j，可以通过计算得出：

$$t_j = \frac{\sum\limits_{m}^{M} t_{jm} d_m}{\sum\limits_{m}^{M} d_m} \tag{8-28}$$

通过以上方法，多品种混流拆卸线平衡问题已转化为单一品种拆卸线平衡问题，从而可以采用求解一般拆卸线平衡问题的方法来求解混流拆卸线平衡问题。下面简单举例说明联合优先关系图的方法。假设混流拆卸线上有 A 和 B 两种产品，它们的拆卸优先关系如图 8-11a、b 所示。再制造产品 A 的数量是 300 个，再制造产品 B 的数量是 100 个，其产品的拆卸数量比为 A∶B=3∶1，由此可以得到联合优先关系图，如图 8-11c 所示。

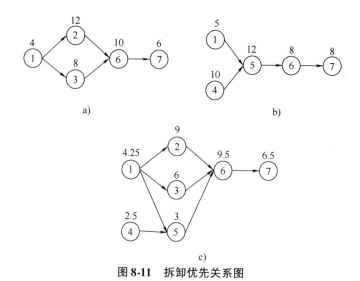

图 8-11 拆卸优先关系图

▶2. 多产品拆卸服务生产线平衡优化模型

（1）数学描述　在多产品批量拆卸服务模式中，直线型拆卸服务生产线平衡问题的目标为：在规定计划期内，已知拆卸线上产品的种类及产量、各产品的拆卸作业任务集、拆卸任务作业时间集、拆卸任务零部件需求指数集，根据拆卸对象的拆卸工艺方案要求，确定拆卸任务联合优先关系约束，并据此确定拆卸工位的分配任务、操作节拍等，使得拆卸生产线最大化负载均衡率。此外，为了提高再制造的价值，需要优先拆卸废旧产品中的高价值零部件。

变量及其参数定义：混流拆卸服务生产线中一共有 N 个再制造产品待拆卸品种，q_n 代表产品 n 产量占所有产品产量之和的比率，M 代表混流拆卸生产线的任务总数，K 代表混流拆卸生产线的工位数，$k(k=1,2,3,\cdots,K)$ 代表混流生产线工位数目识别，CT 为混流拆卸生产线的节拍，i_n 代表产品 n 作业任务在解序列中的位置标识，t_{ni} 为产品 n 第 i 拆卸任务的作业时间，$i(i=1,2,3,\cdots,M)$ 和 $j(j=1,2,3,\cdots,M)$ 代表混流拆卸作业任务标识，R_j 代表混流作业任务 j 的紧前作业任务集合。在再制造拆卸服务生产线中，通常高价值的零部件体现在再制造程度低、高需求等指标上。d_{in} 代表在解序列中位置 i 代表的产品 n 作业任务的零部件需求量，x_{ink} 代表二进制标识，$x_{ink}=1$ 代表产品 n 的作业任务 i 分配给 k 工位，否则为 0。用矩阵 $\boldsymbol{Y}=(y_{ij})_{M\times M}$ 代表联合优先关系，采用二进制标识，$y_{ij}=1$ 代表任务 i 为 j 的紧前作业任务，否则为 0。

（2）模型假设　在进行再制造拆卸服务生产线平衡问题的建模过程中，为了避免模型过于复杂，做如下假设：

1）混流拆卸生产线为多品种相似产品拆卸。
2）再制造混流拆卸生产线中产品结构完整且可完全拆卸。

3）混流拆卸生产线的布局方式为直线型，且再制造产品按照一定的比例投放生产线。

4）再制造产品拆卸任务的拆卸时间是唯一确定的，非随机性变化。

5）混流拆卸任务是不可分的最小自然单位，一个拆卸任务不能被分配到一个以上工位完成，且每个拆卸任务之间是相互独立的。

6）混流拆卸生产线的节拍大于拆卸任务时间中的最大者。

7）再制造产品零件除了拆卸的联合优先约束关系以外没有其他的约束限制。

（3）模型构建 再制造混流拆卸服务生产线各工位之间负载平衡可以使生产处于一种连续状态，提高人员和设备利用率，使整个拆卸过程效率最高，且拆卸效益最大。应优先拆卸高价值的零部件，减少拆卸品的库存，提高拆卸线的产出水平。因此，在建立优化数学模型时主要考虑以下目标：

1）为保证再制造混流拆卸服务生产线高效运行，尽量降低再制造产品在线阻塞，需要使各工位的操作人员具有相对均衡的作业负荷，目标表示为

$$Z_1 = \sqrt{\frac{\sum_{k=1}^{K}\left(\sum_{n=1}^{N}\sum_{i=1}^{M}q_n t_{ni} x_{ink} - \frac{\sum_{k=1}^{K}\sum_{n=1}^{N}\sum_{i=1}^{M}q_n t_{ni} x_{ink}}{K}\right)^2}{K}} \qquad (8-29)$$

2）优先拆卸高价值零部件。在再制造混流拆卸服务生产线中，高价值的零部件具有高需求、回收率高、再制造程度低等特点，为保证拆卸服务生产线的效益最大，则高价值或者高需求的零部件优先拆卸，目标表示为

$$Z_2 = \sum_{n=1}^{N}\sum_{i=1}^{M} i_n d_{in} q_n \qquad (8-30)$$

根据以上对再制造拆卸服务生产线平衡模型的分析，可建立如下多目标优化数学模型：

$$\min Z = (Z_1, Z_2) \qquad (8-31)$$

3）约束条件：

$$\sum_{k=1}^{K} x_{ink} = 1 (i=1,2,3,\cdots,M; n=1,2,3,\cdots,N) \qquad (8-32)$$

$$\sum_{n=1}^{N}\sum_{i=1}^{M} q_n t_{ni} x_{ink} \leq \mathrm{CT}(k=1,2,3,\cdots,K) \qquad (8-33)$$

$$\frac{\sum_{n=1}^{N}\sum_{i=1}^{M} q_n t_{ni}}{\mathrm{CT}} \leq K \leq N \qquad (8-34)$$

$$x_{jnk} \leq \sum_{k=1}^{K} x_{rnk}, \forall r \in R_j (j=1,2,3,\cdots,M; R_j = \{r | y_{rj}=1, y_{rj} \in Y\}) \qquad (8-35)$$

式（8-32）表示每个产品的作业任务均要分配给工位，并且只能分配给某一个工位；式（8-33）表示在一个最小生产单元中分配给每个工位的所有产品的任务作业时间总和不超过单元生产节拍，保证工位负载不能超载；式（8-34）

表示工位数的取值范围；式（8-35）表示对于某种产品 n，其作业任务 j 分配给工位之前，任务 j 的所有紧前任务都已经分配给工位，即保证在满足拆卸作业任务优先关系的情况下分配作业任务。

3. 粒子群优化算法

REYNOLDS 在 1986 年提出了 Bold（Bird-id）模型来模拟自然界中生物的群体特征。之后，HEPPNER 在 Bold 模型的基础之上又加入了栖息地的仿真条件，即鸟群的活动范围不会越出栖息地。PSO 算法就是在该模型的启发之下而出现的一种新颖的群智能优化算法，其思想来源是对鸟群觅食行为的模仿。研究者发现，鸟群在飞行过程中经常会突然改变方向、散开、聚集，其行为不可预测，但其整体总保持一致性，个体与个体之间也保持着最适宜的距离。通过对类似生物群体行为的研究，发现生物群体中存在着一种社会信息共享机制，它为群体的进化提供了一种优势，这也就是 PSO 算法形成的基础。

（1）粒子群算法的原理　在粒子群算法中，每个优化问题的解都是搜索空间中的一个粒子，所有的粒子都有一个由被优化的函数决定的适应度值，每个粒子还有一个速度决定它们飞翔的方向和距离。粒子们追随当前的最优粒子在解空间中搜索。该算法初始化为一群随机粒子（随机解），然后通过迭代找到最优解，在每一次迭代中，粒子通过两个"极值"来更新自己。

粒子群算法的数学描述如下：假设种群规模为 N，在迭代时刻 t，搜索空间为 D 维，则第 i 个粒子的位置表示为向量 $\boldsymbol{P}_i = (P_{i1}, P_{i2}, P_{i3}, \cdots, P_{iD})$；第 i 个粒子的飞行位置变化率（即速度）表示为向量 $\boldsymbol{V}_i = (V_{i1}, V_{i2}, V_{i3}, \cdots, V_{iD})$；第 i 个粒子在飞行的历史中去过的最优位置（即该粒子的个体最优值）表示为向量 $p\text{Best}_i = (P_{i1}, P_{i2}, P_{i3}, \cdots, P_{iD})$，当前种群在飞行中所有粒子的最优位置（即全局最优值）表示为 $g\text{Best}_i$（该值为所有 $p\text{Best}_i$ 中的最优值）。则种群中每个粒子的位置与速度按如下公式进行飞行变化：

$$V_{id}^{(t+1)} = V_{id}^{(t)} + c_1 \cdot \text{rand}(\,) \cdot (p\text{Best}_{id}^{(t)} - V_{id}^{(t)}) + c_2 \cdot \text{rand}(\,) \cdot (g\text{Best} - V_{id}^{(t)})$$

(8-36)

$$X_{id}^{(t+1)} = X_{id}^{(t)} + V_{id}^{(t+1)}$$

(8-37)

式（8-36）中的加速常数 c_1 和 c_2 是两个非负值，这两个常数使粒子具有自我总结和向群体中优秀个体学习的能力，从而向自己的历史最优点以及群体内或领域内的全局最优点靠近。c_1 和 c_2 通常等于 2。rand（）为 [0,1] 范围内相互独立的随机数。第 d（$1 \leq d \leq D$）维的位置变化范围为 $[X_{\min_d}, X_{\max_d}]$，速度变化范围为 $[V_{\min_d}, V_{\max_d}]$。在迭代的过程中，如果位置和速度的值超过边界范围，则取为边界值。$p\text{Best}_i$ 和 $g\text{Best}$ 在种群每一代上的迭代过程见式（8-38）、式（8-39）和式（8-40）。

$$\text{if } F(P_i^{(t+1)}) \geqslant F(p\text{Best}_i^{(t)}) \text{ then } p\text{Best}_i^{(t+1)} = p\text{Best}_i^{(t)} \qquad (8\text{-}38)$$

$$\text{if } F(P_i^{(t+1)}) \leqslant F(p\text{Best}_i^{(t)}) \text{ then } p\text{Best}_i^{(t+1)} = p_i^{(t+1)} \qquad (8\text{-}39)$$

$$g\text{Best}^{(t+1)} = \min\{F(p\text{Best}_1^{(t+1)}), F(p\text{Best}_2^{(t+2)}), \cdots, F(p\text{Best}_D^{(t+i)})\} \qquad (8\text{-}40)$$

在式（8-40）中，$F(p\text{Best}_D^{(t+i)})$ 为适应度函数，即根据适应度函数的值先更新所有粒子的个体最优值 $p\text{Best}_i$，然后用最优的个体最优值来更新全局最优值 $g\text{Best}$。

在两维的搜索空间中，种群中的粒子根据式（8-36）和式（8-37）从位置 X^k 移动到 X^{k+1} 的原理如图 8-12 所示。

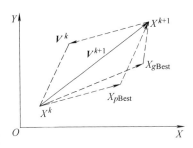

图 8-12 PSO 算法的两维空间移动示意图

（2）粒子群算法的流程 从上述分析可以看出，粒子群算法是一种全局优化算法。算法的具体步骤如下：

1）初始化种群。给定各参数的初始值，在指定的优化范围内初始化种群中每个粒子的速度和位置；初始化加速因子 c_1、c_2 和惯性权重 ω 参数。设每个粒子的个体最优值为 $p\text{Best}_i$，设种群的全局最优值为 $g\text{Best}$。

2）评价每个粒子。根据目标函数，计算出每个粒子的适应度值。

3）更新最优值。如果更新后粒子的适应度值优于原来的值，则将新的适应度值作为该粒子的适应度值，新的粒子的位置作为该粒子的 $p\text{Best}_i$。如果更新后粒子的适应度值优于原来的全局最优值 $g\text{Best}$，则将该粒子的位置作为新的全局最优值 $g\text{Best}$。

4）根据式（8-37）和式（8-38）更新每个粒子的速度与位置。

5）返回步骤2），直到不满足循环条件（通常为达到指定的最大迭代次数或者得到足够好的最优解）为止。

以上粒子群算法的步骤如图 8-13 所示。

（3）标准粒子群算法 基本粒子群算法的速度公式由三项组成：第一项是粒子以前的速度；第二项是"个体认知"部分，是粒子对自身的学习能力；第三项是"社会认知"部分，代表粒子间的协作能力。如果没有第一项，就相当于粒子没有记忆功能，那么粒子的速度仅仅取决于个体认知和社会认知项，这样粒子的搜索就会在逐代

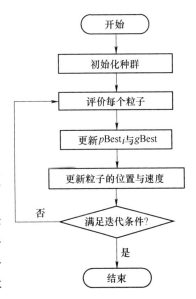

图 8-13 PSO 算法的基本步骤

的不停迭代中衰退，这就和局部搜索算法类似，不存在全局搜索能力。如果没有后面两项的话，粒子就是沿着初始速度的方向，永远不停地飞下去，直到飞到边界上，这样的粒子是不可能飞到最优位置上的。也就是说，记忆功能体现着算法的全局搜索能力，而个体认知能力和社会认知能力则代表着算法的局部搜索能力。在基本粒子群算法的基础上，由 Shi 和 Eberhart 给出惯性权重的概念对算法进行了改进，引入惯性权重是为了更好地权衡全局搜索和局部搜索能力。惯性权重 ω 可以是一个固定的数，也可以在算法中调整变化，此时粒子群算法的速度公式就变为

$$V_{id}^{(t+1)} = \omega V_{id}^{(t)} + c_1 \cdot \text{rand}() \cdot (p\text{Best}_{id}^{(t)} - V_{id}^{(t)}) + c_2 \cdot \text{rand}() \cdot (g\text{Best} - V_{id}^{(t)}) \tag{8-41}$$

$$X_{id}^{(t+1)} = X_{id}^{(t)} + V_{id}^{(t+1)} \quad (1 \leqslant i \leqslant N, 1 \leqslant d \leqslant D) \tag{8-42}$$

惯性权重 ω 的大小代表着以前的速度对当前速度的影响，这对全局搜索能力和局部搜索能力也有影响。当 ω 的值较大时，全局搜索能力较强；而当 ω 的值较小时，则局部搜索能力较强。所以，选择一个合适的惯性权重使算法的全局搜索和局部搜索能力达到一个平衡，则可以提高算法的收敛精度和速度。目前使用较多的是惯性权重递减的策略，即根据迭代次数进行动态调整，使得 ω 随着迭代次数的增加而逐渐减小：

$$\omega = \omega_{\max} - \frac{\text{Iter}(\omega_{\max} - \omega_{\min})}{\text{IterMax}} \tag{8-43}$$

式中，$\omega_{\max}$ 为最大惯性权重；$\omega_{\min}$ 为最小惯性权重。Shi 经过多次实验，认为取值为 0.9 递减到 0.4 会得到较好的算法性能。IterMax 为最大迭代次数，Iter 为当前迭代次数。惯性权重 ω 能够让粒子维持原有的运动状态，从而获得拓展搜索的能力。ω 的取值一般为 [0.2,1.2]，ω 越向右取值，全局优化能力越强；反之，ω 越向左取值，局部搜索能力越强。因此，ω 值的设定对 PSO 搜索能力的优劣起着决定性作用。

由于粒子群算法起源于对鸟类系统的模拟，算法本身缺乏坚实的数学基础。Clerc 在 1999 年对算法的数学研究证明，采用收缩因子能够保证算法的收敛。带收缩因子粒子群算法的速度公式具体表示如下：

$$V_{id}^{(t+1)} = \chi [V_{id}^{(t)} + c_1 \cdot \text{rand}() \cdot (p\text{Best}_{id}^{(t)} - V_{id}^{(t)}) + c_2 \cdot \text{rand}() \cdot (g\text{Best} - V_{id}^{(t)})] \tag{8-44}$$

$$X_{id}^{(t+1)} = X_{id}^{(t)} + V_{id}^{(t+1)} \quad (1 \leqslant i \leqslant N, 1 \leqslant d \leqslant D) \tag{8-45}$$

其中，收缩因子表示为

$$\chi = \frac{2}{|2 - \phi - \sqrt{\phi^2 - 4\phi}|}, \quad \phi = c_1 + c_2, \phi > 4 \tag{8-46}$$

Clerc 等人不仅证明了式（8-46）可以保证算法的收敛，并且提出取 $\phi = 4.1$

时具有较好的收敛性。当然，算法参数的设定不是唯一的，相关文献通过理论分析及大量实验比较，提出在区间 [4.05，4.3] 上选取较为合理，并且对于多模态（multimodal）函数选为 4.05 比较适宜，单模态（unimodal）函数则设为 4.1。

上述采用式（8-41）和式（8-44）表示粒子速度的粒子群算法都被称为标准粒子群算法（Standard Particle Swarm Optimization），并被推广应用于 PSO 的研究中。PSO 因规则简单、收敛速度快、参数较少、易于实现等特点受到了广泛关注，而且在实际工程领域中得到了运用并取得了很好的效果。

(4) 粒子群算法的参数控制

1) 惯性权重 ω。前面已对粒子群算法的权重 ω 做了简述，这里再做一下详细阐述。原始粒子群算法分为三部分：$V_{id}^{(t)}$、$c_1 \cdot \mathrm{rand}() \cdot (p\mathrm{Best}_{id}^{(t)} - V_{id}^{(t)})$ 和 $c_2 \cdot \mathrm{rand}() \cdot (g\mathrm{Best} - V_{id}^{(t)})$。没有第一部分 $V_{id}^{(t)}$，相当于局部搜索算法（local search aglorthm），所有粒子群很容易趋向于同一位置。只有当全局最优解刚好在初始的搜索空间中时，才会有更大的机会使 PSO 找到最终解。因此，最后的解严重依赖于初始种群。所以，没有第一部分，算法很可能只展示局部搜索能力。另一方面，如果增强第一部分 $V_{id}^{(t)}$，则粒子就会扩展搜索空间的能力，也就是有能力扩展新的搜索区域。所以，如果增强第一部分 $V_{id}^{(t)}$，则算法的全局搜索能力就会增强。局部搜索能力和全局搜索能力都有利于解决某些种类的问题。因此，算法的全局搜索与局部搜索必须存在一个平衡。对不同问题存在不同的平衡力，而惯性权重 ω 的引入能起到平衡局部搜索能力和全局搜索能力的作用。从实验的效果来说，当权重固定值的范围是 [0.9，1.2] 时，会得到一个好的优化结果，能更好地找到全局最优解。

从实验中可以看到，采用大的惯性权重，PSO 算法对初始解的依赖更少，有更强的全局搜索能力（搜索新的区域）；采用小的惯性权重，则倾向于有更好的局部搜索能力，能精细搜索当前的小区域。对于任何优化搜索算法，都需要在早期具有更强的全局搜索能力，尽可能多地发现好的解集；在后期具有更强的局部搜索能力，去搜索局部的最优解。因此，权重 ω 是一个随时间递减的函数，而不是一个固定不变的值，开始赋给大值，而后线性减小到一定值，其较好的递减范围是 0.4~1.4。Shi 和 Eberhar 所做的实验再一次说明，采用变权重 ω 的 PSO 算法，其性能有很大的提高且能获得更好的结果。

2) 群体规模 m。显然，m 越大，相互协同搜索的粒子就越多，越能发挥 PSO 的搜索能力。然而若群体过大，需要计算的时间将大幅增加。有研究发现，当群体规模增长到一定数量后，再增大规模对提高搜索算法能力并没多大帮助。如果 $m=1$，PSO 算法就是个体搜索技术，没有全局信息可用，显然很容易陷入局部最优。当 m 很大时，PSO 算法的全局优化能力加强，但搜索时间增加，而且收敛全局最优点的速度将非常慢。目前，多项研究发现，这个参数取值为20较为合适。

3）学习因子：c_1和c_2。在PSO算法中，学习因子是控制粒子向自我历史经验和群体最优个体学习的因子，从而控制向群体内或邻域内最优点靠近。与权重ω作用类似，学习因子也能起到平衡局部搜索与全局搜索能力的作用。与权重相反，学习因子值越大，越有利于算法收敛，越能增加局部搜索能力。一般c_1等于c_2，范围为0~4，通常取2。在PSO算法的理论分析中，对权重与学习因子取值做了比较深入的研究，两者取值相关联。Zhang等利用实验也对权重与学习因子参数做了详细分析，得到的结果与理论分析结果基本一致。

4）最大速度V_{max}。最大速度V_{max}决定粒子在一次迭代中最大的移动距离。V_{max}若较大，搜索能力增强，但是粒子容易越过最好解；V_{max}若较小，开发能力增强，但是容易陷入局部最优。有分析和实验表明，设定的值可以通过调整惯性权重来实现。但现在的实验基本上对V_{max}进行初始设定以后就使其固定不变，一般将V_{max}设定为每维变量的取值范围，而不细致地进行选择与调节。

5）停止准则。一般使用最大迭代次数或可以接受的满意解作为停止准则。

6）拓扑结构。对于拓扑结构，PSO算法创始者很早就进行了研究，提出了几种不同结构的模型：全局模型、环形模型和局部模型。使用较多的是全局模型和局部模型。全局模型PSO将整个群体作为粒子的邻域，收敛速度快，不过有时会陷入局部最优；局部模型PSO将索引号相近或者位置相近的个体作为粒子的邻域，收敛速度较慢，不容易陷入局部最优。在实际应用中，可以先用全局模型PSO找到大致的结果，再用局部模型PSO进行搜索。本节所采用的模型是全局模型。

7）粒子空间的初始化。与其他智能随机搜索算法一样，PSO算法能较好地选择粒子的初始化空间，将大大缩短收敛时间。但初始化结果的好坏依赖于具体问题，而搜索算法与问题无关。所以，为了更合理，初始化结果应具有完全随机性。例如，对粒子位置的初始化应让每粒子在整个搜索空间按均匀分布取样，这样才较为合理。

参数选择是算法一个很重要的问题，参数选择是否恰当直接影响算法的性能。对参数的选择其实是依赖性问题的，参数分析也是PSO算法分析研究的一个方向。

4. 混合遗传算法的改进粒子群优化算法

前面描述的标准粒子群算法在解决不同问题时能有效地搜索到全局最优解，但在处理一些离散的组合优化问题时会有收敛速度慢或容易陷入局部收敛等缺点。在解决拆卸线平衡这种复杂的、离散的组合优化NP问题时，需要对拆卸线的粒子群算法进行相关的改进研究。

拆卸平衡问题是一种离散问题，传统的粒子群算法主要利用连续的搜索方式在最优解附近进行搜索。但是，基本粒子群算法在解决离散问题时搜索空间受到局限，容易早熟和陷入局部最优。为了提高粒子群算法在解决离散性问题中的搜索效率，在传统粒子群算法模型的基础上，本节结合遗传算法的操作，从广义的角度对基本粒子群算法进行改进。

（1）基于遗传思想改进粒子群算法　Angeline 提出的混合 PSO 算法，主要用到 PSO 算法的基本机制以及演化计算所采用的自然选择机制。由于 PSO 算法搜索过程依赖 gBest 和 $pBest_i$，搜索区域有可能受到限制。自然选择机制的引入将会逐渐减弱其影响。测试结果显示该法提高了 PSO 算法的局部搜索能力，但同时削弱了全局搜索能力。

Angeline 提出了杂交粒子群算法，粒子群中的粒子被赋予了一个杂交概率，这个杂交概率是用户确定的，与粒子的适应度值无关。在每次迭代中，依据杂交概率选取指定数量的粒子放入一个池中。池中的粒子随机地两两杂交，产生相同数的子代，并用子代粒子取代父代粒子，以保持种群的粒子数目不变。

这种算法综合了粒子群算法和遗传算法在解决 NP 离散问题时的优势，弥补了基本连续型粒子群算法在解决离散问题时存在的局限性，同时发挥了新的遗传算法的优点。

（2）基于遗传思想改进粒子群算法的改进原理　遗传算法（Genetic Algorithm，GA）自 20 世纪 70 年代初首次提出，至今在多种算法中都有相关的改进和应用。遗传算法中对染色体的二维交叉算法与变异算子的操作在 TSP 问题、工作流调度问题等离散组合优化问题中得到很有效的应用。拆卸线平衡问题与装配线、工作流调度问题一样，都是离散 NP 问题，为了提高基本粒子群算法在拆卸线平衡问题中的求解效率和对最优解的搜索能力，本节引入遗传算法中对染色体的交叉和变异算子来指导粒子的飞行（GA-PSO）。

遗传算法是仿效生物进化以及生物遗传机制演化而来的随机性算法，由 Holland 教授正式提出。GA 算法主要是通过模拟自然界"适者生存"的进化理论，结合遗传、变异理论，对种群中的个体进行适应度评价，从而实现"优胜劣汰"的进化过程，提高种群的适应度，从而找到最优解。

GA 通过对生物基因遗传的模拟，保留适应性好的个体并遗传给子代。与此同时，种群中的个体因为环境或者遗传的过程中会发生基因突变，保留适应性好的个体，淘汰适应性差的个体，在种群迭代过程中，不断改善种群可行解，直至达到算法终止条件。

GA 可以针对结构化对象进行编码并求解而不局限于问题本身，在目标求解时以概率化进行寻优，不需要过多的辅助信息，具有良好的全局寻优能力，同时具有并行性及可拓展性,因此,针对离散型问题有着较好的优化性能。GA 已经在组合优化、图像处理等领域得到广泛运用。

图 8-14 和图 8-15 所示为遗传算法中的交叉算子操作。

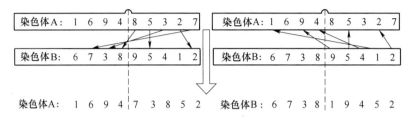

图 8-14 单点交叉的两个个体的交叉示意图

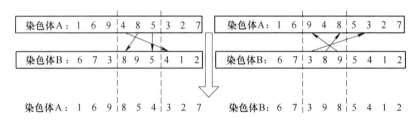

图 8-15 两点交叉的两个个体的交叉示意图

图 8-14 所示为两个染色体单点交叉操作,其中虚线为需要进行两两交叉的界限。染色体 A、B 分别被交叉点分成两个区域。以染色体 A 为例,它的第一部分基因被保留,第二部分包含的基因按照其相对应的基因在染色体 B 部分的排序进行重新排列组合,染色体 A 产生新的基因排列。同理,染色体 B 按照染色体 A 的方式对对应基因进行交叉更新。

图 8-15 所示为两点交叉的染色体示意图,其中的基因交叉部分为两个交叉点之间的区域,其交叉原理与单点交叉相同。

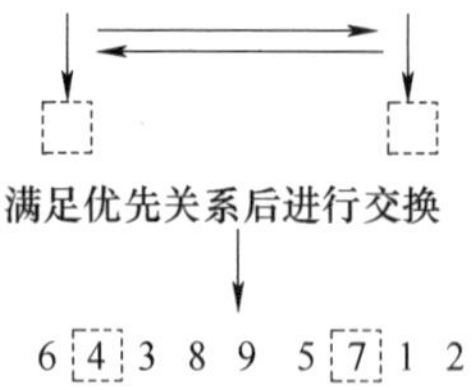

本节采用遗传算法变异操作是随机产生需要变异的位置。如图 8-16 所示,个体变异操作是在解序列中随机选择两个可以交换位置的零件,在满足零件优先关系约束的条件下,对两个位置的零件进行交换,产生新的零件拆卸序列。结合遗传算法的交叉和变异操作,基本粒子群算法集合遗传算法的相关操作重新定义后可以表述为式(8-47)。

图 8-16 染色体进行变异示意图

$$X_i(t+1) = w \oplus F_3(c_2 \oplus F_2(c_1 \oplus (F_1(X_i(t), P_i(t)), P_g(t)))) \quad (8\text{-}47)$$

式中,w 为惯性权重值;c_1 和 c_2 为学习因子。

那么根据实际的问题,改进后的粒子群算法在解决离散问题时的操作如下:

1)个体学习部分。基本粒子群算法的个体学习部分$c_1 \oplus F_1(P_i(t) - x_i(t))$根据实际的拆卸线平衡问题进行广义定义后表示为$c_1 \oplus F_1(X_i(t), P_i(t))$,其含义为当前粒子路径与粒子个体最优的路径进行交叉操作。$c_1 \times$ rand 为随机交叉区域的长度。

2)全局学习部分。基本粒子群算法中的全局学习部分$c_2 \times$ rand $\times (P_g(t) - x_i(t))$根据实际的拆卸线平衡问题进行广义定义后表示为$c_2 \oplus F_2(c_1 \oplus F_1(X_i(t), P_i(t)), P_g(t))$,其含义是粒子在完成与个体最优路径交叉操作之后,新产生的粒子路径与全局最优粒子路径进行交叉。$c_2 \times$ rand 为随机交叉区域的长度。

3)根据惯性权重对路径进行两两位置交换的变异。惯性权重 w 的影响则对应粒子路径中的交换操作,即根据路径中零件的优先关系,调整粒子路径中可交换的操作。$w \oplus F_3(c_2 \oplus F_2(c_1 \oplus (F_1(X_i(t), P_i(t)), P_g(t))))$表示粒子速度部分的含义,在混合遗传算法的改进粒子群算法中,其意义为在经历了个体学习和全局学习的交叉操作之后,对粒子表示的路径在位置 w 在满足零件优先关系的条件下进行两两位置交换的变异。

(3)混合遗传算法的改进粒子群算法的具体实现步骤 混合遗传算法的改进粒子群算法的流程如图 8-17 所示。其具体实现步骤如下:

1)在约束条件的限制下,产生初始粒子 x_i 代表的路径,并随机产生初始种群个体最优路径 $p\text{Best}_i$ 和全局最优路径 $g\text{Best}$。

2)计算初始粒子种群的适应度值 fitness。

3)进入循环,判断循环条件是否达到。若达到,则转至步骤9),否则进入下一步骤。

4)根据粒子适应度值,更新粒子的个体最优 $p\text{Best}_i$ 和全局最优 $g\text{Best}$。

5)按照前面介绍的混合遗传算法广义粒子群的进化操作,对于粒子 i,首先将其路径同其个体最优路径交叉,交叉区域长度为 ceil($c_1 \times$ rand)。

6)由上一交叉步骤得到的新路径同全局最优粒子路径进行交叉,进一步得到新的粒子路径,交叉区域长度为 ceil($c_2 \times$ rand)。

7)对上一步产生的粒子个体序列进行变异,在满足零件优先关系约束的条件下,随机选择可以进行拆卸零件位置交换的零件进行交换。

8)计算新产生的种群适应度值,若新产生的种群适应度值优于当前种群的适应度值,则用新的粒子替换当前粒子;否则,不更新粒子的路径信息。

9)判断循环结束条件是否达到。若达到,进入下一步骤;否则返回步骤3)。

10)输出全局最优粒子,并对最优粒子代表的路径进行解码输出。

(4)算法验证 为验证本节所提算法的有效性,选取经典实例进行求解验证。实例为李亚军在实验中给出的 47 个拆卸任务的实际案例。

A、B、C 三种产品的拆卸量分别为 $D_A = 300$,$D_B = 200$,$D_C = 300$,则其产量比

值为 A∶B∶C=3∶2∶3，生产节拍为 130s。则最小生产单元包含 3 个 A 产品、2 个 B 产品、3 个 C 产品，最小生产单元总生产节拍为 130×(3+2+3)s=1040s。表 8-5 列出了实例的详细数据。图 8-18 是 47 个拆卸作业任务的优先约束关系图。

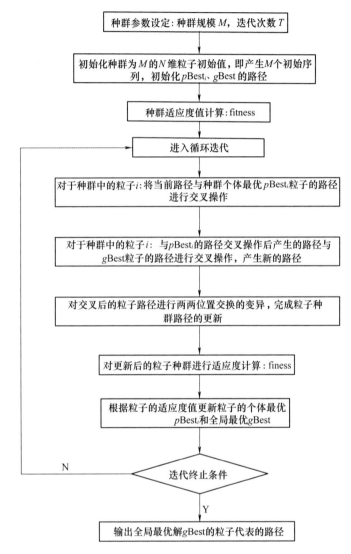

图 8-17　混合遗传算法的改进粒子群算法流程

每个案例运行 10 次，记录下平均值。算法的终止条件为运行时间达到 $nt \times nt \times 10\text{ms}$。将本节提出的改进型 PSO 算法、改进型 TLBO 算法与遗传算法（GA）的结果进行对比，表 8-6 所列为实例所需工位个数的对比结果。

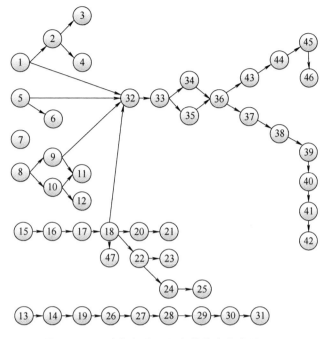

图 8-18 47 个拆卸作业任务的优先约束关系图

表 8-5 47 个任务的拆卸时间

工位序号	A 产品拆卸时间/s	B 产品拆卸时间/s	C 产品拆卸时间/s	需求量	工位序号	A 产品拆卸时间/s	B 产品拆卸时间/s	C 产品拆卸时间/s	需求量
1	14	16	18	1	15	20	24	28	1
2	28	32	36	1	16	5	7	9	1
3	3	4	9	3	17	28	32	36	1
4	2	4	6	1	18	4	6	8	2
5	3	4	9	5	19	3	4	9	7
6	4	6	8	1	20	12	16	20	1
7	8	10	12	1	21	3	4	9	6
8	12	16	20	1	22	3	4	9	7
9	4	5	6	2	23	28	32	36	1
10	28	32	36	1	24	28	32	36	1
11	3	4	9	4	25	12	16	20	6
12	4	6	8	1	26	76	88	100	1
13	6	8	10	1	27	6	8	10	2
14	1	2	3	2	28	28	32	36	1

(续)

工位序号	A产品拆卸时间/s	B产品拆卸时间/s	C产品拆卸时间/s	需求量	工位序号	A产品拆卸时间/s	B产品拆卸时间/s	C产品拆卸时间/s	需求量
29	3	6	11	4	39	60	72	84	1
30	6	8	10	1	40	8	10	12	3
31	3	4	9	7	41	12	16	20	1
32	98	104	110	1	42	3	4	9	3
33	14	18	22	2	43	12	16	20	1
34	2	4	6	2	44	3	4	9	4
35	6	8	10	1	45	28	32	36	1
36	7	8	12	4	46	2	4	6	3
37	60	72	84	1	47	3	4	9	7
38	6	8	10	1					

由表 8-6 可知，对于该实例，改进型 PSO 算法所得到的解都优于改进型 TLBO 算法和 GA，这有效说明了所提出的改进型 PSO 算法的优越性。

表 8-6 算法求解结果对比

实例节拍/s	改进型 PSO			改进型 TLBO			GA		
	平均值/ns	最大值/ns	最小值/ns	平均值/ns	最大值/ns	最小值/ns	平均值/ns	最大值/ns	最小值/ns
1040	7	7	7	7.1	8	7	7.5	8	7

表 8-7 所列为三种优化算法求解实例得到的最优拆卸方案。

表 8-7 47 个任务采用 GA、TLBO 和 PSO 求解的最优拆卸方案

算法	工位序号	任务序列	负载/s	空闲时间/s	需求指数
改进型 PSO	1	15, 16, 17, 18, 21, 47, 20, 22, 13, 14, 19, 5, 6	1028	12	328
	2	26, 27, 28	1024	16	60
	3	29, 30, 31, 24, 25, 7, 1, 8, 9	922	118	484
	4	32, 33, 34	1008	32	136
	5	35, 10, 36, 37, 38	1033	7	248
	6	39, 40, 41, 11, 42, 43	1000	40	476
	7	2, 3, 44, 45, 23, 46, 12, 4	968	72	646

(续)

算法	工位序号	任务序列	负载/s	空闲时间/s	需求指数
改进型TLBO	1	15, 16, 5, 17, 18, 47, 21, 20, 22, 13, 6, 14, 19	1028	12	323
	2	24, 8, 25, 9, 1, 10, 12, 11	1028	12	300
	3	26, 27, 28	1024	16	92
	4	29, 30, 32, 31	994	46	349
	5	33, 35, 34, 43, 36, 44, 45, 2, 46	1029	11	632
	6	3, 37, 38, 23, 4	972	68	276
	7	7, 39, 40, 41, 42	908	132	409
GA	1	13, 5, 14, 19, 15, 16, 17, 18, 47, 21, 20, 22, 6	1028	12	310
	2	8, 24, 25, 9, 1, 7, 23	1016	24	216
	3	26, 27, 28	1024	16	88
	4	29, 30, 31, 32	994	46	330
	5	33, 34, 35, 36, 43, 44, 10, 45, 46	1029	11	609
	6	2, 11, 3, 37, 38, 4	1016	24	429
	7	12, 39, 40, 41, 42	876	154	409

由表 8-7 可知，对于实例采用遗传算法（GA）所得到的工位数为 7 个，工位负载最大值为 1029s，工位负载最小值为 876s，相差 153s，相对于节拍时间 1040s，时差比例为 14.71%，零部件需求指数之和为 2391；采用改进型 TLBO 算法所得到的工位数为 7 个，工位负载最大值为 1029s，工位负载最小值为 908s，相差为 121s，相对于节拍时间 1040s，时差比例为 11.63%，需求指数之和为 2381；而采用改进型 PSO 算法所得到的工位数为 7 个，工位负载最大值为 1033s，工位负载最小值为 922s，仅相差 111s，相对于节拍时间 1040s，时差比例仅为 10.67%，需求指数之和仅为 2378。由上述结果对比分析可知，所提出的改进型 PSO 算法在解决多产品混流拆卸线平衡问题上优于改进型 TLBO 算法和 GA，且求解效率比较高。

8.2.3　工程实例：确定环境下某企业减速器拆卸线平衡

1. 单产品拆卸服务生产线平衡实例分析

某再制造企业需要一批轴、齿轮轴及齿轮等废旧零件，该企业从回收商处购得一批废旧减速器，选择了专业拆卸服务企业为其提供拆卸服务。该企业对减速器进行检测、评估后，拟采用直线型拆卸生产线进行拆卸，并制订了拆卸方案。图 8-19 为减速器的示意图。

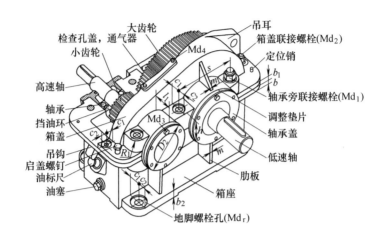

图 8-19 减速器示意图

图 8-20 中的拆卸时间数据的测试对象为熟练工人，现场拆卸任务强度中等，减速器各零件拆卸任务所需时间均通过秒表采用测时法获得，各零件需求指标 $d_m = (0,4,6,5,3,8,11,3,4,6,14,4,8,6,14,12,16,22)$。

综合考虑减速器零件之间的拆卸约束条件和拆卸工艺要求，得到了如图 8-20 所示的减速器零件拆卸任务优先关系图，给定节拍为 CT = 240s。算法采用 Microsoft Visual C++ 语言进行编程，并在配置为 2.50GHz Intel（R）Core（TM）4GB 内存的个人计算机上运行。每个案例运行 10 次，记录下平均值。算法的终止条件为运行时间达到 $nt \times nt \times 10$ms。

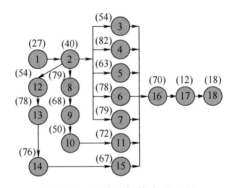

图 8-20 零件拆卸优先关系图

由表 8-8 可知，改进型 TLBO 算法所求得的解优于 GA。

表 8-8 算法求解结果对比

案例节拍/s	GA			改进型 TLBO		
	平均值/ns	最小值/ns	最大值/ns	平均值/ns	最小值/ns	最大值/ns
240	5.2	5	6	5	5	5

由表 8-9 可知，采用 GA 所得到的工位数为 5 个，工位负载最大值为 240s，工位负载最小值为 168s，相差 72s，相对于节拍时间 240s，时差比例为 30%，零部件需求指数之和为 1745；而采用改进型 TLBO 算法所得到的工位数为 5 个，工位负载最大值为 234s，工位负载最小值为 186s，仅相差 48s，相对于节拍时间 240s，时差比例仅为 20%，部件需求指数之和仅为 1659。由上述结果分析可知，所提出的改进型 TLBO 算法在求解再制造拆卸服务生产线平衡问题上具有优越性。

表 8-9 减速器实例采用 GA 和 TLBO 算法求解的最优拆卸方案

算法	工位序号	任务序列	工位负载/s	空闲时间/s	需求指数
GA	1	1，2，12，3，5	240	0	59
	2	7，13，4	234	6	162
	3	14，15，6	216	24	282
	4	8，9，10	168	72	172
	5	11，16，17，18	180	60	1070
改进型 TLBO	1	1，2，7，6	225	15	73
	2	12，13，14	201	39	110
	3	15，8，9，10	234	6	245
	4	3，11，5	192	48	296
	5	4，16，17，18	186	54	935

2. 多产品混流拆卸服务生产线平衡实例分析

应用上述改进型粒子群算法求解苏亚军在实验中给出的废旧发动机完全拆卸实例问题，分析该算法在求解多品种混流拆卸线平衡问题上的实用性能。原文献中作业任务时间为三角模糊数据，故将原文献中的作业任务时间最小值、均值、最大值分别赋给三个产品的作业任务时间。

A、B、C 三种产品的拆卸量分别为 $D_A=100$，$D_B=200$，$D_C=100$，则其产量比值为 A：B：C = 1：2：1，生产节拍为 775s。则最小生产单元包含 1 个 A 产品、2 个 B 产品、1 个 C 产品，混流拆卸生产线的最小生产单元总生产节拍 $CT=775\times(1+2+1)s=3100s$，发动机拆卸过程含有 34 个拆卸作业任务。发动机结构示意图如图 8-21 所示，其拆卸时间和需求指标信息见表 8-10，废旧发动机拆卸作业联合优先关系如图8-22所示。

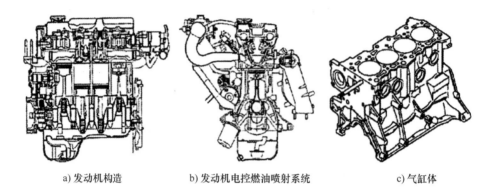

a) 发动机构造　　　b) 发动机电控燃油喷射系统　　　c) 气缸体

图8-21　发动机结构示意图

每个案例运行10次,记录下平均值。算法的终止条件为运行时间达到 $n_t \times n_t \times 10\text{ms}$。将本书提出的改进型PSO算法、改进型TLBO算法与遗传算法(GA)的结果进行对比,表8-11所列为实例所需工位个数的对比结果。

表8-10　发动机拆卸时间和需求指标信息

工位序号	A产品拆卸时间/s	B产品拆卸时间/s	C产品拆卸时间/s	需求量	工位序号	A产品拆卸时间/s	B产品拆卸时间/s	C产品拆卸时间/s	需求量
1	32	38	44	5	18	172	180	188	40
2	21	23	25	65	19	138	144	150	40
3	26	30	34	15	20	710	730	750	95
4	50	56	62	15	21	54	60	66	65
5	151	161	171	35	22	122	126	130	40
6	8	10	12	40	23	34	38	42	40
7	10	12	14	45	24	6	10	14	25
8	10	12	14	65	25	80	84	88	15
9	68	70	72	8	26	48	54	62	95
10	134	140	146	8	27	22	24	26	30
11	41	45	49	15	28	20	24	28	30
12	30	34	38	60	29	661	675	689	45
13	32	34	36	70	30	40	44	48	50
14	66	70	74	30	31	30	36	42	65
15	6	10	14	45	32	59	63	67	30
16	50	56	62	95	33	28	30	32	25
17	8.8	10.8	12.8	50	34	520	530	540	55

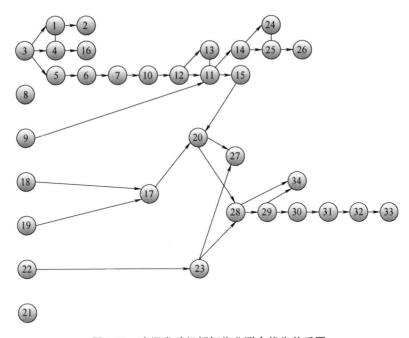

图 8-22 废旧发动机拆卸作业联合优先关系图

表 8-11 算法求解结果对比

案例节拍/s	改进型 PSO			改进型 TLBO			GA		
	平均值/ns	最大值/ns	最小值/ns	平均值/ns	最大值/ns	最小值/ns	平均值/ns	最大值/ns	最小值/ns
3100	5	5	5	5.1	6	5	5.1	6	5

由表 8-11 可知,对于该实例,改进型 PSO 算法所得到的解都优于改进型 TLBO 算法和 GA,这有效说明了所提出的改进型 PSO 算法的优越性。采用改进型 PSO 算法、GA 和改进型 TLBO 算法求解实例得到的最优拆卸方案见表 8-12。

表 8-12 废旧发动机实例采用 GA、TLBO 和 PSO 求解的最优拆卸方案

算法	工位序号	任务序列	工位负载/s	空闲时间/s	需求指数
改进型 PSO	1	3, 22, 18, 5, 1, 19, 6, 17, 2, 7, 23	3091.20	8.8	2775
	2	20, 28, 8	3064	36	2440
	3	27, 29, 21	3036	64	2275
	4	30, 4, 16, 31, 32, 9, 33, 10, 12, 13, 11, 14, 15, 24	2792	108	1299
	5	25, 26, 34	2674	426	5485

215

（续）

算法	工位序号	任务序列	工位负载/s	空闲时间/s	需求指数
改进型TLBO	1	9,22,23,21,3,4,19,16,18,17	3083.20	16.8	2533
	2	1,2,8,5,6,7,10,12,11,15,13,14,25,26,24	2950	150	11271
	3	20,27	3016	84	3280
	4	28,29,30	1972	128	3645
	5	31,32,33,34	2636	467	5670
GA	1	18,9,8,19,22,23,21,3,1,4,17	3059.20	40.8	2171
	2	5,16,6,7,10,12,13,11,14,24,2,25,26,15	2974	126	11888
	3	20,28	3016	84	3280
	4	29,30,31	3020	80	4660
	5	34,32,33,27	2588	512	4510

由表 8-12 可知，对于该实例，采用 GA 所得到的工位数为 5 个，工位负载最大值为 3059.20s，工位负载最小值为 2588s，相差 471.2s，相对于节拍时间 3100s，时差比例为 15.2%，零部件需求指数之和为 26509；采用改进型 TLBO 算法所得到的工位数为 5 个，工位负载最大值为 3083.20s，工位负载最小值为 2636s，相差 447.2s，相对于节拍时间 3100s，时差比例为 14.43%，需求指数之和为 26399；而采用改进型 PSO 算法所得到的工位数为 5 个，工位负载最大值为 3091.20s，工位负载最小值为 2674s，仅相差 417.2s，相对于节拍时间 3100s，时差比例仅为 13.46%，需求指数之和仅为 25934。由上述结果对比分析可知，所提出的改进型 PSO 算法在解决多产品混流拆卸生产线平衡问题上明显优于改进型 TLBO 算法和 GA，且求解效率比较高。

8.3 随机环境下再制造拆卸服务生产线平衡

8.3.1 再制造拆卸服务生产线的随机性及处理方法

1. 再制造拆卸服务生产线不确定性因素分析

（1）拆卸线的复杂性　退役产品的拆卸是逆向供应链中一个必要环节，采用系统的技术、方法将退役产品中的零部件拆解出来，让具有高价值、高需求的零件经过一系列再制造处理之后重新投入市场，在实现绿色制造方面起着十分重要的作用，但拆卸作业不能等同于新产品组装的逆向工序。

与装配线相比，拆卸线出现的时间较晚，各个方面也不如装配线成熟。装配线是由"多到一",拆卸线是由"一到多"的过程,装配线面向的对象是一个完整的产品,零件的来源一般稳定,质量高,零件之间的优先关系、市场需求明确。相反,拆卸退役产品的复杂程度远远超过装配过程。拆卸线的复杂特性如下:

1) 退役产品种类繁多、来源不稳定。

2) 退役产品的服役时间、磨损程度以及工作环境的不同会使同类产品的拆卸难度不同。

3) 约束关系不止是简单的优先顺序关系,还要考虑到生产线的时间约束、工位约束以及零件连接是否已经失效,是否需要破坏性拆卸等。

4) 市场需求的不确定性也会对拆卸造成一定的影响。如,某退役产品中仅有少部分符合市场需求、具有高价值的零件,因为优先关系的存在不得不对零件进行完整拆卸。

5) 在产品使用过程中,使用方进行维修保养时添加或减少零件以满足使用要求,导致拆卸任务数不同。

6) 在拆卸过程中,有的采用机器人拆卸,有的采用人工拆卸,拆卸的作业方式也会引起拆卸作业时间的差异。

7) 有的产品中包含对人体、环境有害的物质,拆卸作业应该高度重视,以免有害物质对人体、环境造成危害,这样也会引起拆卸时间的不确定。

综上,拆卸生产线比装配生产线更不稳定,这增大了企业作业的难度,也决定了拆卸线不能简单地理解成装配线的逆向过程。在实际的拆卸作业过程中,拆卸作业时间具有随机性,在建立数学模型时应该考虑进去。

(2) 产品结构相似度分析 混流拆卸作业能够同时对多种或者同种的多个类型的产品进行作业。拆卸时既要考虑退役产品的拆卸优先关系,又要考虑不同产品之间的结构差异属性。每一个产品都存在特征与属性,产品之间的零部件或多或少都存在物理、化学、几何等方面的相似性。

退役产品种类众多,产品的结构差异对混流拆卸作业有很大的干扰。因此,引进结构相似度系数 γ 对不同产品的结构相似度进行度量。考虑结构相似性对混流拆卸线平衡的随机影响,假设现有退役产品集 $E = \{E_1, E_2, E_3, \cdots, E_M\}$,在对退役产品进行混流拆卸之前首先进行结构相似度判断。结构相似度系数判断公式为

$$\gamma_E = \frac{[\cap(E_x, \cdots, E_y)]_{count}}{[\cup(E_x, \cdots, E_y)]_{count}} \quad (x=1,2,3,\cdots,M; y=1,2,3,\cdots,M; x \neq y), 0 \leq \gamma_E \leq 1$$

式中,$[\cap(E_x, \cdots, E_y)]_{count}$ 是参与混流的待拆产品具有相似结构的零部件数量;$[\cup(E_x, \cdots, E_y)]_{count}$ 是参与混流的产品总共的零部件数量。若 $\gamma_E = 0$,则参与混流的产品是结构完全不同的产品;若 $\gamma_E = 1$,则参与混流的产品是结构完全相同的产品。

以 A、B 两种退役产品为例,产品 A 的零部件集合为 $H_A = \{H_{A1}, H_{A2}, H_{A3}, \cdots, H_{An}\}$,产品 B 的零部件集合为 $H_B = \{H_{B1}, H_{B2}, H_{B3}, \cdots, H_{Bn}\}$。在考虑产品优先拆卸序列的情况下,对 A、B 两种产品进行混流整合,得到集合 $H_C = (H_A \cap H_B)$,结构相似的元件使用统一的数字进行编号。A、B 的结构相似度系数:$\gamma_{AB} = \frac{[(H_A \cap H_B)]_{count}}{[(H_A \cup H_B)]_{count}}$,$0 \leq \gamma_{AB} \leq 1$。其中,$[(H_A \cap H_B)]_{count}$ 是产品 A、B 中具有相似结构的零部件数量;$[(H_A \cup H_B)]_{count}$ 是产品 A、B 中总共的零部件数量。若 $\gamma_{AB} = 0$,则产品 A、B 是两种结构完全不同的产品;若 $\gamma_{AB} = 1$,则产品 A、B 是两种结构完全相同的产品。

当改变产品种类或者产品之间相似零部件的比例时,产品的相似度系数会产生相应的改变,将影响拆卸线的作业效率,对实际作业时间造成随机性扰动,故在混流拆卸时应做预先判断,仅当 $0.7 \leq \gamma_E \leq 1$ 时,才能在同一拆卸线上进行混流作业。

(3)产品内部结构复杂性分析 现有研究大多仅考虑拆卸任务之间的优先约束关系,没有考虑相依序列之间存在干扰。对拆卸线平衡问题求解时认为在保证负载均衡的基础上即能求出最少的拆卸工位,但实际拆卸中并不全都如此。

本节在考虑零部件存在先后约束关系的同时,考虑相依零部件之间存在相互干扰。以 A、B 两种退役产品为例进行说明,它们的拆卸优先关系如图 8-23a、b 所示。假设产品 A 的零部件数量 $H_A = 200$,产品 B 的零部件数量 $H_B = 100$,则最小比例单元中 A∶B = 2∶1,混流之后得到的拆卸优先关系如图 8-23c 所示。

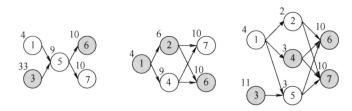

a)产品A的拆卸优先关系　b)产品B的拆卸优先关系　c)混流拆卸优先关系

图 8-23　产品拆卸优先关系图

以图 8-23c 所示混流之后的产品拆卸进行说明。假设图中相依零部件 2/4、6/7 在几何空间存在交叉干涉,若先拆零件 4,那么零件 2 对零件 4 的干扰时间 $st_{24} = 1s$,同理,$st_{42} = 16s$,$st_{67} = 1s$,$st_{76} = 6s$,经优化,具体如图 8-24 所示。

图 8-24 中生成两条拆卸可行序列 $se_1 = \{(1、3、5) - (4、2、7) - (6)\}$,$se_2 = \{(3、1、5) - (2) - (4、6) - (7)\}$,上述序列均符合产品任务之间的优先约束关系,但因相依序列之间存

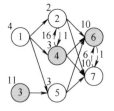

图 8-24　内部结构干扰示意图

在相互干扰，导致拆卸作业时间有所延长，时间增加量$\Delta_{se_1} = st_{24} + st_{67} = (1+1)s = 2s$，$\Delta_{se_2} = st_{42} + st_{76} = (6+16)s = 22s$。令拆卸生产线的生产节拍$C_t = 20s$，那么$se_1$可行序列的$K=3$，$se_2$可行序列的$K=4$，序列$se_1$比序列$se_2$少一个工位，负载均衡指数

$$F_{se_1} = \sqrt{\frac{(20-18)^2 + (20-17)^2 + (20-10)^2}{3}} = \sqrt{\frac{113}{3}} = 6.14, \quad F_{se_2} = \sqrt{\frac{(20-18)^2 + (20-18)^2 + (20-19)^2 + (20-10)^2}{4}} = \sqrt{\frac{109}{4}} = 5.22$$

。虽然$F_{se_2} < F_{se_1}$，但序列se_2比序列se_1多开启一个工位。因此，在考虑相依序列干扰的情况下，负载均衡指数最低时并不一定能得到最少的工位数。所以，在实际拆卸作业中有必要考虑相依序列之间的干扰对拆卸线平衡的影响。

2. 拆卸平衡问题随机性处理方法

目前，拆卸线平衡问题的时间处理方法基本上都是静态的，没有考虑随机性因素，而动态时间更加贴近实际作业情况。在随机作业时间方面，目前较为成熟的处理方式有模糊处理和正态分布，且均已取得了较好的研究成果。模糊处理方式是根据经验对目标取极值和平均值，这样虽然可以在一定程度上表现出动态拆卸时间，但具有局限性；采用正态分布的方式可以较为全面地展示拆卸时间的不确定性及拆卸的动态性。因此，这里采用正态分布的方式对拆卸时间进行处理。

随机混流拆卸作业时间可近似认为呈正态分布，$t \sim N(\mu, \sigma^2)$，同时考虑μ、σ的取值，来确定拆卸生产线上具有最大拆卸作业时间的工位，从而确定拆卸生产线的节拍。如图8-25所示，设工位1、2的实际作业时间是正态分布（$T_1 \sim N(\mu_1, \sigma_1^2)$，$T_2 \sim N(\mu_2, \sigma_2^2)$）。

由图8-25可知，阴影部分为工位1拆卸作业时间之和大于工位2的概率，

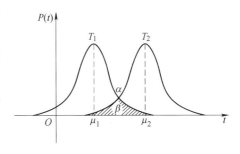

图8-25 两工位的拆卸作业时间正态分布图

大小为β，即可将工位1的拆卸作业时间之和设定为整条生产线的拆卸作业节拍的概率为β，β的大小可以由阴影面积确定：$\beta = P(T_1 \geq T_2) = 1 - P(T_1 < T_2)$。存在多个工位时，为确定拆卸作业节拍，对所有工位采取两两对比方式，保留最大节拍参与下一轮对比，直至确定出拆卸节拍。

混流拆卸时，假设第m类产品的第n个拆卸任务的拆卸时间t_{mn}服从均值为μ_{mn}、方差为δ_{mn}^2的正态分布。第K个工位的拆卸作业用时之和T_k应小于或等于已设定的节拍C_t（即$T_k \leq C_t$）：

$$\frac{T_k - \sum_{m=1}^{M}\sum_{n\in V_k}(\mu_{mn}P_m)}{\sqrt{\sum_{m=1}^{M}\sum_{n\in V_k}(\delta_{mn}^2 P_m)}} - \frac{C_t - \sum_{m=1}^{M}\sum_{n\in V_k}(\mu_{mn}P_m)}{\sqrt{\sum_{m=1}^{M}\sum_{n\in V_k}(\delta_{mn}^2 P_m)}} \leq 0 \qquad (8\text{-}48)$$

$$T_k = \sum_{m=1}^{M}\sum_{n=1}^{N}(P_m t_{mn} L_{kmn}) \qquad (8\text{-}49)$$

式中，工位 V_k 为第 k 个工位分到的零件集合，若第 m 类产品的第 n 个拆卸任务被分到第 k 个拆卸工位中，则 $L_{kmn}=1$，否则 $L_{kmn}=0$；P_m 为第 m 类产品在最小比例单元中的比例。

混流拆卸作业生产线的拆卸复杂程度的直接影响因素是产品之间的差异程度。综合考虑实际作业中的各种扰动因素，引入拆卸效率 α（实际拆卸效率与理想拆卸效率之比）对随机性进行处理，从而得到拆卸线的拆卸节拍。令 $Z = \dfrac{T_k - \sum_{m=1}^{M}\sum_{n\in V_k}(\mu_{mn}P_m)}{\sqrt{\sum_{m=1}^{M}\sum_{n\in V_k}(\delta_{mn}^2 P_m)}}$，$Z \sim N(0,1)$，规定 $\alpha \leq P\{T_k \leq C_t\}$，则

$$\alpha \leq P\left\{Z \leq \frac{C_t - \sum_{m=1}^{M}\sum_{n\in V_k}(\mu_{mn}P_m)}{\sqrt{\sum_{m=1}^{M}\sum_{n\in V_k}(\delta_{mn}^2 P_m)}}\right\} \qquad (8\text{-}50)$$

设标准正态分布函数为 φ，则

$$\varphi_{(\alpha)}^{-1} \leq \frac{C_t - \sum_{m=1}^{M}\sum_{n\in V_k}(\mu_{mn}P_m)}{\sqrt{\sum_{m=1}^{M}\sum_{n\in V_k}(\delta_{mn}^2 P_m)}} \qquad (8\text{-}51)$$

可得拆卸作业节拍：

$$\sum_{m=1}^{M}\sum_{n\in V_k}(\mu_{mn}P_m) + \varphi_{(\alpha)}^{-1}\sqrt{\sum_{m=1}^{M}\sum_{n\in V_k}(\delta_{mn}^2 P_m)} \leq C_t \qquad (8\text{-}52)$$

8.3.2 随机作业环境下混流完全拆卸线平衡

本节在传统拆卸线平衡问题的基础上，考虑退役产品种类繁多、拆卸作业随机干扰因素较多的问题，建立随机作业环境下混流完全拆卸线模型（Random Mixed-model Complete Disassembly Line Balancing Problem，RMC-DLBP）。RMC-DLBP 同一般的 DLBP 问题均属于 NP 问题，启发式算法对此有着较好的求解性能。本节提出一种自适应模拟退火遗传算法对目标模型求解并以不同规模测试案例做有效性验证，所涉及的参数见本章末参数说明中的表 8-27。

1. 随机作业环境下混流完全拆卸线平衡优化模型

（1）数学描述　拆卸线不仅要考虑拆卸生产线整体的负载均衡，还要考虑

产品结构的差异性、拆卸任务之间的约束关系、拆卸作业节拍、拆卸成本以及优先拆卸需求量高、剩余价值高的零部件。

假定大批退役产品的种类为 M，且产品结构相似。设混流拆卸线开启的工位数目为 K，每次以最小比例单元（产品数量除以最大公约数得到的比例）投放，每个单元中一共有 N 个不同的任务，拆卸线上的零部件编号 n_m 与集合 H 中的拆卸任务相对应，集合 $H = \{H_1, H_2, H_3, \cdots, H_n\}$ 中的任务都会被分到 K 个拆卸工位中，即 $H = \bigcup_{k=1}^{K} V_k$，其中第 k 个工位中的任务子集为 V_k，每一项任务必须被分到工位中。矩阵 $\boldsymbol{R} = (R_{ij})_{N \times N} (i = 1,2,3,\cdots,N; j = 1,2,3,\cdots,N)$ 表示任务之间的优先约束关系，若第 i 个任务 H_i 优先于第 j 个任务 H_j，则 $R_{ij} = 1$；否则 $R_{ij} = 0$。从事拆卸服务的企业往往会根据市场对零部件的需求量对退役产品的零部件拆卸进行排序，优先拆卸市场需求量大的、剩余价值高的零件，也要考虑降低无效拆卸作业成本。

(2) 模型假设　为了使模型不过于复杂，做出以下假设：

1) 在混流拆卸时，拆卸对象取结构相似、没有改装过的产品。

2) 各个工位的拆卸作业所需用时之和不能大于拆卸线的作业节拍。

3) 以经典的直线型拆卸生产线为研究对象，在对多产品进行拆卸时，按一定比例进行投放，选取最小比例单元进行研究。

4) 对退役产品的零件进行全部拆除，同类拆卸任务分配到同一工位进行拆卸，各个拆卸任务之间互不干扰。

5) 拆卸任务集中的任务单元是不可再分的，且一个拆卸任务只能对应一个拆卸工位。

6) 退役产品中各个零件之间的约束关系只存在优先约束，不存在其他约束条件，按照优先顺序进行拆卸作业。

(3) 模型构建　模型构建主要从以下几个方面考虑：

1) 最小拆卸工位数。拆卸线开启工位的数量决定了拆卸作业成本。一般来说，在能够满足拆卸作业条件的同时拆卸作业工位的数量越少，作业成本也会越低，所以要求拆卸工位数最小化。目标函数如下：

$$\min F_1 = K \tag{8-53}$$

2) 负载均衡指数。既要保证拆卸线的负载均衡，又要尽可能提高作业效率，降低拆卸线上工位的空闲率。目标函数如下：

$$\min F_2 = \sum_{k=1}^{K} \left[C_t - \sum_{m=1}^{M} \sum_{n=1}^{N} (P_m t_{mn} L_{kmn}) \right]^2 \tag{8-54}$$

将式 (8-49) 和式 (8-54) 进行综合，则目标函数可转化为

$$\min F_2 = \sum_{k=1}^{K} (C_t - T_k)^2 \tag{8-55}$$

3) 优先拆卸高需求零件。在其他条件相同时，为了保证企业的效益，应尽早拆卸市场需求量大的、剩余价值高的零件。目标函数如下：

$$\min F_3 = \sum_{m=1}^{M} \sum_{n=1}^{N} (n_m P_m q_{mn}), q_{mn} = \begin{cases} 1, & \text{有需求} \\ 0, & \text{无需求} \end{cases} \quad (8\text{-}56)$$

4) 无效作业成本最小化。拆卸企业在满足市场需求的基础上还要兼顾企业的利益。因此，在建立拆卸线时应将无效拆卸作业成本最小化，在负载均衡的基础上，还要使每个工位的空闲时间最少。拆卸生产线的生产成本可以根据实际耗时来确定。目标函数如下：

$$\min F_4 = k \sum_{k=1}^{K} (C_t - T_k) C, C = (\max\{C_{mn} | n \in (N | L_{kmn} = 1)\}) \quad (8\text{-}57)$$

在考虑拆卸线负载均衡时，能够求出符合负载均衡指数最小的拆卸工位数，故在建立综合模型时主要考虑目标函数 F_2、F_3、F_4。

因此，混流拆卸线的多目标函数为

$$\min F = (F_2, F_3, F_4) \quad (8\text{-}58)$$

s.t.

$$\sum_{k=1}^{K} L_{kmn} = 1 (k = 1, 2, 3, \cdots, K) \quad (8\text{-}59)$$

$$\sum_{m=1}^{M} \sum_{n \in V_k} (\mu_{mn} P_m) + \varphi_{(\alpha)}^{-1} \sqrt{\sum_{m=1}^{M} \sum_{n \in V_k} (\delta_{mn}^2 P_m)} \leqslant C_t \quad (8\text{-}60)$$

$$\sum_{k=1}^{K} (R_{jnk} - R_{ink}) K \geqslant 0 (i = 1, 2, 3, \cdots, N-1; j = 2, 3, \cdots, N; j > i) \quad (8\text{-}61)$$

$$\frac{\sum_{m=1}^{M} \sum_{n=1}^{N} (P_m t_{mn})}{C_t} \leqslant K \leqslant N \quad (8\text{-}62)$$

$$\bigcup_{k=1}^{K} V_k = H(k = 1, 2, 3, \cdots, K) \quad (8\text{-}63)$$

$$\sum_{m=1}^{M} \sum_{n=1}^{N} (P_m L_{kmn}) = V_k (m = 1, 2, 3, \cdots, M; n = 1, 2, 3, \cdots, N) \quad (8\text{-}64)$$

式(8-59)表示任意一项待拆任务 n 都要分派到一个工位 k 中，且不可再分；式(8-60)表示任意一个拆卸工位的拆卸时间之和不能超过拆卸线设定的节拍；式(8-61)表示拆卸作业任务之间有先后顺序，不能违反优先约束条件；式(8-62)表示拆卸工位的取值区间；式(8-63)表示所有的待拆任务都要被分派到对应的工位中，不能遗漏；式(8-64)表示任意一个工位 k 中含有的待拆任务数。

2. 自适应模拟退火遗传算法

(1) 可行解构造　对拆卸任务进行随机抽取，以保证初始可行解的多样性，为了简明阐述可行解的构建过程，以 A、B 两种类型的退役产品为例进行说明，如图 8-26a、b 所示。待拆任务之间只存在先后关系，不考虑其他情况。经过整合后得到新的拆卸任务序列，如图 8-26c 所示。

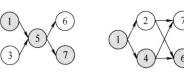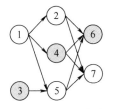

a) 产品A的拆卸序列　　b) 产品B的拆卸序列　　c) 产品混合的拆卸序列

图 8-26　产品拆卸序列图

图中的数字仅代表相对应的待拆任务，带箭头的直线表示两项待拆目标的优先关系，如 ①——② 表示任务 1 优先于 2。假如拆卸任务 H_1 优先于拆卸任务 H_2，那么 $(H_1,H_2)=1$；反之，$(H_1,H_2)=0$。A、B 两种产品的结构相似度系数 $\gamma=\dfrac{3}{7}\approx 0.43$。根据任务之间的优先顺序构建优先矩阵 R：

$$R=\begin{array}{c}\text{任务}\\1\\2\\3\\4\\5\\6\\7\end{array}\begin{array}{cccccccc}1&2&3&4&5&6&7\\\left[\begin{array}{ccccccc}0&1&0&1&1&0&0\\0&0&0&0&0&1&1\\0&0&0&0&1&0&0\\0&0&0&0&0&1&1\\0&0&0&0&0&1&1\\0&0&0&0&0&0&0\\0&0&0&0&0&0&0\end{array}\right]\end{array}$$

可行解生成步骤如下：

1) 在 R 中随机选用尚未被分配的任务 H_i，且任务 H_i 没有紧前任务或已经分配（即矩阵 R 中的每列元素均为 0），将 H_i 作为当前所处工位 K 的拆卸任务。

2) 删除与待拆目标 H_i 有关联关系的任务，即去除紧前、紧后任务。

3) 在所有任务没有分配完之前，重复前两个步骤直到所有任务分配完，即可得到初始可行解。

(2) 算法流程

1) 模拟退火算法。模拟退火（Simulated Annealing, SA）算法是一种随机启发式算法，是对高温物体自然冷却的一种模拟。随着温度的下降，金属液体的热流动性逐渐消失，受热过的金属原子能够自动有序形成新的晶体，此时，该晶体能量状态最低，即为所得最优解。

SA 主要由加温、等温及冷却过程三个部分组成，分别对应组合优化问题的求解阶段，见表 8-13。

表 8-13　目标优化问题对应的模拟退火过程

目标优化问题	模拟退火过程
解	状态
目标函数	能量函数
最优解	最低能量状态
初始温度	加温过程
Metropolis 法则	等温过程
温度逐渐下降	冷却

① 加温过程。加热使金属原子的运动能力得到增强,当达到一定温度时,金属由固体变为液体,从而消除了原状态中的不均匀状态。

② 等温过程。恒温时系统会自发地向能量降低的方向转变,当系统的能量最低时,即达到平衡。

③ 冷却过程。停止加温,徐徐冷却后获得内能最低的结晶体。

SA 算法的关键在于等温过程,可由 Morte Carlo 算法加以计算,但需要大规模采集样本才能获得较为准确的结果,系统的计算负荷很大。以一定概率来判断是否接受新状态,可以有效降低计算量。如:以能量 E_i 进入能量 E_j,若 $E_j \leq E_i$,则接受状态转换;否则,以概率 $P_i = e^{\frac{E_i - E_j}{KT}}$ 接受转换。在特殊情况时,如需要达到平衡状态而要大量转换时,可根据材料所处状态概率进行 Boltzmann 分布,即 $\pi_i(T) = P_T(S = i) = e^{\frac{E_i}{-KT}} / \sum_{j \in S} e^{\frac{-E_j}{KT}}$。

2) 算法改进流程。根据 8.2.2 节中相关内容,GA 针对具有约束条件的问题求解时间较长、效率低且易陷入早熟,而且对问题进行编码时,由于编码不规范导致其性能具有不稳定性。针对 GA 目前存在的缺陷,可以从其本身进行改进,如调整遗传算子、分布并行,还可以与其他算法(如模拟退火算法、粒子群算法等)相结合来弥补 GA 的不足。

SA 算法在解决 NP 问题时,能够快速收敛,但容易陷入局部最优,虽然 GA 的全局优化能力较强,但是在解决 NP 问题时局部优化能力不足。因此,将 GA 与 SA 算法相结合可以实现优势互补,提出了一种自适应模拟退火遗传算法(Adaptive Simulated Annealing Genetic Algorithm,ASAGA)。在基本的遗传算法上,将变异算子、交叉算子由原来的固定数值改变为随着代数的更迭而进化,这样可以保证算法在前期能够扩大搜索范围,增强全局搜索能力,在后期避免因交叉、变异概率太大而导致最优序列被破坏,错过最优解;再将 GA 所求的结果代入 SA 算法中,作为 SA 算法的初始解,充分利用 GA、SA 算法的优点,使 ASAGA 同时具备快速收敛、全局搜索以及摆脱局部最优的能力,从而使 ASAGA

的求解性能得以加强。ASAGA 具体操作如下：

① 编码方式选择。考虑到多产品、多任务对应到工位以及任务、目标之间具有优先关系，采用实数编码，使任务与工位的对应关系更加明确。

② 选择操作。将目标个体的函数值 f_i 作为适应度值，选择概率 $P_i = \dfrac{f_i}{\sum\limits_{i=1}^{N} f_i}$，概率越大，该个体越易被保留。

③ 交叉操作。对父代中的染色体进行配对，随机挑选序列中的两点 1、2 进行交叉，交叉点 1 之前的序列保持不变，交叉点 2 同理。交叉操作如图 8-27a 所示。

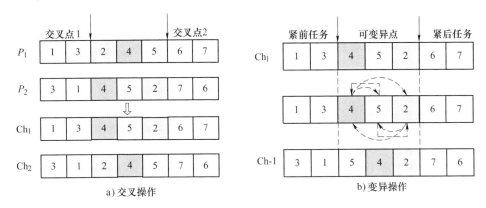

图 8-27 算法改进演示图

父代 P_1、P_2 交叉之后形成两个新的个体 Ch_1、Ch_2，即为子代。考虑到在算法前期应该尽量大范围搜索，在后期靠近最优值时为了防止破坏最优解的序列应该选择较小的交叉概率，因此，将传统的遗传交叉算子改进为随着种群代数更迭而进化的自适应交叉算子。

$$P_{cr} = \max P_{cr} - \frac{\max P_{cr} - \min P_{cr}}{\text{generation\_size}} G \tag{8-65}$$

式中，$\max P_{cr}$ 为允许的最大交叉概率，取 $\max P_{cr} = 0.8$；$\min P_{cr}$ 为允许的最小交叉概率，$\min P_{cr} = 0.2$；G 为当前的迭代次数；generation_size 为算法的最大迭代次数。

④ 变异操作。在交叉操作完成以后将 Ch_1 作为父代，做单点插入变异。可变异位置在父代片段中挑选，应该在与其相邻的紧前、紧后任务之间，具体变异操作如图 8-27b 所示。保持目标任务前后的优先关系不变，在可变异位置中随机挑选一个点进行变异，得到 Ch-1，如果因为任务间存在优先约束关系不能完成变异操作，则随机寻找新的插入点进行变异操作。变异算子的选择方法和交叉算子的方法类似，采用自适应变异算子：

$$P_{mu} = \max P_{mu} - \frac{\max P_{mu} - \min P_{mu}}{\text{generation\_size}} G \tag{8-66}$$

式中，$\max P_{mu}$ 为允许的最大变异概率，取 $\max P_{mu} = 0.08$；$\min P_{mu}$ 为允许的最小变异概率，$\min P_{mu} = 0.02$；G 为当前的迭代次数；generation_size 为算法的最大迭代次数。

⑤ 模拟退火操作。将 GA 生成的新种群作为 SA 的输入种群，进行退火操作。计算新生成种群的目标值 f_i，并与父代进行比较。按照 Metropolis 准则，若 $\text{New} f_i > f_i$，则接受当前个体，并用该个体替代原来的旧个体；否则，以概率 $\exp\left(\frac{f_i - \text{New} f_i}{T}\right)$ 接受当前个体代替原有个体。在模拟退火中，每降温一次，算法即完成一次寻优过程，降温次数即为迭代次数。降温公式如下：

$$T = \lambda^l T_0 \tag{8-67}$$

式中，T 为当前的实际退火温度；T_0 为最初的温度，$T_0 = 100$；λ 为降温系数，取 $\lambda = 0.95$；l 为迭代次数，取 $l = \text{generation\_size}$。当温度回落到原计划的终止温度 T_{end} 时，降温操作终止，$l_{\max} = \text{generation\_size}$。

改进后的算法流程如图 8-28 所示，其具体步骤如下：

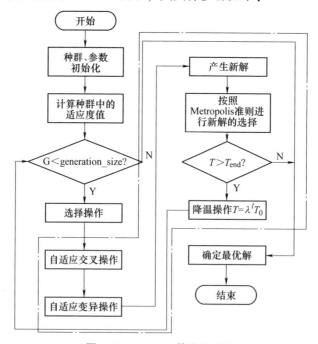

图 8-28 ASAGA 算法流程图

① 种群、参数初始化，设定种群规模 pop_size = 100；迭代次数 generation_size = 100；初始温度 $T_0 = 100$；降温系数 $\lambda = 0.95$ 等。

② 根据优先矩阵 R 生成初始种群。

③ 对初代种群编码、解码，将目标函数f_i作为适应度函数，记录当前所有个体的f_i值。

④ 交叉、变异完成之后，在当前群体中筛选出精英个体。

⑤ 执行模拟退火操作，计算并更新f_i值，并根据 Metropolis 准则来判断新解的可行性。

⑥ 若$T > T_{\text{end}}$，则开始降温操作 $T = \lambda^l T_0$，转步骤④；否则，在新种群中找到最优解。

3. 算法验证

为检验算法的有效性，采用 MATLAB 2014a 编程。综合考虑拆卸线的随机作业时间、负载均衡指数、零部件的需求指数以及无效作业成本最小化，为保证整体性能最佳，对优化目标归一化之后获得最终的目标函数。

$$F_m = \eta_1 \frac{F_{2\max} - F_{2n}}{F_{2\max} - F_{2\min}} + \eta_2 \frac{F_{3\max} - F_{3n}}{F_{3\max} - F_{3\min}} + \eta_3 \frac{F_{4\max} - F_{4n}}{F_{4\max} - F_{4\min}}, (n = 1, 2, 3, \cdots, N)$$

(8-68)

式中，F_{2n}、F_{3n}、F_{4n}分别表示在拆卸生产线上对第 n 种拆卸任务的零部件进行拆卸作业所对应的目标函数值；$F_{2\max}$、$F_{3\max}$、$F_{4\max}$为目标函数值的最大值；$F_{2\min}$、$F_{3\min}$、$F_{4\min}$为目标函数值的最小值；η_1、η_2、η_3为权重系数，$\eta_1 + \eta_2 + \eta_3 = 1$，$\eta_1$、$\eta_2$、$\eta_3$可根据拆卸线的负载情况、市场对该零件的需求量以及无效拆卸作业成本的高低来取值。

鉴于目前尚无 RMC-DLBP 模型的经典案例进行对比，单产品拆卸是混流拆卸的一种特殊情况，为了检验 ASAGA 的实用性，这里以三种不同任务规模的产品进行对比验证。

（1）小规模测试案例　为验证所提 ASAGA 在求解小规模测试案例中的有效性，以本章参考文献［18］中实验的 P18 作为研究对象并求解。其任务优先关系如图 8-29 所示。数字表示拆卸时间，由拆卸经验丰富的员工通过秒表采用测时法测得。目标函数仅有开启工位数目F_1、工位负载均衡指数F_2、需求指数F_3的含义相同。为验证所提算法的有效性，将引进所提的无效作业成本F_4进行求解。这里将单位作业成本设为 0.3 元/s，$C_t = 240$s，在小规模案例测试中，种群规模 pop_size = 20，最大循环次数 generation_size = 50，其余参数见本章后的参数说明。算法对比见表 8-14。

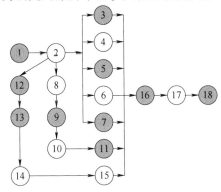

图 8-29　任务优先关系图

表 8-14　小规模测试案例算法对比

算法	负载分布	有效负载	无效负载	负载均衡指数	综合性能指数
GA	1，2，7，6	224	16	801.00	0.29
	4，12，13	214	26		
	14，15，3	197	43		
	5，8，9	210	30		
	10，11，16，17，18	222	18		
SA	1，2，7，3	200	40	772.20	0.18
	6，4，12	214	26		
	13，14，15	221	19		
	5，8，9	210	30		
	10，11，16，17，18	222	18		
ASAGA	1，2，6，7	224	16	756.20	0.17
	12，13，14	208	32		
	15，8，9	214	26		
	10，11，4	204	36		
	3，5，16，17，18	217	23		

由表 8-14 可知，在小规模测试案例求解中，采用 GA、SA、ASAGA 所得到的工位数均为 5 个，其中，采用 GA 的最大有效负载为 224s，最小有效负载为 197s，相差 27s，相对节拍 240s，极差比例为 11.25%，拆卸线的负载均衡指数为 801.00；采用 SA 得到的最大有效负载为 222s，最小有效负载为 200s，相差 22s，相对节拍 240s，极差比例为 9.17%，拆卸线的负载均衡指数为 772.20；采用 ASAGA 的最大有效负载为 224s，最小有效负载为 204s，仅相差 20s，相对节拍 240s，极差比例仅为 8.3%。此外，拆卸线的综合性能指数是反映拆卸生产线是否均衡连续作业的重要指标。由上述优化方案对比结果分析可知，采用 ASAGA 得到的综合性能指数最低。综上所述，ASAGA 在求解拆卸生产线平衡优化的问题上表现更加优越，对小规模测试案例有效。

(2) 中等规模测试案例　为验证 ASAGA 在求解中等规模测试案例中的有效性，对本章参考文献 [19] 中实验的 P27 问题进行求解。其任务优先关系如图 8-30 所示。因目标函数同样具有差异性，为验证所提算法的有效性，处理方法与小规模测试案例相同。单位作业成本设为 0.3 元/s，$C_t=60$s，在中等规模案例测试中，种群规模 pop_size = 50，最大循环次数 generation_size = 100，其余参数见本章后的参数说明。算法对比见表 8-15。

表 8-15 中等规模测试案例算法对比

算法	负载分布	有效负载	无效负载	负载均衡指数	综合性能指数
GA	1, 2	59	1	36.25	0.30
	4, 6, 5, 10, 14, 11, 12, 3	52	8		
	8, 15, 16, 9, 13, 17, 18, 7	52	8		
	19, 21, 20, 22, 24, 23, 27, 26, 25	56	4		
SA	1, 2	59	1	38.25	0.20
	3, 5, 4, 10, 12, 11, 18, 14	54	6		
	19, 8, 9, 16, 15, 13, 17	55	5		
	21, 22, 24, 23, 26, 27, 25, 20, 6, 7	51	9		
ASAGA	1, 2	59	1	36.25	0.18
	3, 4, 5, 10, 18, 12, 11, 6	52	8		
	7, 13, 8, 9, 15, 16, 17, 14	52	8		
	19, 21, 20, 22, 25, 26, 24, 23, 27	56	4		

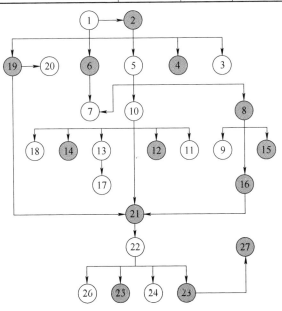

图 8-30 任务优先关系图

由表 8-15 可知，在中等规模测试案例的求解中，三种算法求解得到的工位数量相同。采用 GA 得到的最大有效负载为 59s，最小有效负载为 52s，相差 7s，相对节拍 60s，极差比例为 11.67%，拆卸线的负载均衡指数为 36.25；采用 SA 的最大有效负载为 59s，最小有效负载为 51s，相差 8s，相对节拍 60s，时差比例为 13.33%，拆卸线的负载均衡指数为 38.25；而采用 ASAGA 的最大有效负载、最小有效负载以及极差相对节拍比例与采用 GA 所得到的基本相同，但是由于拆卸任务的优先拆卸顺序、市场对零部件的需求不同，导致拆卸最终方案的性能也不相同。拆卸线的综合性能指数是反映拆卸生产线是否均衡连续作业的重要指标。由上述优化方案对比结果分析可知，采用 ASAGA 的综合性能指数为 0.18，整体性能最佳。综上所述，ASAGA 在求解中等规模的测试案例时是有效的。

（3）大规模规模测试案例　为验证所提 ASAGA 在求解大规模测试案例时的有效性，对本章参考文献 [24] P57 问题进行求解。其任务优先关系如图 8-31 所示。设 $C_t = 189$s，在大规模案例测试中，种群规模 pop_size = 100，最大循环次数 generation_size = 100，其余参数见本章后的参数说明。算法对比见表 8-16。

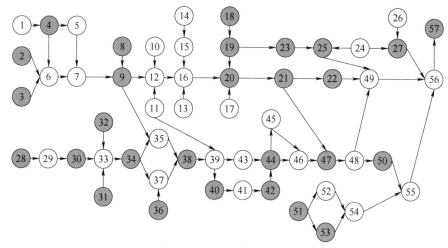

图 8-31　任务优先关系图

表 8-16　大规模测试案例算法对比

算法	负载分布	有效负载	无效负载	负载均衡指数	综合性能指数
GA	28，51，2，14，32，3	158	31	727.55	0.12
	36，26，31，52，53，29	168	21		
	17，18，13，8，11，54	170	19		
	24，1，4，6，19，5	165	24		
	23，7，10，9，30	166	23		
	33，34，15，27，25，35	153	36		
	12，37，38，39	164	25		
	43，40，16，41，42	171	18		
	20，44，45，46	156	33		
	21，22，47，48，50	165	24		
	49，55，56，57	154	35		

(续)

算法	负载分布	有效负载	无效负载	负载均衡指数	综合性能指数
SA	36, 1, 2, 10, 32	187	8	740.64	0.20
	28, 8, 3, 51, 17, 26, 13	169	83		
	52, 14, 18, 15, 53, 31, 54, 11	167	92		
	29, 19, 23, 30, 33	167	92		
	24, 27, 34, 25, 37, 4	170	79		
	5, 6, 7, 9	162	108		
	12, 35, 38, 39	170	79		
	16, 40, 20	162	108		
	43, 41, 42, 44, 21, 22	172	71		
	45, 46, 47, 48, 50	178	46		
	55, 49, 56, 57	160	117		
ASAGA	28, 29, 1, 3, 2	180	9	102.00	0.11
	4, 30, 32, 6, 31, 33	179	10		
	5, 8, 7, 34, 9, 35	182	7		
	36, 37, 38, 11	179	10		
	10, 14, 12, 13, 15, 16	178	11		
	39, 40, 41, 43, 42, 44	177	12		
	18, 17, 19, 20, 45	180	9		
	46, 21, 23, 47, 22, 48	177	12		
	51, 53, 52, 54, 50, 55	179	10		
	24, 25, 49, 26, 27, 56, 57	179	10		

注：1~57零部件需求指数分别为1、1、3、1、4、2、1、1、2、1、4、1、1、2、1、1、1、2、7、6、1、2、1、4、1、7、1、2、2、1、4、1、1、1、2、1、2、1、1、3、1、5、2、1、1、4、1、1、2、2、1、1、2、1、2、2、1。

由表8-16可知，在大规模测试案例的求解中，采用GA求解得到的工位数为11个，最大有效负载为171s，最小有效负载为153s，相差18s，相对节拍189s，极差比例为9.52%，拆卸线的负载均衡指数为727.55；采用SA与采用GA所得到的工位数相同，最大有效负载为187s，最小有效负载为160s，相差27s，相对节拍189s，极差比例为14.29%，拆卸线的负载均衡指数为740.64；而采用ASAGA得到的工位数为10个，最大有效负载为182s，最小有效负载为177s，相差5s，相对节拍189s，极差比例为2.64%。拆卸线的负载均衡指数用于衡量该拆卸线开启的工位是否被有效合理使用。从三种算法求得的最优拆卸方案对比结果来看，ASAGA 算法在负载均衡指数上有优良表现。

综上所述，ASAGA 在求解小、中等、大三种规模测试案例时，均有良好表现，可认定 ASAGA 具有普适性及优越性。

8.3.3 顺序相依随机混流不完全拆卸线平衡问题研究

在 8.3.2 节的基础上，进一步考虑在实际拆卸作业中由于退役产品内部结构复杂，相依零部件之间可能会对拆卸作业产生干扰而影响拆卸效率的提高以及部分零部件的市场需求量少，失去再制造价值等因素，建立顺序相依随机混流不完全拆卸线平衡模型（Sequence-dependent Stochastic Mixed-model Partial Disassembly Line Balancing Problem，SSMP-DLBP）。设计一种自适应混合粒子遗传算法进行求解，并以三种不同规模测试案例进行有效性验证。

1. 顺序相依随机混流不完全拆卸线平衡优化模型

（1）数学描述　现有 M 种待拆卸的退役产品，产品之间结构相似。设混流拆卸线需要开启 K 个工位，Z_k 为已经开启的工位，取值为 1，不同产品经过混流处理之后，以最小比例单元进行循环投放，假设最小单元中一共含有 N 个不同的任务，拆卸线上的零部件编号为 n_m，且相同任务号码唯一。矩阵 $\boldsymbol{R} = (R_{ij})_{N \times N}$（$i=1,2,3,\cdots,N; j=1,2,3,\cdots,N$）表示待拆任务的优先约束关系。若第 i 个待拆任务 H_i 优先于第 j 个待拆任务 H_j，则 $R_{ij}=1$，否则 $R_{ij}=0$。从事拆卸服务的企业往往会根据市场对零部件的需求量对退役产品的零部件拆卸进行排序，优先拆卸市场需求量大的、剩余价值高的零件，也要考虑降低无效拆卸作业成本（参数说明见 8.3.2 节）。

（2）模型假设　为了避免模型过于复杂，做如下假设：
1）采取直线型拆卸生产线。
2）退役产品没有经过人为改装。
3）拆卸作业时将退役产品按比例投放。
4）产品零部件均可正常拆卸，无损害拆卸。
5）混流拆卸时，退役产品的结构满足相似度要求。
6）待拆任务不可再分，且相同任务将分派到同一工位。
7）忽略拆卸工人的熟练度差异及其他突变情况。

（3）模型构建

1）最小拆卸工位。在其他条件相同的前提下，每多开启一个拆卸工位，就需要投入更多的生产资源，作业成本随之升高。因此，在保证生产线正常运行的条件下，开启的工位越少越好。目标函数：

$$\min F_1 = \sum_{k=1}^{K} Z_k \tag{8-69}$$

2）工位负载均衡。为避免拆卸生产线阻塞，提高效率，工位的拆卸用时总和越接近节拍越好。其次，为防范拆卸工位之间负载不均衡，采取惩罚手段先对工位空闲时间进行加权求和再开方。目标函数：

$$\min F_2 = \sqrt{\frac{\sum_{k=1}^{K}(C_t - T_k)^2}{K}}, T_k = \sum_{m=1}^{M}\sum_{n=1}^{N}[P_n L_{kmn}(t_{mn} + st_{ji})] \tag{8-70}$$

3）高需求零件尽早拆卸。为加快企业资金回笼，降低企业风险，在不违背生产原则的情况下，对市场高需求的零部件应及早拆卸，实现企业利益最大化。目标函数：

$$\min F_3 = \frac{\sum_{m=1}^{M}\sum_{n=1}^{N} k(n_m P_n q_{mn})}{K} \tag{8-71}$$

4）无效作业成本最低。当拆卸生产线节拍一定时，生产线的等待时间越长，无效作业成本越大。为增加企业效益，控制生产成本，无效作业成本越低越好。目标函数：

$$\min F_4 = \sum_{k=1}^{K}(C_t - T_k)(\max\{C_{mn} | n \in (N | L_{kmn} = 1)\}) \tag{8-72}$$

根据以上分析，构建 SSMP-DLBP 模型如下：

$$F = \min(F_1, F_2, F_3, F_4) \tag{8-73}$$

s.t.

$$\sum_{k=1}^{K} L_{kmn} \leqslant 1 \quad (k=1,2,3,\cdots,K) \tag{8-74}$$

$$\sum_{m=1}^{M}\sum_{n=1}^{N}(P_n L_{kmn}(t_{mn} + st_{ji})) \leqslant C_t, \forall_k \tag{8-75}$$

$$Z_{k-1} - Z_k \geqslant 0 \quad (k=2,3,4,\cdots,K) \tag{8-76}$$

$$\sum_{k=1}^{K} R_{jmk} K \geqslant \sum_{k=1}^{K} R_{imk} K \quad (i=1,2,3,\cdots,M-1; j=2,3,\cdots,M; j>i) \tag{8-77}$$

式（8-74）取"="时表示相同的拆卸任务只能分配到同一个拆卸工位，且不可再分，取"<"时表示该任务可不拆卸；式（8-75）表示所有已启动工位的拆卸用时之和均不可超过生产节拍；式（8-76）表示在符合节拍约束的条件下，当前面工位容纳拆卸任务的能力达到最大时，才能开启下一个工位；式（8-77）表示拆卸作业时，要遵从待拆任务之间的优先顺序。

▶ 2. 混合粒子群遗传算法

（1）可行解构造　为保证初始可行解的多样性，对待拆卸任务进行随机抽取，方法与 8.3.2 节类似，但由于相依元件之间存在相互干扰，以 8.2.1 节中介绍的经典 P10 拆卸任务为例来说明可行解的构建过程。根据图 8-9 所示的 10 个任务的优先关系图构建优先矩阵 R，假设任务 2、3 之间存在相互干扰，χ 表示该任务之间存在相互干扰关系，生成初始可行解的步骤如下：

1）在 R 中随机挑选尚未被分配的任务 H_i，任务 H_i 无紧前任务或已经分配（即矩阵 R 中的每列元素均为 0），将 H_i 作为当前所处工位 K 的拆卸任务。

2）判断已经挑选出的相依任务是否存在相互干扰关系，若存在，则考虑拆卸时间增量；若不存在相互干扰或相互干扰的任务已被拆除，则执行步骤 3）。

3）删除 H_i 的紧前、紧后任务，即去除所有与 H_i 有优先约束关系的任务。

4）在所有任务没有分配完之前，重复上述步骤，直到所有任务分配完，即可得到初始可行解。

$$R = \begin{array}{c} \text{tasks} \\ 1 \\ 2 \\ 3 \\ 4 \\ 5 \\ 6 \\ 7 \\ 8 \\ 9 \\ 10 \end{array} \begin{array}{c} \begin{array}{cccccccccc} 1 & 2 & 3 & 4 & 5 & 6 & 7 & 8 & 9 & 10 \end{array} \\ \left[\begin{array}{cccccccccc} 0 & 1 & 1 & 0 & 0 & 0 & 0 & 0 & 0 & 0 \\ 0 & 0 & \chi & 0 & 0 & 0 & 0 & 0 & 0 & 0 \\ 0 & \chi & 0 & 0 & 0 & 0 & 0 & 0 & 0 & 0 \\ 0 & 0 & 0 & 0 & 0 & 0 & 0 & 1 & 0 & 0 \\ 0 & 0 & 0 & 0 & 0 & 0 & 1 & 0 & 0 & 0 \\ 0 & 0 & 0 & 0 & 0 & 0 & 1 & 0 & 0 & 0 \\ 0 & 0 & 0 & 0 & 0 & 0 & 0 & 1 & 0 & 0 \\ 0 & 1 & 1 & 0 & 0 & 0 & 0 & 0 & 0 & 0 \\ 0 & 1 & 1 & 0 & 0 & 0 & 0 & 0 & 0 & 0 \\ 0 & 1 & 1 & 0 & 0 & 0 & 0 & 0 & 0 & 0 \end{array} \right] \end{array}$$

（2）算法流程　PSO 算法对惯性权重 ω 依赖性较强，合理选用惯性权重 ω 是保证该算法能够跳出局部最优的关键，同时，GA 可以求解离散型问题。因此，本节将仍然采用 8.2.2 节提出的混合 GA 的改进型粒子群算法（Improved Particle Swarm Optimization Algorithm by GA，GA-PSO）对顺序相依随机混流不完全拆卸线平衡问题进行求解，具体算法流程参见 8.2.2 节。

3. 算法验证

鉴于目前尚无 SSMP-DLBP 的经典案例，而完全拆卸是不完全拆卸的一种特殊情况。因此，以单产品完全拆卸的经典案例来检验 GA-PSO 的有效性。采用 MATLAB 2014a 编程，算法运行环境为 Win 10（x64）系统，处理器为 Intel（R）Core（TM）i5-3230M CPU @ 2.60 GHz，内存为 6.00GB。拆卸线既要满足开启最小工位数的需求，又要照顾到整体拆卸作业性能，拆卸线的整体性能可由目

标函数 F_2、F_3、F_4 共同决定。借鉴 KALAYCI 的思想，对目标进行归一化处理，构建如下拆卸线作业性能目标函数：

$$F_m = \eta_1 \frac{F_{2n} - F_{2\min}}{F_{2\max} - F_{2\min}} + \eta_2 \frac{F_{3n} - F_{3\min}}{F_{3\max} - F_{3\min}} + \eta_3 \frac{F_{4n} - F_{4\min}}{F_{4\max} - F_{4\min}} (n = 1,2,3,\cdots,N) \quad (8-78)$$

（1）小规模测试案例　为验证所提 GA-PSO 在求解小规模案例时的有效性，对本章参考文献 [20] 中实验的 P10 问题进行求解。目标函数仅有开启工位数目 F_1、工位负载均衡 F_2、需求指数 F_3 的含义相同，为验证所提算法的有效性，将引进所提的无效作业成本 F_4 进行求解。这里将单位作业成本设为 0.3 元/s，$C_t = 40\mathrm{s}$，在小规模案例测试中，种群规模 pop_size = 20，最大循环次数 generation_size = 50，其余参数见本章后的参数说明。其任务优先关系图如图 8-9 所示。算法对比见表 8-17。

表 8-17　小规模测试案例算法对比

算法	负载分布	有效负载	无效负载	负载均衡指数	综合性能指数
GA	6，9	28	12	6.50	0.30
	4，5	40	0		
	7，10	29	11		
	8	36	4		
	1，2，3	36	4		
PSO	5，6	37	3	6.62	0.08
	7，9	33	7		
	4，1	31	9		
	8	36	4		
	10，2，3	32	8		
GA-PSO	9，6	28	12	6.95	0.05
	5，10	33	7		
	7，4	36	4		
	8	36	4		
	1，3，2	36	4		

由表 8-17 可知，小规模测试案例采用三种算法所求的最小工位数相同。采用 GA 的优化方案得到的最大有效负载为 40s，最小有效负载为 28s，相差 12s，相对节拍 40s，极值相差比例为 30%；采用 PSO 得到的最大有效负载为 37s，最小负载为 31s，相差 6s，相对节拍 40s，极差比例为 15%；采用 GA-PSO 的极差比例为 20%，有效负载最大值为 36s，最小值为 28s，导致算法的负载均衡指数居高不下。但是通过综合性能指数对比可以发现，所提 GA-PSO 的整体性能更加优越，可以认定该算法适合求解小规模测试案例。

（2）中等规模测试案例　为验证所提 GA-PSO 对中等规模案例的适用性，对本章参考文献［21］中实验的 P25 项拆卸案例进行求解。其任务优先关系如图 8-32 所示。因目标函数同样存在差异，处理方法同上述 P10 问题的处理方法。设定节拍 $C_t = 18s$，其余参数见本章后的参数说明。算法对比见表 8-18。

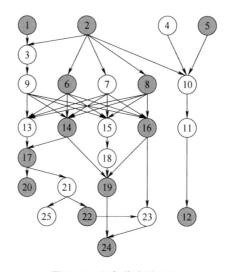

图 8-32　任务优先关系图

表 8-18　中等规模测试案例算法对比

算法	负载分布	有效负载	无效负载	负载均衡指数	综合性能指数
GA	1，5，2，3	18	0	3.36	0.30
	9	15	3		
	8	15	3		
	4，10，11，12	16	2		
	6	15	3		
	7，14	17	1		
	13，17，15，20，21，25	14	4		
	22，16，18	10	8		
	19	18	0		
	23，24	17	1		

(续)

算法	负载分布	有效负载	无效负载	负载均衡指数	综合性能指数
PSO	4, 1, 2	15	3	3.36	0.23
	8, 3	18	0		
	7	15	3		
	5, 10, 11, 12	16	2		
	6	15	3		
	9, 14	17	1		
	16, 13, 17, 20, 21, 25	14	4		
	22, 15, 18	10	8		
	19	18	0		
	23, 24	17	1		
GA-PSO	1, 2, 3, 4	18	0	3.35	0.10
	5, 10, 11, 12	16	2		
	6	15	3		
	9	15	3		
	8	15	3		
	7, 15	17	1		
	14, 16, 13, 17, 21, 22	14	4		
	20, 25, 18	10	8		
	19	18	0		
	23, 24	17	1		

由表 8-18 可知，三种算法得到的最小工位数相同，均为 10 个，且三种算法得到的最大负载、最小负载基本一致，而拆卸任务顺序的不同，导致算法在求解时整体性能会有不同。当其他指标差异较小时，所求优化方案的综合性能指数可以作为有效的评判标准，拆卸线平衡问题追求整体性能优越。通过方案对比发现，GA-PSO 的综合性能指数更加优越，从而说明其在中等规模测试案例中依然适用，证明了该算法的有效性及可行性。

（3）大规模测试案例 为验证所提 GA-PSO 对大规模案例的适用性，以 KA-LAYC 实验中的 P47 项拆卸案例为对象进行求解。其任务优先关系如图 8-33 所示。因目标函数同样存在差异，处理方法同中等规模案例。将 P47 任务的三个任务时间先求和再取平均值作为案例时间，设定节拍 $C_t = 130s$，其余参数见本章后的参数说明。算法对比见表 8-19。

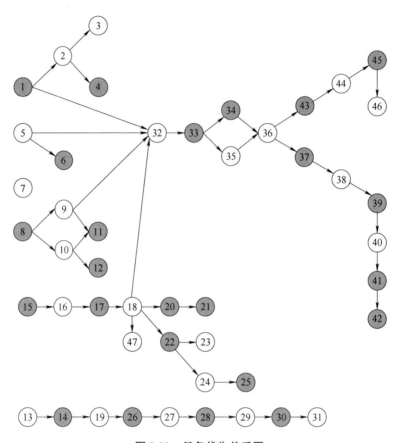

图 8-33 任务优先关系图

表 8-19 大规模测试案例算法对比

算法	负载分布	有效负载	无效负载	负载均衡指数	综合性能指数
GA	5，6，15，16，17，18，22，47，20，13，14，19	121	9	8.38	0.30
	26，24，21	125	5		
	7，8，9，27，28，29，30，31，10，11	128	2		
	12，1，32	126	4		
	2，4，3，25，23，33，34，35，36	128	2		
	43，44，45，46，37	129	1		
	38，39，40，41，42	111	19		

(续)

算法	负载分布	有效负载	无效负载	负载均衡指数	综合性能指数
PSO	5, 6, 15, 1, 2, 4, 13, 8, 9, 14, 19	123	7	7.25	0.21
	26, 27, 28	128	2		
	29, 30, 31, 16, 17, 10, 11, 12, 3, 7, 18, 47	128	2		
	20, 21, 32	125	5		
	33, 35, 34, 36, 43, 37	127	3		
	38, 39, 40, 41, 42, 44, 22	121	9		
	24, 23, 25, 45, 46	116	14		
GA-PSO	7, 1, 2, 4, 8, 3, 9, 10, 11, 5	130	0	6.74	0.19
	6, 12, 13, 14, 19, 26, 27	123	7		
	28, 29, 30, 31, 15, 16, 17, 18, 47	126	4		
	32, 20	120	10		
	33, 35, 21, 34, 36, 37, 38	124	6		
	39, 40, 41, 42, 43, 44	124	6		
	45, 46, 22, 23, 24, 25	121	9		

由表 8-19 可知，三种算法求得的最小工位数相同，均为 7 个，在开启的工位数相同的情况下，工位的有效利用情况可由无效负载的极值差来判定。由表 8-19 可知，GA 和 PSO 的无效负载极值差分别为 18s、12s，而 GA-PSO 的无效负载极值差为 10s，且在负载均衡指数方面有着较好的表现，在综合性能指数上也更加优越。通过方案对比，说明所提 GA-PSO 在大规模测试案例中依然适用，证实了算法的有效性。

综上所述，通过对三种不同规模的测试案例进行求解，改进型算法均有较好的表现，说明所提算法具有良好的普适性及有效性。

8.3.4 工程实例：多品种减速器批量拆卸

本节将以一级减速器混流拆卸为例，分别建立 RMC-DLBP 和 SSMP-DLBP 两种问题模型。以退役产品数量、零部件之间的优先关系、样本的拆卸时间、市场的需求量以及单位时间的作业成本为出发点，介绍待拆产品的各项信息。然后，以 8.3.2 节及 8.3.3 节设计的改进型遗传算法对拆卸方案进行求解，并验证模型的正确性及算法的实用性。

1. 实例概况

现某再制造企业需要对一批三种结构类似的退役减速器 A、B、C 进行拆卸作业，其数量分别为 300、100、200，按比例 3∶1∶2 进行混合。混流产品的爆炸图如图8-34所示。对退役产品进行批量化拆卸之前，一般由经验丰富的拆卸工人以正常的拆卸速度进行操作，并由专门人员用秒表测时，得到每一个零部件拆卸的样本时间。现将待拆卸的退役一级减速器的各个零部件的拆卸时间、需求指数列出，见表8-20。

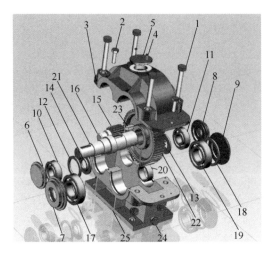

图8-34 减速器爆炸图（图中数字对应表8-20中的任务编号）

表8-20 减速器拆卸信息

任务编号	拆卸时间 t/s	需求指数/个	任务编号	拆卸时间 t/s	需求指数/个
1	3	2	14	4	2
2	2	2	15	4	6
3	14	7	16	8	5
4	2	0	17	4	4
5	2	0	18	5	1
6	11	3	19	2	4
7	12	2	20	5	1
8	13	3	21	3	5
9	14	2	22	9	6
10	4	2	23	2	0
11	4	2	24	13	7
12	3	1	25	2	0
13	5	2			

▶▶**2. 工程案例求解**

目前对拆卸线的研究大多数属于静态且稳定的DLBP问题。这里将引进拆卸效率 α 作为扰动变量，在不同的拆卸效率下，得到的优化方案会有所不同。拆卸效率的取值借鉴本章参考文献 [23] 的实验，分为三种：①$\alpha=0.9$，$\varphi_{(\alpha)}^{-1}=1.28$；②$\alpha=0.95$，$\varphi_{(\alpha)}^{-1}=1.645$；③$\alpha=0.99$，$\varphi_{(\alpha)}^{-1}=2.33$。

（1）减速器完全拆卸线平衡问题研究及求解　待拆产品经过混流处理之后，各个零部件对应的优先关系如图 8-35 所示。图中圆圈内的数字编号与爆炸图的编号相对应，圆圈左上角的数字表示该零部件的平均拆卸时间（由样本拆卸测试得到的平均时间），右下角的数字表示市场对该零部件的需求指数。

经过实地调研，该企业单位时间的作业成本在一定的周期内保持恒定。因此，这里取 0.3 元/s 作为拆卸作业成本。以 8.3.2 节中的数学模型进行求解，为模拟实际作业情况，控制其他参数不变，分别取三种拆卸效率进行求解。求解结果见表 8-21。

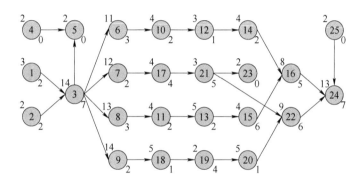

图 8-35　任务优先关系图

表 8-21　不同拆卸效率 α 的拆卸方案对比

拆卸效率 α	节拍 C_t/s	算法	工位数	负载均衡指数	综合性能指数
0.90	270	GA	4	58.48	0.30
		SA	4	34.39	0.24
		ASAGA	4	34.39	0.20
0.95	280	GA	4	106.48	0.30
		SA	4	106.48	0.29
		ASAGA	4	106.48	0.24
0.99	300	GA	4	131.35	0.28
		SA	4	161.09	0.30
		ASAGA	4	131.35	0.24

由表 8-21 可知，所提算法在不同的拆卸效率 α 下均有良好表现。下面以拆卸效率 $\alpha=0.95$ 为例进一步说明，算法对比见表 8-22。

表 8-22 GA、SA 及 ASAGA 最优分配方案对比

算法	工位	任 务 编 号	有效负载	无效负载	F_2	F_3	F_4	F_m
GA	1	2, 1, 25, 4, 3, 6, 10	273.94	6.06	106.48	273.00	33.40	0.30
	2	9, 18, 7, 17, 21	273.94	6.06				
	3	23, 5, 19, 20, 22, 8, 11	266.73	13.27				
	4	13, 12, 14, 15, 16, 24	266.73	13.27				
SA	1	25, 1, 2, 3, 8, 11	273.94	6.06	106.48	276.00	33.40	0.29
	2	7, 17, 21, 9, 18	273.94	6.06				
	3	4, 5, 19, 20, 22, 23, 6, 10	266.73	13.27				
	4	12, 14, 13, 15, 16, 24	266.73	13.27				
ASAGA	1	2, 1, 25, 3, 7, 17	266.73	13.27	105.88	265.50	25.00	0.30
	2	6, 21, 23, 8, 11, 13	273.94	6.06				
	3	10, 12, 14, 15, 16, 9	266.73	13.27				
	4	18, 19, 20, 22, 24, 4, 5	273.94	6.06				

由表 8-22 可知，GA、SA 及 ASAGA 三种算法求得的最小工位数量一致。从三种算法求得的最优拆卸方案对比结果来看，ASAGA 在负载均衡指数、无效作业成本方面表现较好，说明所得优化方案能够让拆卸工位得到有效合理的使用。从表中拆卸线的综合性能指数的对比可知，ASAGA 所求的综合性能指数与 GA、SA 的基本一致，说明算法的求解性能具有普适性。从优先拆卸高需求、剩余价值高的零部件的角度来看，所提 ASAGA 在求解过程中优先拆卸市场高需求零部件，保证了企业生产效益。综上所述，这里所提的 ASAGA 相对 GA、SA 更具有优越性，同时验证了模型的有效性。采用 GA、SA、ASAGA 所求得最优方案的工位负载分布分别如图 8-36～图 8-38 所示。

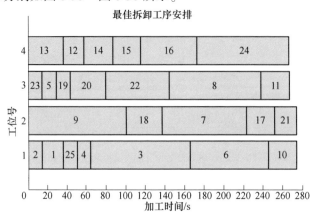

图 8-36 GA 工位负载分布图

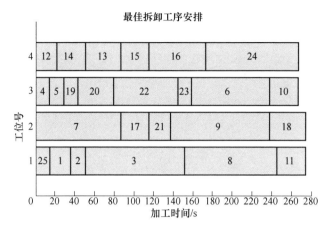

图8-37 SA工位负载分布图

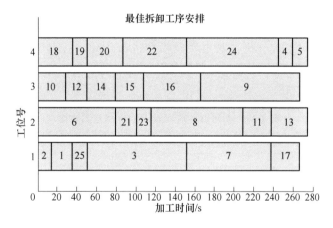

图8-38 ASAGA工位负载分布图

（2）减速器不完全拆卸线平衡问题研究及求解 经过一段时间的拆卸作业，该企业的技术人员发现部分零部件的市场需求量基本为零，对此类零部件进行拆卸作业会造成企业生产成本的增加，同时降低了作业效率，且完全拆卸得到的优化方案与实际拆卸作业存在明显的偏差，待拆卸产品内部空间结构复杂，相依的零部件可能存在互相干扰，从而造成拆卸时间有所增加。得到反馈意见之后，在减速器完全拆卸线平衡问题研究及求解的基础上对案例进行优化。其中，任务零件6、7、8、9以及16、22存在相互干扰关系，零件4、5、23、25市场需求为零，对产品的任务优先关系做进一步优化，如图8-39所示。

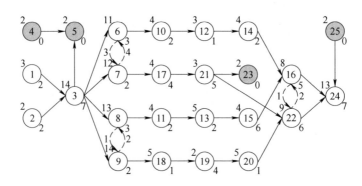

图 8-39 任务优先关系图

图中圆圈内的数字编号与图 8-34 中的编号相对应。圆圈左上角的数字是拆卸时间,其中,$st_{6,7}=3$,$st_{7,6}=4$;$st_{8,9}=1$,$st_{9,8}=2$;$st_{16,22}=1$,$st_{22,16}=2$。深色圆圈表示市场对其没有需求,需求指数为 0,也无再制造价值,因此对其不予拆卸。

经过对现有问题的分析,对案例及模型进行优化,控制其他参数不变,以 8.3.2 节中的随机混流不完全拆卸平衡优化模型进行求解,分别取三种不同的拆卸效率 α,见表 8-23。

表 8-23 不同拆卸效率 α 下的拆卸方案对比

拆卸效率 α	节拍 C_t/s	算法	工位数	负载均衡指数	综合性能指数
0.90	270	GA	4	10.33	0.30
		PSO	4	12.82	0.27
		GA-PSO	4	10.33	0.26
0.95	280	GA	4	15.01	0.30
		PSO	4	12.29	0.30
		GA-PSO	4	10.74	0.17
0.99	300	GA	4	16.94	0.30
		PSO	4	15.18	0.18
		GA-PSO	4	14.36	0.17

由表 8-23 可知,这里所提算法在不同的拆卸效率 α 下均有良好表现。下面以拆卸效率 $\alpha=0.95$ 为例进一步说明,算法对比见表 8-24。

表 8-24 GA、PSO 及 GA-PSO 算法最优分配方案对比

算法	工位	任务编号	有效负载	未拆卸任务	阻碍时间/s	F_2	F_3	F_4	F_m
GA	1	1, 2, 3, 8, 11	273.40	25-4-5-23	48.59	15.01	270	14.33	0.30
	2	9, 18, 19, 20, 13, 15	252.31						
	3	6, 10, 7, 17, 21	272.87						
	4	22, 12, 14, 16, 24	273.67						
PSO	1	2, 1, 3, 7, 17	273.14	23-4-5-25	48.59	12.29	265.5	14.33	0.30
	2	8, 11, 21, 6, 10	266.19						
	3	12, 14, 13, 15, 9, 18, 19	266.73						
	4	20, 16, 22, 24	266.19						
GA-PSO	1	1, 2, 3, 8, 11	273.40	25-4-5-23	55.53	10.74	271.5	12.24	0.17
	2	13, 15, 9, 6	272.87						
	3	18, 7, 17, 21, 19, 10, 12, 14	266.73						
	4	16, 20, 22, 24	266.19						

由表 8-24 可知，GA、PSO 及 GA-PSO 的优化方案求得的最小工位数量一致，说明算法在求解考虑内部空间复杂性、零部件之间相互干扰的大批量退役产品方面仍然具有普适性。负载均衡指数、无效作业成本是衡量拆卸工位是否被有效合理使用的重要指标，从三种算法求得的最优拆卸方案对比结果来看，GA-PSO 在负载均衡指数、无效作业成本等方面均有优良表现。从优先拆卸高需求、剩余价值高的零部件及尽量减少因干扰导致拆卸时间增加的方面来看，所提 GA-PSO 并没有十分出色的表现。从表中拆卸线的综合性能指数的对比可知，采用 GA-PSO 所求的综合性能指数更加优越。综上所述，这里所提的 GA-PSO 相对 GA、PSO 更具有优越性，同时验证了模型的正确性。采用 GA、PSO、GA-PSO 所求得最优方案的工位负载分布分别如图 8-40 ~ 图 8-42 所示。

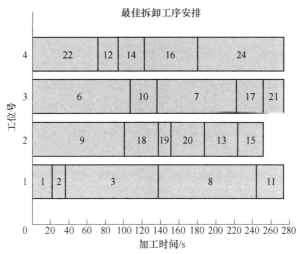

图 8-40 GA 工位负载分布图

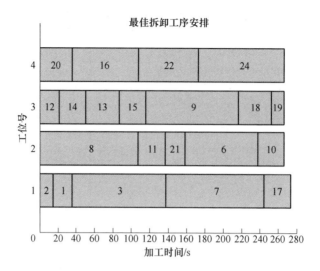

图 8-41　PSO 工位负载分布图

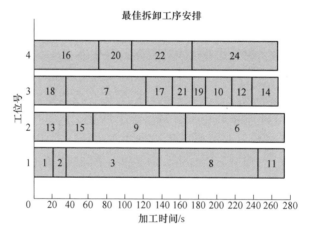

图 8-42　GA-PSO 工位负载分布图

8.4　本章小结

本章根据再制造服务的理念，提出了再制造拆卸服务（RMDS）的概念，在分析拆卸服务模式及各服务模式下拆卸服务生产线的特点和布局方式的基础上，为了提升 RMDS 的资源利用率和拆卸服务生产线的整体效率，针对确定环境下单产品及多产品拆卸服务生产线平衡问题、随机环境下混流完全及不完全再制造拆卸服务生产线平衡问题进行了相关研究。首先分析了影响不同应用场景下的 DLBP 问题的主要因素，建立了相关优化模型以获得更好的拆卸效益。然后针对不同模型的特点，选择合适的算法并进行改进以获得较好的求解效果。最后通过案例验证证明所提模型与算法的普适性与优越性。本章为面向批量再制造的拆卸服务生产组织和优化研究提供了一种思路，并提供了相应的模型与方法。

▶参数说明 （表 8-25 ~ 表 8-27）

表 8-25 确定环境下单产品拆卸服务生产线平衡参数说明表

参 数	说 明
D	废旧产品的零件集合
M	废旧产品的零件个数或拆卸任务的总数目
A	废旧产品的拆卸任务集合
A_m	废旧产品的拆卸子任务（$m=1, 2, 3, \cdots, M$）
N	工位数（$n=1, 2, 3, \cdots, N$）
S_n	分配到工位 n 的拆卸任务
Q_n	分配到工位 n 的拆卸任务的数目
i	拆卸任务的编号（$i=1, 2, \cdots, M$）
j	拆卸任务的编号（$j=1, 2, \cdots, M$）
d_m	第 m 个拆卸任务中再制造零部件的需求量
CT	再制造拆卸服务生产线的节拍
n	工位序号
Z_1	负载均衡指数
t_m	第 m 个拆卸任务的拆卸时间
Q_n	分配到工位 n 的拆卸任务
NP	种群的规模，空间搜索点的个数
X^j	种群中的一个个体（$j=1, 2, \cdots, NP$）
S	种群搜索空间
d	决策变量的维数（决策变量的个数）
i	班级中第 i 个学生（$i=1, 2, \cdots, n$）
X^i_{old}	第 i 个学生教学前的值
X^i_{new}	第 i 个学生教学后的值
X_{teacher1}	种群中适应度值最好的个体
TF_i	一种自适应的教学因子
M_i	进行第 i 次迭代时，某一科目所有班级成员的平均值

(续)

参　数	说　明
M_new_i	第 i 次迭代时,同一科目教师的成绩
$X_{\text{new},i}^j$	学生 j 的第 i 门科目自学前的水平值
$X_{\text{old},i}^j$	学生 j 的第 i 门科目自学后的水平值
M_i^s	第 s 组学员在科目 i 的平均水平
g	分组个数
L_s	第 s 组中的学员个数

决策变量	说　明
X_{mn}	第 m 个任务分配到第 n 个工位,则 $X_{mn}=1$ 第 m 个任务未分配到第 n 个工位,则 $X_{mn}=0$
y_{ij}	拆卸任务 A_i 优先于拆卸任务 A_j,则 $y_{ij}=1$ 拆卸任务 A_i 未优先于拆卸任务 A_j,则 $y_{ij}=0$
q_{mn}	市场对第 m 种产品的第 n 种零部件有需求,$q_{mn}=1$ 市场对第 m 种产品的第 n 种零部件没有需求,$q_{mn}=0$

表 8-26　确定环境下多产品混流拆卸服务生产线平衡参数说明表

参　数	说　明
M	拆卸线产品种类数量
D_m	品种 m 的产量($m=1,2,3,\cdots,M$)
D_M	总产量
h	产量 D_m 的最大公约数
d_m	最小生产单元中各种产品的投产量
CT	拆卸线单个产品生产节拍
G_m	第 m 种产品的优先关系图
$N(m)$	节点集
$L(m)$	弧集
$l(p)$	作业之间的优先顺序
t_{jm}	第 m 种产品作业任务 j 的作业时间
t_j	作业任务 j 的作业时间
N	混流拆卸服务生产线中再制造产品待拆卸品种数目
q_n	产品 n 产量占所有产品产量之和的比率
K	混流拆卸生产线的工位数
k	混流生产线工位数目识别($k=1,2,3,\cdots,K$)

(续)

参　数	说　明
i_n	产品 n 作业任务在解序列中的位置标识
t_{ni}	产品 n 第 i 拆卸任务的作业时间
R_j	混流作业任务 j 的紧前作业任务集合
d_{in}	在解序列中位置 i 代表的产品 n 作业任务的零部件需求量
N	种群规模
D	搜索空间
X_i	第 i 个粒子的位置向量
V_i	第 i 个粒子的飞行位置速度向量
$p\text{Best}_i$	第 i 个粒子在飞行的历史中去过的最优位置向量
$g\text{Best}$	当前种群在飞行中所有粒子的最优位置
ω	惯性权重
Iter	当前迭代次数
χ	收缩因子
c_1	学习因子
c_2	学习因子

决策变量	说　明
δ_{jm}	作业任务 j 包含产品 m，则 $\delta_{jm}=1$ 作业任务 j 不包含产品 m，则 $\delta_{jm}=0$
x_{ink}	产品 n 的作业任务 i 分配给 k 工位，则 $x_{ink}=1$ 产品 n 的作业任务 i 未分配给 k 工位，则 $x_{ink}=0$
y_{ij}	任务 i 是 j 的紧前作业任务，则 $y_{ij}=1$ 任务 i 不是 j 的紧前作业任务，则 $y_{ij}=0$

表 8-27　随机作业环境下混流完全拆卸线平衡优化参数说明表

参　数	说　明
H	拆卸任务集合（$i=1,2,3,\cdots,N$；$j=1,2,3,\cdots,N$）
γ	产品相似度系数
M	产品种类（$m=1,2,3,\cdots,M$）
N	拆卸任务总数（$n=1,2,3,\cdots,N$）
K	拆卸工位（$k=1,2,3,\cdots,K$）
Z_k	已开启的拆卸工位
n_m	零部件编号

(续)

参　数	说　明
T_k	第 k 个工位拆卸用时总和
C_t	拆卸线节拍
$t \sim N(\mu, \sigma^2)$	拆卸作业时间服从正态分布，μ_{mn} 为第 m 类产品的第 n 个任务的作业时间的均值，δ_{mn}^2 为第 m 类产品的第 n 个任务的作业时间的方差
t_{mn}	第 m 类产品的第 n 个任务的作业时间
st_{ji}	任务 j 对任务 i 的阻碍时间
V_k	第 k 个工位分到的任务集合
P_m	第 m 类产品在最小比例单元中的比例
C_{mn}	单位时间的拆卸作业成本
α	拆卸效率
pop_size	种群规模
P_{cr}	交叉概率，$\max P_{cr}$ 为允许的最大交叉概率，$\min P_{cr}$ 为允许的最小交叉概率
P_{mu}	变异概率，$\max P_{mu}$ 为允许的最大变异概率，$\min P_{mu}$ 为允许的最小变异概率
G	G 当前迭代次数
generation_size	算法的最大迭代次数
T_0	最初的温度
T	当前的实际退火温度
λ	降温系数
τ	迭代次数，最大的迭代次数不超过算法的循环次数
T_{end}	终止温度
c_1，c_2	学习因子
γ_1，γ_2	0~1 的随机数
ω，η	权重系数，ω_{max} 为允许的最大权重，ω_{min} 为允许的最小权重
决策变量	说　明
R_{ij}	第 i 个拆卸任务优先于第 j 个拆卸任务，$R_{ij}=1$ 第 j 个拆卸任务优先于第 i 个拆卸任务，$R_{ij}=0$
L_{kmn}	第 m 类产品的第 n 个拆卸任务被分到第 k 个拆卸工位，$L_{kmn}=1$ 第 m 类产品的第 n 个拆卸任务未分到第 k 个拆卸工位，$L_{kmn}=0$
q_{mn}	市场对第 m 种产品的第 n 种零部件有需求，$q_{mn}=1$ 市场对第 m 种产品的第 n 种零部件没有需求，$q_{mn}=0$

参考文献

[1] 胡世军,李进,张红香,等.基于 Petri nets 的再制造拆卸技术研究 [J].机械制造与自动化,2015,44(2):125-127.

[2] 高瑞,邱城,刘红旗.带元器件废旧电路板拆卸技术研究 [J].机电产品开发与创新,2007,20(2):27-33.

[3] 张则强,蔡宁,曾艳清,等.面向再制造的拆卸线平衡问题建模理论及求解方法综述 [J].中国机械工程,2018,29(21):2636-2645.

[4] 王庆锋,高金吉,袁庆民.过程装备在役再制造工程理论体系 [J].计算机集成制造系统,2019,25(10):2446-2455.

[5] 高建刚,武英,向东,等.机电产品拆卸研究综述 [J].机械工程学报,2004,40(7):1-9.

[6] 徐滨士,董世运,史佩京.中国特色的再制造零件质量保证技术体系现状及展望 [J].机械工程学报,2013,49(20):84-90.

[7] 杨铁生.推动中国再制造产业健康有序发展 [J].中国表面工程,2014,27(6):1-3.

[8] 孙林岩,李刚,江志斌,等.21 世纪的先进制造模式:服务型制造 [J].中国机械工程,2007,18(19):2307-2312.

[9] 王蕾,夏绪辉,熊颖清,等.再制造服务资源模块化方法及应用 [J].计算机集成制造系统,2016,22(9):2204-2216.

[10] 李明,张则强,胡杨.U 型布局的拆卸线平衡问题及其求解算法研究 [J].现代制造工程,2015,12(7):7-12.

[11] 朱兴涛,张则强,朱勋梦,等.求解多目标拆卸平衡问题的一种蚁群算法 [J].中国机械工程,2014,25(8):1075-1079.

[12] RAO R V, SAVSANI V J, VAKHARIA D P. Teaching-learning-based optimization: A novel method for constrained mechanical design optimization problems [J]. Computer-Aided Design, 2011, 43(3): 303-315.

[13] MCGOVERN S, GUPTA S. Ant colony optimization for disassembly sequencing with multiple objectives [J]. The International Journal of Advanced Manufacturing Technology, 2006, 30(5): 481-496.

[14] 张则强,胡杨,陈冲.求解拆卸线平衡问题的改进人工蜂群算法 [J].西南交通大学学报,2016,51(5):910-917.

[15] 苏亚军.基于变邻域搜索算法的拆卸线平衡问题研究 [D].成都:西南交通大学,2015.

[16] CHUTIMA P, CHIMKLAI P. Multi-objective two-sided mixed-model assembly line balancing using particle swarm optimisation with negative knowledge [J]. Computers & Industrial Engineering, 2012, 62(1): 39-55.

[17] KALAYCI C B, GUPTA S M. A hybrid genetic algorithm approach for disassembly line balan-

cing [J]. Proceedings of the 42nd Annual Meeting of Decision Science Institute. Boston, 2011 (1), 2142-2148.

[18] 夏绪辉, 周萌, 王蕾, 等. 再制造拆卸服务生产线及其平衡优化 [J]. 计算机集成制造系统, 2018, 24 (10): 2492-2501.

[19] 李六柯. 多目标离散布谷鸟算法的不完全拆卸线平衡优化与仿真研究 [D]. 成都: 西南交通大学, 2018.

[20] MCGOVERN S M, GUPTA S M. A balancing method and genetic algorithm for disassembly line balancing [J]. European Journal of Operational Research, 2007, 179 (3): 692-708.

[21] 刘佳. 顺序相依拆卸线平衡问题研究 [D]. 成都: 电子科技大学, 2017.

[22] KALAYCI C B, HANCILAR A, GUNGOR A, et al. Multi-objective fuzzy disassembly line balancing using a hybrid discrete artificial bee colony algorithm [J]. Journal of Manufacturing Systems, 2014, 3 (37): 672-682.

[23] 张则强, 汪开普, 李六柯, 等. 随机作业时间的 U 型拆卸线平衡多目标优化 [J]. 计算机集成制造系统, 2018 (01): 89-100.

第 9 章

再制造选配优化及产品寿命预测

9.1 考虑寿命均衡的再制造零部件选配优化

再制造选配是指依据既定的技术要求,在再制造零部件、重用零部件和新零部件中选取合适的零部件进行重新组合,以达到原有产品的功能效果。由于再制造零部件本身材料性能和再制造加工方法存在差异,导致不同类型再制造零部件寿命参差不齐。一方面,如果不考虑寿命均衡,仅按照功能结构选配组成的再制造产品报废时,部分零部件仍具有较长剩余寿命,即较高剩余价值,这些零部件过早进入下一个再制造或重用阶段,会增加工序及成本,造成浪费;另一方面,再制造产品状态与零部件状态、性能息息相关,零部件寿命差异过大,会影响再制造产品的整体性能和稳定性。

鉴于目前的选配研究大多数是以装配产品质量、装配成功率、装配精度为目标,忽略了再制造零部件寿命对再制造产品选配过程的影响,本章旨在研究一种考虑寿命均衡的再制造零部件选配优化方法,在保障产品精度和成本可行性的情况下,依据再制造零部件的寿命状态进行选配,使得选配后同一再制造产品中各零部件之间寿命趋向于均衡。考虑寿命均衡不仅能有效提升再制造产品在实际工作中的稳定性,同时能依据产品的寿命特征和工况环境预估出零部件的损伤时间,从而及时做好再制造产品的维护与回收工作,大大延长再制造产品的生命周期。

9.1.1 再制造零部件寿命均衡

运行可靠性和零部件寿命均衡性是评估再制造产品运行性能的两个重要指标。因此,对于由多种零部件组成的再制造产品,不仅要考虑各零部件同步运行的稳定性,还要考虑各零部件工作寿命的均衡。一方面,在零部件的选配过程中,所选零部件的优劣会极大影响再制造产品的整体性能;另一方面,以现有零部件性能提升或更换等形式进行产品再制造,当寿命短的零部件的寿命达到极限后,整个再制造产品面临着报废处理并进入下一个再制造阶段,而此时其他零部件还处于寿命期限中,性能参数仍然正常,无法实现产品中各配合零部件的最佳利用,若此时进行整体再制造或报废处理,将造成很大的浪费。因此,为保证设备正常运行时的稳定性和延长设备寿命,可依据零部件寿命来选择装配。

1. 再制造零部件寿命均衡的内涵

由多种再制造零部件组成的再制造产品普遍存在"短板效应",即寿命最短的零部件往往会导致再制造产品不能正常运行而报废。各再制造零部件因材料属性、再制造前失效状态、再制造加工方式以及加工质量不同,其寿命存在差异。图 9-1 所示为某再制造产品退役时，其四种不同零部件的寿命状态。当产品退役时，零部件 A 本身稳定性较好或损耗较小，仍然具有较好的性能和相对其他零部件更长的剩余寿命；零部件 B 的性能仍正常，但剩余寿命短于零部件 A；零部件 C 失效时间与产品报废时间吻合；零部件 D 已处于"带病作业"的危险工作期。通过分析发现，若选配阶段不考虑寿命均衡，简单地对废旧产品全部零部件直接进行再制造或换新，则该再制造产品报废时各零部件的失效状态和剩余寿命差异较大。拥有较长剩余寿命的零部件会过早进入下一个再制造阶段，增加了再制造成本；剩余寿命不长的零部件进入下一个再制造阶段的成本代价较大，直接报废换新则会产生资源浪费。若对同类退役产品批量再制造时，能依据再制造零部件的寿命对其进行选择性组合装配，使装配后同一再制造产品中各再制造零部件寿命差异最小，达到各零部件失效时间与产品报废时间趋于一致的目标，从而根据再制造产品寿命进行合理定价，可在优化再制造产品性价比的同时实现批量再制造产品价值最大化。

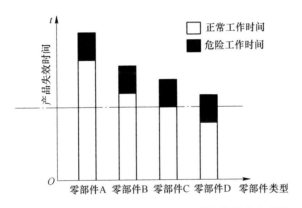

图 9-1　再制造产品退役时四种不同零部件的寿命状态

再制造零部件寿命均衡的定义：面向大批量再制造零部件，以再制造产品中附加值高的零部件寿命为匹配基准，获取符合寿命要求的再制造零部件，在引进部分新件的情况下，通过对各零部件进行选配，使得再制造产品各零部件寿命与产品失效时间之间成等值或倍数关系。

考虑寿命均衡的再制造产品制造流程如图 9-2 所示。在产品报废后，经过回收、分类、检测、拆卸、清洗一系列活动，获得符合要求的零部件并进行再制造，选择与产品匹配基准寿命相近或成倍数关系的再制造零部件，依据产品功能结构进行组合。这样，装配完成的再制造产品不仅性能更加稳定，避免了"短板效应"，而且方便依据零部件剩余寿命选择合适的时机进行二次或多次再制造，实现资源利用最大化。

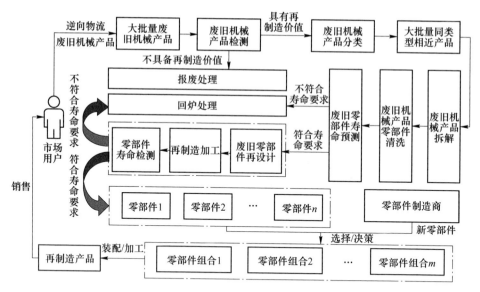

图 9-2 考虑寿命均衡的再制造产品制造流程

2. 再制造零部件寿命均衡匹配方法

再制造零部件因损伤状态和再制造加工方法不同,其寿命可能存在较大差异,根据其寿命可分为均衡匹配和倍数匹配。图 9-3 所示为均衡匹配。选取关键零部件作为基准进行选配,假设其关键零部件 A 的寿命为 T_A,零部件 B 的寿命为 T_B,零部件 C 的寿命为 T_C。若 T_A、T_B 及 T_C 之间差异较小,$T_C \leq T_A \leq T_B$,达到寿命均衡,则在再制造产品进入下一个维护或再制造阶段时,零部件 A、B、C 可同时进行再制造,从而使得各零部件能够及时进行再制造修复,降低二次再制造过程成本。

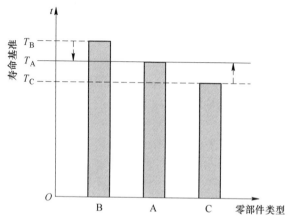

图 9-3 寿命相近零部件均衡匹配

图 9-4 所示为倍数匹配。若 T_A、T_B 及 T_C 相差较大，$T_A \ll T_B \ll T_C$，但三者之间呈现一定的倍数关系，则在产品进行二次再制造时，零部件 A 可进行再制造或更换新件，零部件 B、C 只需清洗重用即可，经过多次生命周期后寿命耗尽，随产品一同再制造或报废，从而更有效地再次利用零部件 B、C。

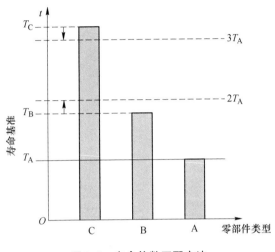

图 9-4　寿命倍数匹配方法

9.1.2　考虑寿命均衡的零部件选配模型

1. 问题描述与模型假设

再制造产品寿命与零部件剩余寿命息息相关，针对一定数量的待选配零部件，不仅需要挑选剩余寿命长且均衡的零部件组合，还要从资源利用的角度考虑，减少未匹配零部件个数。因此，本节以零部件寿命偏差变化最小为目标，综合考虑寿命偏差与剩余零部件数量的协调性，提出以综合选配寿命均衡性为目标函数的再制造选配模型，使得所有零部件组合寿命偏差波动最小，同时减少未匹配的零部件个数，合理利用资源。

为使模型更易于求解，做出如下合理假设：

1) 再制造零部件数量有限，待选取的零部件包括再制造件、重用件和新件。

2) 再制造产品由 n 种主要零部件组成，不同种类零部件个数可不相等。

3) 在零部件选配时，每次按寿命要求从零部件中选取，选择顺序按照产品层次结构固定，等上一级零部件选择完才能进行下一级零部件的选择。

4) 得到零部件组合的数量越多越好。

5) 假设零部件性能及结构尺寸基本符合要求，本模型只考虑寿命对选配过程的影响，其他因素在选配过程中可忽略。

6）不考虑人员、设备等外界情况对选配过程的影响。

2. 再制造优化选配模型构建

（1）优化目标的确定　再制造零部件寿命均衡性可用选配后零部件组合寿命离散程度进行衡量。假设再制造产品由 n 种零部件组成，每种零部件待选配的个数为 n_1，n_2，$\cdots$，n_k，则选配后零部件寿命方差可表示为

$$\mathrm{MD} = \sqrt{\frac{1}{S}\sum_{i=1}^{S}(T_i - \Delta_0)^2}, S \leqslant N \tag{9-1}$$

$$T_i = \sum_{j=1}^{n}|T_j|, T_s \leqslant T_i \leqslant T_e \tag{9-2}$$

$$\Delta_0 = \frac{T_e + T_s}{2} \tag{9-3}$$

$$N = \min(n_1, n_2, \cdots, n_k) \tag{9-4}$$

式中，MD 为再制造零部件寿命偏差的方差；S 为选配过程中得到装配体组合的数量；N 为理想状态下得到的零部件组合数量上限；T_j 为某个装配体组合中第 j 个零部件的寿命偏差；T_i 为选配后某个装配体组合零部件寿命偏差绝对值之和；T_s 和 T_e 分别为选配后零部件寿命偏差上、下限；Δ_0 为选配后零部件寿命中心偏差。仅寿命方差的大小并不能准确表示寿命均衡程度，故引入寿命公差，定义再制造产品选配零部件寿命匹配程度为

$$\mathrm{MD}_N = 1 - \frac{\mathrm{MD}}{T_0} \tag{9-5}$$

$$T_0 = T_s - T_e \tag{9-6}$$

式中，T_0 为某装配体组合寿命公差；MD_N 为零部件匹配程度。由式（9-5）可知，选配后装配体组合的寿命方差越小，选配的再制造产品零部件之间的匹配程度越好，相应产品的寿命均衡性越好。

此外，在选配过程中应尽可能获取更多零部件组合，减少零部件剩余个数。在满足寿命均衡的基础上选配共获得 S 组零部件组合，由式（9-4）可得到再制造产品选配成功率为

$$\varphi = \frac{S}{N} \tag{9-7}$$

综合考虑再制造产品零部件寿命均衡程度和再制造产品装配成功率，提出再制造产品选配寿命均衡性指标 T_N：

$$T_N = (\mathrm{MD}_N)^\mu \cdot \varphi^\nu \tag{9-8}$$

式中，μ 和 ν 分别表示再制造产品选配零部件组合寿命匹配程度和装配成功率对再制造产品选配寿命均衡性的影响程度，取值区间为（0，1）。T_N 越大，表示再

制造产品零部件匹配程度越好,相应的再制造产品零部件寿命匹配程度和再制造产品选配成功率就越大。

(2) 约束条件　为方便再制造产品维修与二次再制造,延长再制造产品的生命周期,再制造产品零部件剩余寿命应尽可能均衡。其中,再制造产品零部件的寿命均衡度需要满足企业既定的要求,即大于或等于某个阈值T_N^*。

$$0 \leqslant T_N^* \leqslant T_N \leqslant 1 \tag{9-9}$$

为减少未匹配零件的数量,降低资源浪费,选配成功率应尽可能大,且不小于企业所定的阈值φ^*。

$$\varphi^* \leqslant \varphi \leqslant 1 \tag{9-10}$$

在再制造选配的过程中,不同的选配方案对再制造零部件的利用率不同,在选配的过程中往往会产生未匹配的零件,造成资源浪费与库存成本的增加。在保证再制造产品零部件寿命均衡的前提下,选配过程中应尽可能多地选择再制造零部件,最大化利用资源。假设选配后得到S组合格装配体,装配体由n个零部件组成,其中第k组组合中再制造零部件的数量为N_k,则再制造零部件利用率δ为

$$\delta = \frac{\sum\limits_{k=1}^{S} N_k}{Sn} \tag{9-11}$$

当再制造零部件利用率达到80%左右时,可认为资源性指标已非常好。为降低再制造企业成本,需要尽可能使用再制造零件和重用零件,因此,再制造资源利用率应不小于企业所定的阈值δ^*。

$$\delta^* \leqslant \delta \leqslant 1 \tag{9-12}$$

(3) 再制造选配优化模型　在再制造产品零部件选配过程中,根据再制造产品零部件的剩余寿命状况以及产品各零部件的寿命要求,以再制造产品零部件寿命均衡性、装配成功率、再制造零部件利用率为约束,综合考虑再制造产品零部件组合的寿命匹配程度与选配成功率,建立废旧机电产品再制造优化选配模型。

$$\max T_N = (\mathrm{MD}_N)^\mu \cdot \varphi^\nu \tag{9-13}$$

$$\text{s. t.} \begin{cases} 0 \leqslant T_N^* \leqslant T_N \leqslant 1 \\ \varphi^* \leqslant \varphi = \dfrac{S}{N} \leqslant 1 \\ \delta^* \leqslant \delta \leqslant 1 \\ \mu + \nu = 1 \end{cases} \tag{9-14}$$

9.1.3　基于蚁群算法的模型求解

再制造零部件选配本质上是非线性组合优化问题,针对目前智能算法的优

劣性进行分析对比：遗传算法具有良好的迭代求解性能，算法设计较为成熟，但需要选择合适的编码方式及参数，参数选择和编码在一定程度上也会影响算法的求解，容易只得到局部最优的结论；粒子群算法在求解时迭代速度较快，算法设计简单，但比较适合解决连续曲线问题，应用于离散问题时，其求解质量较差；模拟退火算法编程工作量较小，容易实现，但是其收敛速度较慢，容易陷入局部最优，一般与其他算法结合使用；蚁群算法是模仿一群蚂蚁寻找食物的主要过程，在和其他智能算法的比对中，较适合求解一些复杂的非线性问题和路径选择问题。因此，本节选取蚁群算法实现再制造零部件选配优化模型的求解，把再制造零部件放在整个构造图中作为蚁群算法的一个解集，以零部件寿命偏差和为路径，通过蚁群算法的寻优机制协调零部件组合的选择，从而得到寿命偏差最小的多组零部件组合。

▶ 1. 再制造零部件选配算法模型

为了方便蚁群算法的编程和实现，将再制造零部件选配构造图转化成"零部件寿命偏差×零部件种类"矩阵 A，里面存放着各零部件寿命偏差。假设再制造零部件种类分为 P_1，P_2，…，P_n，每种零部件都有 m 个零部件待挑选，同时设置一个虚拟起点与终点。再制造零部件选配构造模型如图9-5所示。

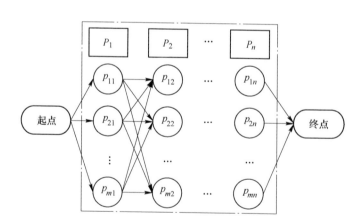

图9-5 再制造零部件选配构造模型

在图9-5中，所有待选配零部件抽象表示为图中一个节点，同种类型的零部件放在同一列，不同种类依照顺序从左到右排列。蚁群算法迭代时，各蚂蚁会依据不同路径上遗留的信息素浓度和启发式信息进行路径选择与移动，其中 t 时刻蚂蚁 k 从节点 i 转移到节点 j 的概率 $P_{ij}^k(t)$ 为

$$P_{ij}^k(t) = \begin{cases} \dfrac{[\tau_{ij}(t)]^\alpha [\eta_{ij}(t)]^\beta}{\sum_{s \in f_k}[\tau_{is}(t)]^\alpha [\eta_{is}(t)]^\beta}, & s \in f_k \\ 0, & \text{其他} \end{cases} \quad (9\text{-}15)$$

式中，$\eta_{ij}(t)$ 代表 t 时刻从节点 i 转移到节点 j 的期望程度；$\tau_{ij}(t)$ 代表 t 时刻边 (i,j) 上的信息素浓度；α 表示信息启发式因子；β 代表期望启发式因子；f_k 为蚂蚁 k 下一步可选择的节点集合。为提高蚁群算法的迭代速度，提升结果的准确性，添加伪随机状态转移规则：

$$j = \begin{cases} \underset{s \in f_k}{\arg\max}([\tau(i,s)]^\alpha [\eta(i,s)]^\beta), & r \leq r_0 \\ J, & \text{其他} \end{cases} \quad (9\text{-}16)$$

式中，r 为 [0,1] 区间产生的随机数；r_0 为蚂蚁的状态转移参数。当 $r \leq r_0$ 时，将转移概率最大为 $[\tau_{ls}(t)]^\alpha [\eta_{ls}(t)]^\beta$ 的蚂蚁从节点 i 转移到节点 j；当 $r > r_0$ 时，蚂蚁将按式（9-15）的转移概率进行搜索。

结合再制造选择装配的主要步骤和蚁群算法的求解方式，信息素全局更新的方法如下：

$$\tau_{ij}(t+1) = (1-\rho)\tau_{ij}(t) + \Delta\tau_{ij} \quad (9\text{-}17)$$

式中，$\Delta\tau_{ij} = \sum_{gb=1}^{m} \Delta\tau_{ij}^{gb}$。

$$\Delta\tau_{ij}^{gb} = \begin{cases} \dfrac{1}{L_{gb}}, & (i,j) \in T_b \\ 0, & \text{其他} \end{cases} \quad (9\text{-}18)$$

式中，ρ 表示信息素挥发系统；m 表示蚂蚁的个数；$\Delta\tau_{ij}$ 表示蚂蚁向它经过的路径释放的信息素；L_{gb} 表示蚂蚁经过的路径长度。

依据再制造选配优化目标提出了一种计算启发信息的方法，以控制零部件寿命离散程度，启发信息函数如下：

$$\eta_{ij} = \dfrac{1}{||\sum P_{(i-1)(j-1)} + P_{ij}| - T|} \quad (9\text{-}19)$$

式中，η_{ij} 表示信息启发函数；P_{ij} 表示蚂蚁将访问的零部件组合寿命偏差；$P_{(i-1)(j-1)}$ 表示蚂蚁已访问路径的零部件寿命偏差的累加值；T 表示零部件组合寿命偏差总和的期望值。$||\sum P_{(i-1)(j-1)} + P_{ij}| - T|$ 的值越小，表明零部件组合寿命偏差越接近期望值，再制造零部件寿命波动越小。

2. 蚁群算法流程

本节基于再制造零部件选配特点，利用改进型蚁群算法求解选配问题，算法的求解思路和整体设计流程如图 9-6 所示。

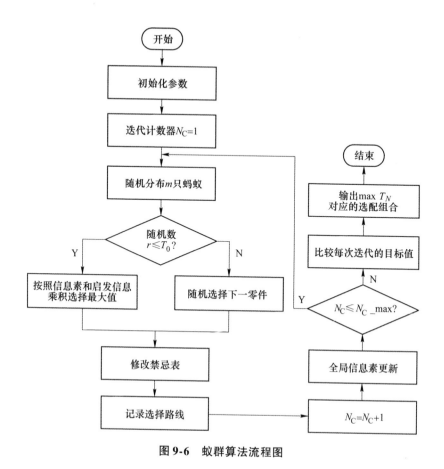

图 9-6 蚁群算法流程图

9.2 再制造产品市场寿命预测

产品寿命有两种含义,即使用寿命和市场寿命。产品使用寿命是指一件产品能使用多长时间;产品市场寿命则是指产品的市场生命周期。再制造产品使用寿命是指产品从再设计、再制造、再服役直到再退役的全部时间,其受到服役环境、客户的性能需求、物质、经济等多方面影响;再制造产品市场寿命是指产品从再制造开始,直到因技术性能落后、经济效益低下而停止使用所经历的全部时间。

一方面,产品使用寿命分析需要考虑再制造产品服役运行期的运行及维护成本、服役环境及客户对产品性能要求等因素,这些数据在再制造产品服役前较难获取;另一方面,产品市场寿命的主要影响因素为该产品相关技术的更新状况,当市场上该产品的功能、性能更新迅速时,原产品的市场占有额随之减少，更新产品的市场占有额增大，较容易分析。因此，本节拟从市场占有额和产品技术更新情况的角度出发，建立再制造产品市场寿命预测模型，在综合分析产品的技术更新信息和历史市场占有份额后，引入波尔曲线模型拟合市场份额随时间的变化规律，从而预测再制造产品的市场寿命。

9.2.1 再制造产品市场寿命预测分析

目前针对寿命预测的研究多是针对一些常用机械零部件寿命或产品的自然/使用寿命，对于再制造产品市场寿命进行预测的研究较少。然而，科技发展迅速，产品更新换代的速度变快，再制造产品的市场寿命研究对于响应市场需求、提升产品的综合性能有着重要意义。

常见的再制造产品寿命预测模型主要包括物理预测模型、数据驱动模型和复杂数学模型，如图9-7所示。大多数的寿命预测都是利用不同的传感器监测复杂产品的状态随时间的转换过程，利用不同的预测方法拟合产品市场寿命随产品状态的变化规律，从而获取该产品的寿命，此类方法成本太高，且适合产品在役阶段使用。部分研究是对产品的历史失效样本数据和未失效的数据进行对比，利用相关模型进行相似度拟合，预测产品的寿命。还有一些研究则是利用物理模型拟合出产品的退化过程来预测寿命，此类方法需要以相关实验或仿真为基础。以上几类方法都比较适合预测产品市场寿命。

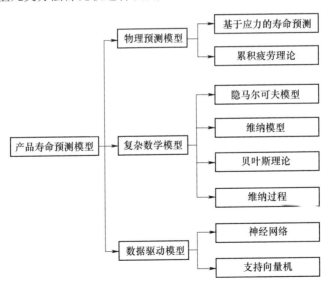

图 9-7 再制造产品寿命预测模型

再制造产品的类型数量庞大且市场寿命终结的统计结果缺乏，致使市场寿命预测较为困难。再制造产品的市场寿命会受到技术更新和市场变更的影响，但技术更新的因素往往是不可预测的,而产品的历史市场占有份额数据容易采集,因此主要通过再制造产品市场占有份额进行评估预测。本节拟选取一种基于历史数据的预测方法,依据市场占有份额和时间的关系,利用波尔生长曲线拟合出市场寿命随时间的变化规律,以特定的再制造产品市场份额为输入,预测其市场寿命。

9.2.2 再制造产品市场寿命预测模型

再制造产品在市场中的占有情况通常都要经过开始、不断提升、趋于稳态和逐渐减少四个阶段,每一个阶段的市场占有份额随时间的变化情况都有差异,这四个阶段的市场占有份额变化情况可以用生长变化曲线进行描述。本节选取波尔生长曲线描述市场份额变化的情况,模型见式(9-20)。

$$u = \frac{L}{1 + ae^{-bt}} \tag{9-20}$$

式中,t 表示以年为单位的预测参数值;u 表示市场占有率;a、b、L 为三个待估参数。可利用组合回归的方法估计出 a、b 和 L 的数值。

若对式(9-20)两边同时取倒数,得到

$$\frac{L}{u} - 1 = ae^{-bt} \tag{9-21}$$

同时取对数,得到

$$\ln(L/u - 1) = \ln a - bt \tag{9-22}$$

$$t = \frac{1}{b}\left[\ln a - \ln\left(\frac{L}{u} - 1\right)\right] \tag{9-23}$$

设定当再制造产品的市场占有率 $u \leq 1\%$ 时,认为该再制造产品已经退出市场,市场寿命几乎为零。可利用式(9-23)求得现有技术条件下该产品的市场寿命 t。

9.3 工程实例:批量再制造减速器零部件选配及成品寿命预测

目前,国内机电产品处于报废高峰期,资源化处理废旧机电产品是企业面临的难题之一。对这些废旧机电产品进行再制造处理,是实现绿色循环经济、创建可持续发展社会的有效方法之一。齿轮减速器作为一种常用的机械设备,具有体积小、传动效率高、传动转矩大的特点,其再制造价值潜力巨大。齿轮减速器爆炸图如图9-8所示。

废旧齿轮减速器的再制造过程主要包括九道基本工序:拆解、清洗、检验、再制造修复、再制造加工、检测、装配、测试和包装。齿轮减速器再制造工艺流程图如图9-9所示。

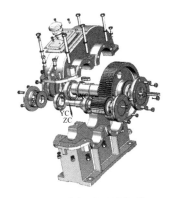

图 9-8 齿轮减速器爆炸图

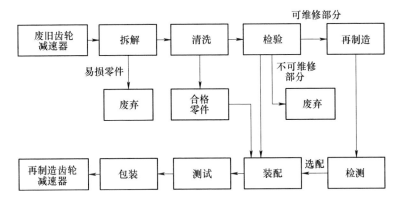

图 9-9 齿轮减速器再制造工艺流程图

齿轮减速器的关键零部件包括齿轮、轴、箱体、轴承。齿轮减速器再制造的核心就是对关键零部件进行再制造,对于没有再制造价值的零部件直接更换新件,最终选配装配得到再制造齿轮减速器。

9.3.1 再制造零部件选配优化

以齿轮减速器关键零部件为选配对象,进行考虑寿命均衡的零部件选配优化方法的验证。减速器易损件的再制造策略见表 9-1。

表 9-1 减速器易损件的再制造策略

零部件类型	再 制 造	新 件	再 利 用
小齿轮	√	√	×
大齿轮	√	√	×
轴承	√	√	×
高速轴	√	√	×
低速轴	√	√	×

注:"√"表示可以用于零件的再制造策略,"×"表示不希望使用零件的再制造策略。

1. 再制造零部件选配

对齿轮减速器五种关键零部件进行选配，选配的数据均来自现场调研。其中可选零部件包括再制造件和新件，每种零部件的新件和再制造件的数量均为10。表9-2~表9-6所列为某一再制造齿轮减速器工厂收集到的各关键零部件的寿命样本。

表9-2 高速轴寿命

零部件类型		高速轴寿命/d									
新件	编号	X-1	X-2	X-3	X-4	X-5	X-6	X-7	X-8	X-9	X-10
	寿命	3412.5	3471.4	3395.4	3423	3399.7	3428.1	3392.5	3427.4	3433.2	3407.2
再制造件	编号	R-1	R-2	R-3	R-4	R-5	R-6	R-7	R-8	R-9	R-10
	寿命	3399.1	3420.5	3443.8	3386.7	3441.6	3394.5	3426.3	3426.9	3402.8	3411.9

表9-3 低速轴寿命

零部件类型		低速轴寿命/d									
新件	编号	X-1	X-2	X-3	X-4	X-5	X-6	X-7	X-8	X-9	X-10
	寿命	5079.9	5085.1	5105.7	5065.9	5070.9	5133.4	5069.1	5085.9	5129.6	5128.6
再制造件	编号	R-1	R-2	R-3	R-4	R-5	R-6	R-7	R-8	R-9	R-10
	寿命	5127.1	5127.1	5064.9	5129.2	5129.5	5112.4	5072.6	5099.1	5107.4	5087.6

表9-4 大齿轮寿命

零部件类型		大齿轮寿命/d									
新件	编号	X-1	X-2	X-3	X-4	X-5	X-6	X-7	X-8	X-9	X-10
	寿命	1548.5	1591.3	1622.2	1596.5	1590.6	1563.2	1564.2	1597.1	1578.6	1586.3
再制造件	编号	R-1	R-2	R-3	R-4	R-5	R-6	R-7	R-8	R-9	R-10
	寿命	1606.3	1553.1	1605.3	1565.8	1607.1	1549.8	1552.7	1556.1	1605.7	1543.7

表9-5 小齿轮寿命

零部件类型		小齿轮寿命/d									
新件	编号	X-1	X-2	X-3	X-4	X-5	X-6	X-7	X-8	X-9	X-10
	寿命	1489.7	1548.3	1492.8	1504.5	1545.6	1538.2	1530.8	1562.1	1503.5	1543.7
再制造件	编号	R-1	R-2	R-3	R-4	R-5	R-6	R-7	R-8	R-9	R-10
	寿命	1584.5	1488.7	1538.5	1480.8	1558.3	1495.2	1483.8	1531.5	1490.9	1540.8

表 9-6 轴承寿命

零部件类型		X-1	X-2	X-3	X-4	X-5	X-6	X-7	X-8	X-9	X-10
新件	编号	X-1	X-2	X-3	X-4	X-5	X-6	X-7	X-8	X-9	X-10
	寿命	2247.8	2237.6	2240.3	2244.2	2243.0	2246.8	2249.5	2207.3	2233.3	2236.8
再制造件	编号	R-1	R-2	R-3	R-4	R-5	R-6	R-7	R-8	R-9	R-10
	寿命	2233.5	2242.2	2243.8	2213.6	2235.1	2222.1	2218.1	2219.5	2235.5	2217.7

根据该企业对齿轮减速器零部件的寿命要求，得出高速轴、低速轴、大齿轮、小齿轮、轴承的额定寿命要求分别为 3420、5130、1580、1516、2227（单位为 d）。根据寿命要求建立寿命偏差矩阵，见表 9-7。

表 9-7 寿命偏差矩阵

序 号	高 速 轴	低 速 轴	大 齿 轮	小 齿 轮	轴 承
1	-7.5	-23.1	-31.5	-28.3	20.8
2	51.4	-17.9	11.3	30.3	10.6
3	-24.6	2.7	42.2	-25.2	13.3
4	3	-37.1	16.5	-13.5	17.2
5	-20.3	-32.1	10.6	27.6	16
6	8.1	30.4	-16.8	20.2	19.8
7	-27.5	-33.9	-15.8	12.8	22.5
8	7.4	-17.1	17.1	44.1	-19.7
9	13.2	26.6	-1.4	-14.5	6.3
10	-12.6	25.6	6.3	25.7	9.8
11	-20.9	24.1	26.3	66.5	6.5
12	0.5	24.1	-26.9	-29.3	15.2
13	23.8	-38.1	25.3	20.7	16.8
14	-33.3	26.2	-14.2	-37.2	-13.4
15	21.6	26.5	27.3	40.3	8.1
16	-25.5	9.4	-30.2	-22.8	-4.9
17	6.3	-30.4	-27.3	-34.2	-8.9
18	6.9	-3.9	-23.9	13.3	-7.5
19	-17.2	4.4	25.7	-27.1	8.5
20	-8.1	-15.4	-36.3	22.8	-9.3

为保证装配效率，再制造企业通常采用互换装配法对减速器关键零部件进行选择装配，运用企业现行的选配方法得到的选配结果见表 9-8。

表 9-8 通过互换装配法得到的选配结果

选配结果	高速轴	低速轴	大齿轮	小齿轮	轴承
1	X-1	X-3	X-10	R-1	X-1
2	R-7	X-9	X-8	R-5	R-3
3	R-10	R-2	R-7	R-4	R-7
4	X-8	R-5	X-4	X-6	X-6
5	R-1	X-6	X-2	R-3	R-4
6	X-9	X-1	R-6	X-5	X-1
7	R-3	R-1	R-9	R-8	R-5
8	X-10	X-4	R-5	X-7	X-3
9	X-6	R-10	R-10	X-10	R-2

为实现蚁群算法的求解，采用 Microsoft Visual C++ 6.0 软件进行编程，根据零部件寿命偏差矩阵，进行再制造零部件选配路径求解。本例中对蚁群算法的各项初始参数优化选择设置，进行多组测试，见表9-9。

表 9-9 蚁群算法的参数测试

参数	测试参数
蚂蚁数量	100
迭代数量	20
ρ	0.3, 0.4, 0.5, 0.6, 0.7
α	0.1, 0.3, 0.5, 0.7, 0.9
β	1, 3, 5, 7, 9

表9-9列出了蚁群算法在 Microsoft Visual C++ 6.0 中的测试参数。迭代次数最大为20，蚂蚁的数量为100，其他参数不变，α、β 和 ρ 变化，逐个进行测试。在选择参数时主要依据的是再制造零部件选配寿命均衡性的优劣。

进行125次测试后，蚁群算法参数设置为蚂蚁数量 $m=100$，$\alpha=0.9$，$\beta=3$，$\rho=0.5$，$Q=50$，$L_{best}=0.015$。为了更好地找到最优解，设置最大迭代次数为100，依据该企业对零部件寿命的要求，通过层次分析法得到 μ 和 ν 参数分别为0.5和0.5，设定每组选配零部件组合寿命偏差之和的下限 $T_s=90$、上限 $T_e=110$，T_N^* 阈值设置为0.8，φ^* 设置为0.8，δ^* 设置为0.8，利用 Microsoft Visual C++ 6.0 进行编程仿真。迭代100次后，程序运行时间为8min47s，得到20套符合寿命要求的选配方案。其中，寿命均衡性最大值 $T_N=0.916765$，其选配成功率 $\varphi=100\%$，寿命匹配度 $MD_N=0.840458$。此时对应的选配结果见表9-10，迭代曲线如图9-10所示。

表 9-10 再制造优化选配结果

组装方案	高速轴	低速轴	大齿轮	小齿轮	轴承
1	X-4	X-3	X-10	R-1	X-9
2	R-7	X-9	X-8	R-5	R-3
3	R-2	R-2	R-7	R-4	R-7
4	X-8	R-5	X-4	X-6	X-6
5	R-1	X-6	X-2	R-3	R-4
6	X-5	X-1	R-6	X-5	X-1
7	R-3	R-1	R-9	X-8	R-5
8	X-10	X-4	R-5	X-7	X-3
9	X-6	R-10	R-10	X-10	R-2
10	X-9	R-4	R-3	R-10	X-5
11	R-8	R-7	X-1	X-9	X-2
12	X-2	R-8	R-4	R-9	R-8
13	R-4	X-5	X-9	X-2	R-6
14	R-9	X-2	X-6	X-1	X-8
15	X-1	R-3	X-7	X-3	X-4
16	X-7	R-6	R-1	R-7	R-9
17	R-10	R-9	X-3	X-8	R-10
18	R-5	X-10	X-5	R-2	X-7
19	X-3	X-7	R-8	X-4	R-1
20	R-6	X-8	R-2	R-6	X-10

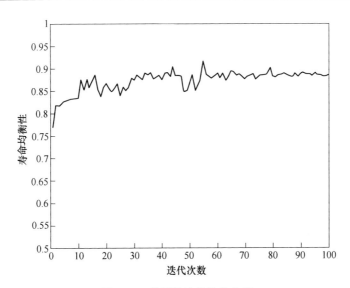

图 9-10 蚁群算法的迭代曲线

2. 选配结果与分析比较

为了直观地表达出选配的结果，用 MATLAB 2014a 绘制出图 9-11 所示的再制造路径选择示意图，图中共有 20 条不同的折线路径，分别代表 20 组不同的选配方案。

由于企业在运用现有的选配方法时没考虑到寿命的因素，且一般根据经验进行选配，费时费力，因此只使用选配成功率与再制造零部件使用情况分别对互换装配法和本例中选配优化方法的求解数据进行对比分析。利用本章提出的优化方法得到的装配成功率为 100%，再制造零部件利用率为 100%；运用企业固有的方法选配成功率为 45%，再制造零部件利用率为 44%。对比可知，采用选配优化方法，装配成功率提升了 55%，再制造零部件利用率提升了 56%，且每组零部件组合的寿命偏差之和都在 90~110，寿命均衡性较好。分析可知，再制造选配优化方法减少了零部件组合寿命偏差变化和剩余零部件数量，显著提升了选配成功率、再制造零部件利用率以及选配效率，验证了再制造选配优化方法的优越性与模型的正确性。

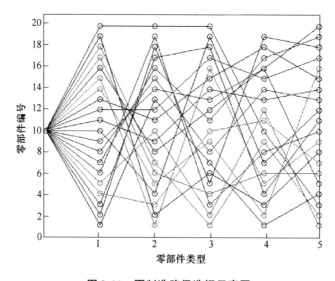

图 9-11　再制造路径选择示意图

9.3.2　再制造产品市场寿命预测

1. 产品市场寿命预测

本节以再制造减速器为例进行再制造产品市场寿命预测。由于减速器的疲劳寿命较长，技术更新速度较为缓慢，本例假设存在技术因素 k 对当前正在使用的产品产生影响。可知 a、b、L 为三个待估参数，以齿轮减速器的历史市场

份额 u 与使用时间 t 为基础，运用优化回归组合法对三个参数进行计算。经过验证，该方法具有较高的计算精度。通过调研数据计算，得到某型号齿轮减速器的市场份额 u 与使用时间 t 的关系，见表9-11。

表9-11　某型号齿轮减速器市场份额 u 与使用时间 t 的关系

t/a	1	2	4	6	8	10	12
u	0.213	0.201	0.183	0.168	0.159	0.152	0.149

根据表中数据，按照回归优化组合法进行 a、b、L 的评估，得到 $a = -0.4262$，$b = 0.12$，$L = 0.1325$，求出生长曲线拟合模型为

$$u = \frac{0.1325}{1 - 0.4262\,\mathrm{e}^{-0.12t}} \tag{9-24}$$

可求得技术因素 k 为

$$k = \frac{\mathrm{d}u}{\mathrm{d}t} = \frac{-0.0068\,\mathrm{e}^{-0.12t}}{(1 - 0.4262\,\mathrm{e}^{-0.12t})^2} \tag{9-25}$$

2. 预测结果分析与比较

根据表9-11中的数据和波尔生长曲线模型进行拟合精度分析，模型预测值与实际值的误差分析见表9-12。

表9-12　模型预测值与实际值的误差分析表

t/a	1	2	4	6	8	10	12
实际值	0.213	0.201	0.183	0.168	0.159	0.152	0.149
预测值	0.2131	0.1993	0.1799	0.1671	0.1584	0.1521	0.1474
误差	0.0001	-0.0017	-0.0031	-0.0009	-0.0006	0.0001	-0.0016
相对误差	0.05%	0.85%	1.69%	0.54%	0.38%	0.07%	1.07%

根据表9-12可计算得出实际值和预测值的相对误差的平均值为0.66%，误差较小，从而肯定了该模型的预测精度。在得到生长曲线模型后，取市场份额 u 为1%，可求得该齿轮减速器的市场寿命约为27.986年。

9.4　本章小结

在再制造产品选配过程中，考虑零部件寿命均衡对于改善再制造产品寿命稳定性和减少再制造选配过程的资源消耗具有重要意义。本章首先以再制造零部件选配服务为基础，从零部件寿命均衡的角度出发，建立再制造选配优化模

型；其次以再制造装配后的再制造产品为研究对象，分析比较再制造产品市场寿命的影响因素及预测方法，依据再制造产品的市场占有份额与使用时间的关系，利用波尔生长曲线模型进行拟合，预测再制造产品的市场寿命；最后以齿轮减速器关键零部件的选配和再制造齿轮减速器为案例，分别对本章所提出的选配优化模型和再制造产品市场寿命预测模型进行验证，验证了模型的有效性和可行性。

▶参数说明（表9-13和表9-14）

表9-13 再制造零部件优化选配方法参数说明

参　　数	说　　明
n	再制造产品中的主要零部件种类
MD	所有装配体组合中再制造零部件寿命偏差的方差
S	选配过程中得到装配体组合的数量
N	理想状态下得到的零部件组合数量上限
T_j	某个装配体组合中第j个零部件的寿命偏差
T_i	选配后某个装配体组合零部件寿命偏差绝对值之和
T_s，T_e	选配的零部件寿命偏差上、下限
Δ_0	选配后零部件寿命中心偏差
T_0	选配的某装配体组合寿命公差
φ	选配成功率
T_N	再制造产品选配寿命均衡性指标
μ	指标影响程度参数
ν	指标影响程度参数
T_N^*	企业设定的寿命均衡性指标阈值
φ^*	企业设定的选配成功率指标阈值
δ	选配后再制造零部件利用率
δ^*	选配后再制造零部件利用率阈值
P_i	某再制造产品中第i种零部件
$P_{ij}^k(t)$	t时刻蚂蚁k从节点i转移到节点j的概率
$\eta_{ij}(t)$	t时刻从节点i转移到节点j的期望程度
$\tau_{ij}(t)$	t时刻边(i,j)上的信息素浓度
α	信息启发式因子
β	期望启发式因子
f_k	蚂蚁k下一步可选择的节点集合
r	$[0,1]$区间产生的随机数
r_0	蚂蚁的状态转移参数
ρ	信息素挥发系数

(续)

参　数	说　明
$\Delta \tau_{ij}$	蚂蚁向它经过的路径释放的信息素
L_{gb}	蚂蚁经过的路径长度
η_{ij}	信息启发函数
P_{ij}	蚂蚁将访问的零部件组合寿命偏差
$P_{(i-1)(j-1)}$	蚂蚁已访问路径的零部件寿命偏差的累加值
T	零部件组合寿命偏差总和的期望值

表9-14 再制造产品市场寿命预测参数说明

参　数	说　明
t	以年为单位的表示时间的预测参数值
u	市场占有率
a	波尔生长曲线待估参数
b	波尔生长曲线待估参数
L	波尔生长曲线待估参数
k	技术因素

参 考 文 献

[1] 姜兴宇，王蔚，张皓垠，等. 考虑质量、成本与资源利用率的再制造机床优化选配方法 [J]. 机械工程学报，2019，55(1)：180-188.

[2] FORSLUND A, LORIN S, LINDKVIST L, et al. Minimizing weld variation effects using permutation genetic algorithms and virtual locator trimming [J]. Journal of Computing and Information Science in Engineering, 2019, 18(4): 1530-1542.

[3] LIU C H, ZHU Q H, WEI F F, et al. An integrated optimization control method for remanufacturing assembly system [J/OL]. Elsevier BV, 2020. https：// doi. org/10. 1016/j. jclepro. 2019. 119261.

[4] ZAHRAEI S M, TEO C C. Optimizing a recover-and-assemble remanufacturing system with production smoothing [J]. International Journal of Production Economics, 2018, 197: 330-341.

[5] ENGIN O, GUCLU A. A new hybrid ant colony optimization algorithm for solving the no-wait flow shop scheduling problems [J]. Applied Soft Computing Journal, 2018(72): 166-176.

[6] 宿彪，黄向明，任莹晖，等. 基于蚁群算法的工程机械再制造优化选配方法研究 [J]. 机械工程学报，2017，53(5)：60-68.

[7] 刘晓阳，刘恩福，靳江艳. 基于蚁群算法的异步并行装配序列规划方法 [J]. 机械工程学报，2019，55(9)：107-119.

[8] ZHENG H D, LI E Z, WANG Y, et al. Environmental life cycle assessment of remanufactured engines with advanced restoring technologies [J]. Robotics and Computer Integrated Manufacturing, 2019 (59): 213-221.

[9] CHAKRABORTY K, MONDAL S, MUKHERJEE K. Critical analysis of enablers and barriers in extension of useful life of automotive products through remanufacturing [J]. Journal of Cleaner Production, 2019 (227): 1117-1135.

[10] HU Y W, LIU S J, LU H T, et al. Remaining useful life assessment and its application in the decision for remanufacturing [J]. Procedia CIRP, 2014 (15): 212-217.

[11] LI W Z, JIA X D, LI X, et al. A Markov model for short term wind speed prediction by integrating the wind acceleration information [J]. Renewable Energy, 2021 (164): 242-253.

[12] LU Z G, LU S F, XU M R, et al. A robust stochastic stability analysis approach for power system considering wind speed prediction error based on Markov model [J/OL]. Elsevier BV, 2021. https://doi.org/10.1016/j.csi.2020.103503.

[13] HAO X C, WANG L Y, YAO N, et al. Topology control game algorithm based on Markov lifetime prediction model for wireless sensor network [J]. Ad Hoc Networks, 2018 (78): 13-23.

[14] TSENG H E, CHANG C C, LEE S C, et. al. Hybrid bidirectional ant colony optimization (hybrid BACO): An algorithm for disassembly sequence planning [J]. Engineering Applications of Artificial Intelligence, 2019, 8 (3): 45-56.

[15] 伍建军, 游雄雄, 吴事浪, 等. 典型矿冶废旧零部件剩余寿命预测模型与可再制造性评估决策方法 [J]. 机械科学与技术, 2014, 33 (12): 1859-1864.

[16] GAO R X, WANG P. Through life analysis for machine tools: from design to remanufacture [J]. Procedia CIRP, 2017 (59): 2-7.

第10章

再制造服务供应方评价与决策

10.1 再制造服务供应方

再制造服务过程涉及服务需求方、服务集成方、服务供应方、其他服务相关方四类服务主体。服务需求方是再制造服务的起点与终点，即再制造服务起始于服务需求方向服务集成方发出需求，在完成一系列相关活动后，结束于服务集成方向服务需求方提供再制造产品服务。服务集成方是再制造服务的组织者，它连接服务需求方和众多的服务供应方，按照服务需求方的要求，安排相应的再制造服务功能活动，给出针对性的解决方案，并选择出合适的服务供应方。

服务供应方是再制造服务的主要实施者，它为服务集成方制订解决方案提供知识支持，并根据服务集成方下达的相应任务，完成再制造服务过程的实际活动。再制造服务质量依赖于各供应方对服务活动的执行质量，每一服务活动应选择最优供应方，需按照再制造的特点，对供应方在经济、质量和环保等多方面做出全面的评价并选择决策出最适合的供应方（原生产制造商可成为供应方一员）。因此，再制造服务供应方的评价决策是整个再制造服务的关键。

供应方评价对于普通制造服务和再制造服务的区别主要有：普通的制造服务是根据将要生产制造产品的质量、成本等要求去评价选取供应方，而再制造服务不仅要考虑将要生产的再制造产品的质量、成本等要求，还要结合回收并检测的废旧产品的特征去确定再制造产品的设计方案和再制造服务活动方案，然后进一步评价选取合适的供应方；普通制造服务建立起服务支持平台，是在单生命周期以整个供应链的效益为目标评价选取供应方，而再制造服务目光更为长远，应考虑逆向供应链的效益，以产品多生命周期的视角，为后续的再制造循环过程提供价值，也就是在再制造服务供应方评价选择中，应把创造再制造价值作为重要评价指标。而再制造服务的节约资源、有利于环境的特点，使得对再制造服务供应方评价时更注重废旧产品利用能力、环保水平等指标要求。

10.2 再制造服务供应方评价

10.2.1 再制造服务供应方评价与决策流程

再制造服务供应方评价与决策流程如图 10-1 所示。其流程中存在以下难点：
1）评价因素众多，定性与定量指标应都考虑，针对再制造服务不同阶段的服务活动特点建立评价指标体系。

2）评价数据类型应尽可能丰富，更准确和适宜地描述评价信息，使决策更加可靠。

3）各评价指标的重要性不同，应考虑决策者权重，且避免主观赋权带来更多的不确定性。

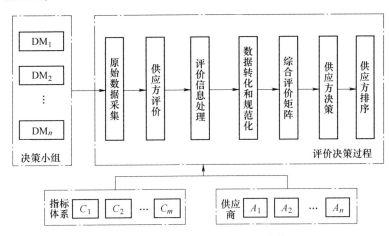

图 10-1　再制造服务供应方评价与决策流程

针对上述问题，建立供应方评价与决策流程。针对再制造服务准备阶段、再制造服务加工执行阶段、再制造物流与售后服务阶段的再制造服务实现过程，建立相应的多层次指标体系，采用 AHP 和模糊评价方法对各供应商展开评价。通过市场调研、专家评价等方法采集原始数据并与前述评价信息整合，对评价值进行信息类型的转化统一和数据规范化处理，形成综合评价矩阵。运用信息熵的方法理论求出各决策者和各指标的权重，用改进型多准则妥协解排序（VIKOR）方法决策，得到供应商优先的排序，选择出最优的再制造服务供应方。

10.2.2　再制造服务供应方评价与决策指标体系

根据再制造服务供应方参与再制造服务实践的三个阶段，即再制造服务准备、再制造服务加工执行、再制造物流与售后服务，构建再制造服务供应力决策指标体系，见表 10-1。将三个服务阶段作为一级指标，二级指标共 10 个，按指标类型分为效应型指标（B）和成本型指标（C）。

表 10-1　再制造服务供应方决策指标体系

一级指标	二级指标	指标类型
再制造服务准备阶段	再制造能力	B
	产品价值率	B

(续)

一级指标	二级指标	指标类型
再制造服务加工执行阶段	再制造成本	C
	产品性能	B
	装备能力	B
	产品适应性	B
	企业文化	B
	环保水平	B
再制造物流与售后服务阶段	物流成本	C
	服务质量	B

其中，再制造能力、产品性能、环保水平、企业文化、服务质量可通过 AHP 与模糊评价获得相应的量化数值，具体方法见 10.2.3 节。为区别评价与决策过程，在评价过程中将这 5 项指标分别表示为 F_1、F_2、F_3、F_4、F_5。

1. 再制造能力

再制造能力（F_1）是指再制造加工服务供应方对废旧产品及其零部件进行再制造的技术和工艺加工能力。根据拆卸、清洗、检测、再制造加工、再装配等再制造工艺流程，本节着重从拆卸能力（μ_{11}）、清洗能力（μ_{12}）、检测能力（μ_{13}）、再制造加工能力（μ_{14}）以及再装配能力（μ_{15}）5 个方面考核再制造能力，再制造能力评价指标集可以表示为 $F_1 = \{\mu_{11}, \mu_{12}, \mu_{13}, \mu_{14}, \mu_{15}\}$。

2. 产品价值率

产品价值率是用于评价供应方再制造活动价值的指标。在回收再制造成本远大于原产品制造成本时，认为该项再制造活动无产品价值。当再制造产品价格不变时，废旧产品再制造总成本越低，则废旧产品在回收环节中越有竞争力。再制造产品价值率（R）等于再制造产品价格与再制造产品总成本之比，即

$$R = \frac{P}{c} \tag{10-1}$$

式中，P 为再制造产品价格；c 为再制造产品总成本，其中包括废旧产品回收成本和废旧产品再制造成本。

3. 再制造成本

再制造成本主要包括再制造人力费用、购买材料和再制造加工费用、再制造产品物流和其他费用。

4. 产品性能

产品性能（F_2）是指在一定条件下，产品实现预定目标或者规定用途的能

力。供应方的再制造产品应满足用户使用所需要具备的技术特性，包括安全性（μ_{21}）、稳定性（μ_{22}）、耐用性（μ_{23}）、操作性（μ_{24}）和维护性（μ_{25}）。其指标集可表示为$F_2 = \{\mu_{21},\mu_{22},\mu_{23},\mu_{24},\mu_{25}\}$。

5. 装备能力

废旧产品来源广、种类多，相应的再制造加工就更复杂多样，需要供应方有相应的装备能力应对不同的再制造需求。

6. 产品适应性

再制造产品不仅要在性能上不低于原产品，还需在市场适应性和使用环境适应性上有更高要求。

7. 环保水平

再制造的主要目标就是通过一系列技术手段实现废旧机械产品及零部件资源再生，以达到减少原始资源开发、环境保护和可持续发展的目的。环保水平（F_3）由再制造生产过程中产生的环境效益来衡量，所列指标包括材料节约（μ_{31}）、能源节约（μ_{32}）、污染排放（μ_{33}）3个方面，再制造服务环保水平评价指标集可表示为$F_3 = \{\mu_{31},\mu_{32},\mu_{33}\}$。

8. 企业文化

企业的技术、制造工艺等硬件技术是保证再制造产品成功的硬性条件，考虑企业的长期发展，企业的软实力也是需要重点考察的方面。本书认为企业的软实力主要体现在企业文化，而企业文化（F_4）包括声誉（μ_{41}）、管理能力（μ_{42}）、创新能力（μ_{43}）和服务能力（μ_{44}）。其指标集可表示为$F_4 = \{\mu_{41},\mu_{42},\mu_{43},\mu_{44}\}$。

9. 物流成本

再制造产品生产完后，还需要保证能够安全快速地运送给客户，因此，物流所耗费的成本也应该是供应方评价需要考虑的。物流成本包括包装费用、库存费用和运输费用。

10. 服务质量

服务体现的是供应方的合作态度和服务能力，优质的服务不仅能够体现自身的技术水平，还能提高客户的满意度。再制造服务质量（F_5）评价指标主要包括服务需求感知能力（μ_{51}）、服务过程管控能力（μ_{52}）以及服务态度和服务行为规范性（μ_{53}）。再制造服务质量评价指标集可表示为$F_5 = \{\mu_{51},\mu_{52},\mu_{53}\}$。

特别地，再制造能力与环保水平是衡量再制造服务供应方服务能力的代表性指标。再制造能力很大程度上决定了再制造产品的质量，是再制造能否顺利实现的根本。而仅在性能上超越原产品并不能称为好的再制造产品。再制造的初衷是高效利用废旧产品、节约资源、保护环境，环保水平也应作为再制造服务供应方的重要评价指标。下面将具体描述再制造能力与环保水平，并说明各指标值的获取与量化方式。

再制造能力包括拆卸能力、清洗能力、检测能力、再制造加工能力和再装配能力。

(1) 拆卸能力　拆卸作为再制造加工的首道工序，直接影响着再制造生产率和效益。若供应方拆卸能力高，不仅可以保障拆卸的高效率和低成本，还能减少拆卸过程对零部件的二次损坏，保障其质量。拆卸能力虽不易直接量化，但可由经验丰富的专家从再制造服务供应方对不同连接方式零配件的平均拆卸时间、拆卸质量等方面对其拆卸能力进行定性评估。本节以同等拆卸质量前提下再制造服务供应方的拆卸时间来量化评价其拆卸能力（μ_{11}），可用公式表示为

$$\bar{t} = \frac{\sum_{i=1}^{N} n_i t_i}{T} \quad (i = 1, 2, \cdots, N) \tag{10-2}$$

$$\mu_{11} = \begin{cases} 1.0 & (\bar{t} \leq 1.0) \\ 0.8 & (1.0 < \bar{t} \leq 1.2) \\ 0.6 & (1.2 < \bar{t} \leq 1.4) \\ 0 & (\bar{t} > 1.4) \end{cases} \tag{10-3}$$

式中，t_i 为拆卸第 i 类连接平均所用的时间，由供应方历史拆卸统计时间算得；n_i 为第 i 类连接数目；N 为连接种类；T 为拆卸时间参考值；μ_{11} 为拆卸能力指标；$\bar{t}$ 是一个中间变量，其界限值主要根据专家经验设定。只有当 $\mu_{11} \geq 0.6$ 时，供应方拆卸的产品才有价值。

(2) 清洗能力　得到拆解的废旧零部件后，需对其进行清洗。通常，废旧产品表面常见污物有易清洗的灰尘和难清洗的油污、锈迹等。按照污物类型的不同，需采用不同的清洗方法。如：对于锈迹，根据其严重程度，可以采用机械除锈、喷砂除锈、化学除锈等；对于油污，其清洗方法常有超声波清洗、化学清洗等。不同供应方因掌握的清洗方法和清洗设备不同，其清洗效果和零件保护能力不同，会直接影响废旧零部件的可利用价值和可再制造性。不同清洗方法的清洗程度量化值见表 10-2。

表 10-2　不同清洗方法的清洗程度量化值

清 洗 方 法	清 洗 程 度
电解液清洗、超声波清洗	0.9
化学洗涤剂喷洗	0.7
刷、擦、高温烘焙	0.4
压力喷射清洗	0.2

在此，认为供应方掌握的清洗方法越多，且每种清洗方法的清洗程度越高，则该供应方的清洗能力（μ_{12}）越强。

$$\mu_{12} = \frac{\sum_{j=1}^{4} M_j \alpha_j}{\sum_{j=1}^{4} \alpha_j} \quad (j=1,2,3,4) \tag{10-4}$$

式中，M_j 表示再制造服务供应方是否掌握第 j 类清洗方法，$M_j = \{0,1\}$；α_j 表示第 j 类清洗方法的清洗程度。

(3) 检测能力　废旧零部件检测是通过对其失效程度的分析来判断其剩余价值和可再制造性。按照检测的结果，根据质量高低可以将零件划分为四大类：可再利用件、可再制造加工修复件、可材料回收零部件及固体垃圾。检测能力作为衡量再制造服务供应方再制造服务水平的关键，通常需要综合考虑对于不同损伤程度零部件所采取的检测方法和消耗的检测时间等因素。在此，本节以采用相同检测方法来检测同等级损伤零件所需要的平均检测时间为评判依据，采用专家综合评判法对再制造服务供应方的检测能力（μ_{13}）进行评价。其评判结果可分为 $\{A,B,C,D\}$ 四个等级，各自对应的数值为 $\{0.95,0.80,0.65,0.40\}$，其中，A 为最高级别，即检测能力最强，其他级别对应的检测能力依次降低。

(4) 再制造加工能力　再制造加工技术水平直接影响再制造产品质量。通常，当再制造技术水平一定时，原废旧零部件失效越少，其再制造成品率、加工效率和产品质量越高；反之，不仅再制造成品率、加工效率和产品质量低，而且再制造成本将大大增加。另一方面，对处于相同失效状态的废旧零部件，采用的再制造技术不同，再制造成品率、效率、效益和质量也不同。本节采用再制造成品率来衡量供应方再制造加工能力（μ_{14}）。

$$\mu_{14} = \frac{\sum_{k=1}^{K} N_k p_k}{\sum_{k=1}^{K} N_k} (k=1,2,\cdots,n) \tag{10-5}$$

式中，N_k 表示第 k 类零件再制造加工的数量；p_k 表示第 k 类零件再制造成品率；K 表示再制造加工的零件总数。

(5) 再装配能力　在保障再制造零部件质量的条件下，再装配能力则会直接影响再制造产品的总体性能，而再装配技术水平与再装配路径、再装配精度、标准件数量、连接结构等因素紧密相关。由于再装配能力不易直接量化，且再装配优劣程度也不易用仪器检测评定，通常专家根据供应方产品性能等对其再装配能力（μ_{15}）进行评估。评价结果分为 $\{A,B,C,D\}$ 四个等级，A 等级的级别最高，再装配能力最强，其他等级对应的再装配能力依次降低，对应的指标值分别为 $\{0.95,0.80,0.65,0.40\}$。

综上，通过对再制造能力二级指标的分析，可得出再制造能力的综合评价指标 F_1 为

$$F_1 = \mu_{11}\omega_{11} + \mu_{12}\omega_{12} + \mu_{13}\omega_{13} + \mu_{14}\omega_{14} + \mu_{15}\omega_{15} \tag{10-6}$$

式中，ω_{11}、ω_{12}、ω_{13}、ω_{14}、ω_{15} 分别代表 μ_{11}、μ_{12}、μ_{13}、μ_{14}、μ_{15} 的权重，通过层次分析法来确定。

环保水平包括材料节约、能源节约和污染排放。

（1）材料节约 材料节约是直接体现再制造绿色环保性的一个重要指标，再制造服务供应方通过对不同废旧零部件的重用、再制造、材料回收等处理手段，来最大化地实现材料综合利用。供应方在再制造过程中的材料节约可用废旧产品利用率来衡量，它等于废旧产品中可重用零部件与可再制造修复利用零部件质量之和与整个再制造产品质量之比，即

$$\lambda = \frac{M_{ru} + M_{rm}}{M} \tag{10-7}$$

式中，λ 为废旧产品利用率；M_{ru} 为可重用零部件的质量；M_{rm} 为可再制造修复利用的零部件质量；M 为再制造产品的质量。再制造产品分为两种：一种是恢复型再制造产品，另一种是升级型再制造产品。恢复型再制造产品质量即为新品的质量；升级型再制造产品会在原来的基础上增加一些模块，因此，升级型再制造产品的质量需要另外加上新增模块的质量。材料节约指标（μ_{31}）计算如式（10-8）所示，界限值主要根据专家经验及线性回归分析来确定。

$$\mu_{31} = \begin{cases} 1 & (\lambda \geq 80\%) \\ 1.25\lambda & (\lambda < 80\%) \end{cases} \tag{10-8}$$

（2）能源节约 本节运用生命周期清单分析法对能源节约指标进行量化。假设 φ 为供应方进行再制造的能源节约比率，则有

$$\varphi = \frac{\sum_{j=1}^{L} E_j - E_r}{E_m} \tag{10-9}$$

式中，E_j 为继续使用第 j 类零件中包含的能源；E_r 为再制造过程中消耗的能源；E_m 为再制造产品材料中附含的能源总量。

再制造过程中，不可能完全利用现有的零件，总有一些零件需要重新制造，如螺钉、螺栓这种高消耗的零件。当前再制造产业普遍认为，只要能源节约比率超过75%，该供应方就具备较好的环保水平。因此，能源节约指标 μ_{32} 可按式（10-10）计算，界限值主要根据专家经验及线性回归分析来确定。

$$\mu_{32} = \begin{cases} 1 & (\varphi \geq 75\%) \\ 4\varphi/3 & (\varphi < 75\%) \end{cases} \tag{10-10}$$

（3）污染排放 虽然再制造减少了由于制造新产品产生的大量废弃污染排放，但是再制造拆卸、清洗等过程所产生的废弃污染物也不可小视。采用专家评判的方法来定性衡量供应方再制造过程的污染排放指标 μ_{33}，评价结果分为 $\{A,B,C,D\}$ 四个等级，A 等级的级别最高，表明供应方再制造过程污染物排放最少、环保水平最好，其他等级依次降低，对应的数值分别为 $\{0.95,0.80,0.65,0.40\}$。

综上,供应方环保水平评价综合指标(F_3)可按式(10-11)计算,式中,ω_{31}、ω_{32}、ω_{33}分别代表μ_{31}、μ_{32}、μ_{33}的权重,通过层次分析法来确定。

$$F_3 = \mu_{31}\omega_{31} + \mu_{32}\omega_{32} + \mu_{33}\omega_{33} \tag{10-11}$$

10.2.3 基于AHP和模糊评价的再制造服务供应方评价

模糊综合评价法(Fuzzy Comprehensive Evaluation,FCE)和层次分析法(Analytic Hierarchy Process,AHP)相结合的评价方法,被广泛应用于供应商评价、企业效率评估、再制造信息系统等方面。该方法包括定性与定量分析,具有计算流程简单、实用性强的优点。

1. 层次分析法确定权重

层次分析法的主要思想是把所有与决策相关的元素分解成目标、准则、方案等层次,然后逐层进行定性与定量分析,最后确定最优方案。该方法具有坚实的理论基础、完善的方法体系,并且具有逻辑性强、可信度高等特点。层次分析法确定权重的具体方法如下:

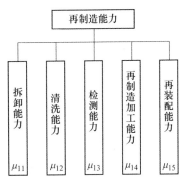

图10-2 再制造能力评价层次模型

1)根据构成评价系统的目标和候选方案等要素建立多级递阶的层次模型,例如,前面所述的再制造能力可建立评价层次模型,如图10-2所示,候选方案此时为再制造能力的5个子指标。

2)对同属一级的要素,以上一级的要素为准则进行两两比较,根据评价尺度确定其相对重要度,利用9分位标度法(表10-3),由经验丰富的专家建立判断矩阵。

表10-3 要素比较评判尺度

标 度	含 义
1	两要素相比,同样重要
3	两要素相比,一个要素比另一要素稍微重要
5	两要素相比,一个要素比另一个要素明显重要
7	两要素相比,一个要素比另一个要素重要得多
9	两要素相比,一个要素比另一个要素极其重要
2、4、6、8	上述两相邻判断的中值
倒数	要素i与要素j比较判断得a_{ij},则要素j与要素i比较判断得$a_{ji} = \dfrac{1}{a_{ij}}$

3)按式(10-12)计算各指标的权重。

$$W_i = \frac{\overline{W_i}}{\sum_{j=1}^{n} \overline{W_j}} \tag{10-12}$$

式中，$\overline{W}_i = \sqrt[n]{M_i}$，$M_i = \prod_{j=1}^{n} \mu_{ij}$，$n$ 是判断矩阵的阶数。

4）按式（10-13）计算最大特征根，式中 A 为判断矩阵。

$$\lambda_{max} = \frac{1}{n}\sum_{i=1}^{n}\frac{(AW)_i}{W_i} \qquad (10\text{-}13)$$

5）按式（10-14）进行一致性检验。

$$CR = \frac{(\lambda_{max} - n)}{RI(n-1)} \qquad (10\text{-}14)$$

式中，RI 为判断矩阵平均随机性指标，见表 10-4。若 $CR < 0.1$，则认为判断矩阵具有比较好的一致性，否则需重新修订判断矩阵。

表 10-4　1~9 阶判断矩阵 RI 值

阶数 n	1	2	3	4	5	6	7	8	9
RI	0.00	0.00	0.58	0.90	1.12	1.24	1.32	1.41	1.45

2. 模糊评价

模糊评价法是运用模糊集理论对系统进行综合评价和决策的一种方法，可以获得各候选方案优先顺序的有关信息。模糊评价法的一般步骤如下：

1）邀请有关方面的专家组成评价小组。

2）通过讨论，确定系统评价指标集 F，$F = (f_1, f_2, \cdots, f_n)$，确定每一评价指标的评价尺度集 E，$E = \{e_1, e_2, \cdots, e_m\}$，$m$ 为评价尺度集中评价尺度的个数。

其中，评价尺度的分级可采用等级方式或分数方式，如：$E = \{$优秀, 良好, 及格, 不及格$\}$ 或 $E = \{0.9, 0.7, 0.5, 0.3\}$。

3）通过层次分析法等方法，或根据专家们的经验，确定各评价指标的权重 W，$W = \{W_1, W_2, \cdots, W_n\}$。

4）对每一候选方案构造隶属度矩阵 $\underset{\sim}{R}_k$。

隶属度 r_{ij}^k 用于描述对候选方案 A_k 而言，用第 f_i 评价指标做出第 e_j 评价尺度的可能程度。对方案 A_k 的所有评价指标的隶属度组成隶属度矩阵 $\underset{\sim}{R}_k$，该矩阵是一个模糊关系矩阵，记为

$$\underset{\sim}{R}_k = \begin{bmatrix} r_{11}^k & r_{12}^k & \cdots & r_{1j}^k & \cdots & r_{1m}^k \\ r_{21}^k & r_{22}^k & \cdots & r_{2j}^k & \cdots & r_{2m}^k \\ \vdots & \vdots & & \vdots & & \vdots \\ r_{i1}^k & r_{i2}^k & \cdots & r_{ij}^k & \cdots & r_{im}^k \\ \vdots & \vdots & & \vdots & & \vdots \\ r_{n1}^k & r_{n2}^k & \cdots & r_{nj}^k & \cdots & r_{nm}^k \end{bmatrix}$$

在矩阵 $\boldsymbol{R}_k$ 中，元素 r_{ij}^k 可根据参加评价的专家做出的评价结果计算，即

$$r_{ij}^k = \frac{d_{ij}^k}{d} \qquad (10\text{-}15)$$

式中，d 表示参加评价的专家人数；d_{ij}^k 表示对方案 A_k 的第 i 项评价指标 f_i 做出 e_j 评价尺度的专家人数。显然，$\sum_{j=1}^{m} r_{ij}^k = 1$。

5) 根据模糊理论的综合评价概念，计算每一候选方案的综合评定向量 $\underset{\sim}{\boldsymbol{S}}_k$。对候选方案 A_k 而言，有

$$\underset{\sim}{\boldsymbol{S}}_k = \boldsymbol{W} \circ \underset{\sim}{\boldsymbol{R}}_k$$

即 $\underset{\sim}{\boldsymbol{S}}_k$ 为将向量 $\boldsymbol{W}$ 进行 $\underset{\sim}{\boldsymbol{R}}_k$ 的模糊变换。

$$\underset{\sim}{\boldsymbol{S}}_k = (S_1^k, S_2^k, \cdots, S_m^k)$$

在实际问题中，可把模糊变换"∘"转化为模糊线性加权变换，即

$$\underset{\sim}{\boldsymbol{S}}_k = \boldsymbol{W}\underset{\sim}{\boldsymbol{R}}_k \qquad (10\text{-}16)$$

6) 最后根据 $\underset{\sim}{\boldsymbol{S}}_k$ 对各候选方案进行评价。根据评价尺度的不同表达方式，通常采取以下两种评价方法：

① 对于采用等级方式评价尺度的情况，按照最大接近度的原则来综合判定各候选方案的等级。设 $S_l = \max S_i$（$l \leq i \leq m$），计算出 $\sum_{i=1}^{l-1} S_i$ 及 $\sum_{i=l+1}^{m} S_i$。

若 $\sum_{i=1}^{l-1} S_i \leq \frac{1}{2} \sum_{i=1}^{m} S_i$，或 $\sum_{i=l+1}^{m} S_i \leq \frac{1}{2} \sum_{i=1}^{m} S_i$，则按 S_l 所属的评价等级评价，即等级为 E 的第 l 级。

若 $\sum_{i=1}^{l-1} S_i \geq \frac{1}{2} \sum_{i=1}^{m} S_i$，则按 S_{l-1} 所属的评价等级评价，即等级为 E 的第 ($l-1$) 级。

若 $\sum_{i=l+1}^{m} S_i \geq \frac{1}{2} \sum_{i=1}^{m} S_i$，则按 S_{l+1} 所属的评价等级评价，即等级为 E 的第 ($l+1$) 级。

② 对于采用分数方式评价尺度的情况，则需计算各候选方案的优先度 N_k。

$$N_k = \underset{\sim}{\boldsymbol{S}}_k \boldsymbol{E}^{\mathrm{T}} \qquad (10\text{-}17)$$

10.3 再制造服务供应方决策

将评价信息数据进行形式统一和规范化处理，结合信息熵的理论和方法求出各指标权重及决策者权重，加权运算后得到对供应商的综合评价矩阵，最后用 VIKOR 方法决策得到供应商的优先排序，选择出最优的供应商。

10.3.1 再制造服务供应方决策指标规范化处理

针对表10-1所列的指标体系,采用数值型、区间数型、直觉模糊数型和语言型四种变量类型描述。其中,再制造能力、产品性能、环保水平、企业文化、服务质量五个指标评价处理后可化为数值型;成本费用类数据具有不确定性,通常为区间值,所以产品价值率、再制造成本、物流成本为区间数型;装备能力与产品适应性分别为直觉模糊数型和语言型。各数据类型的规范化处理如下:

1) 数值型。数值型数据分为效应型和成本型两种。将原始评价数据 u_{ij} 规范化后记为 r_{ij},有

$$r_{ij} = \begin{cases} \dfrac{u_{ij}}{\max_j u_{ij}} & (1 \leqslant i \leqslant m, 1 \leqslant j \leqslant n, u_{ij} \in B) \\ \dfrac{\min_j u_{ij}}{u_{ij}} & (1 \leqslant i \leqslant m, 1 \leqslant j \leqslant n, u_{ij} \in C) \end{cases} \tag{10-18}$$

式中,B 为效应型准则集;C 为成本型准则集。

2) 区间数型。对于决策过程中的价格等不确定的评价指标,通常采用区间数描述。两个区间数 $\alpha = [\alpha^L, \alpha^U]$ 与 $\beta = [\beta^L, \beta^U]$ 的测度距离为

$$d(\alpha, \beta) = \frac{\sqrt{2}}{2}\sqrt{(\alpha^L - \beta^L)^2 + (\alpha^U - \beta^U)^2} \tag{10-19}$$

将区间数型评价数据规范在 [0,1] 区间内,原始区间评价值 $[u_{ij}^L, u_{ij}^U]$ 规范化后记为 $[r_{ij}^L, r_{ij}^U]$,则有

$$r_{ij}^L = \begin{cases} \dfrac{u_{ij}^L}{\max_j u_{ij}^U} & (1 \leqslant i \leqslant m, 1 \leqslant j \leqslant n, u_{ij} \in B) \\ \dfrac{\min_j u_{ij}^L}{u_{ij}^U} & (1 \leqslant i \leqslant m, 1 \leqslant j \leqslant n, u_{ij} \in C) \end{cases} \tag{10-20}$$

$$r_{ij}^U = \begin{cases} \dfrac{u_{ij}^U}{\max_j u_{ij}^U} & (1 \leqslant i \leqslant m, 1 \leqslant j \leqslant n, u_{ij} \in B) \\ \dfrac{\min_j u_{ij}^L}{u_{ij}^L} & (1 \leqslant i \leqslant m, 1 \leqslant j \leqslant n, u_{ij} \in C) \end{cases} \tag{10-21}$$

3) 直觉模糊数型。由于决策者的知识、经验、部门的不同或因时间限制,致使评价信息具有不确定性,此外,复杂环境也会影响决策者的数值判断能力,使得决策参数准确值难以获取,因此,采用直觉模糊数描述这些不确定的决策信息。

定义:设 X 为一个非空集合,$A = \{<x, u_A(x), v_A(x)> | x \in X\}$ 为直觉模糊集,其中 $u_A(x)$ 和 $v_A(x)$ 分别为 X 中元素 x 属于 X 的隶属度与非隶属度,$u_A(x)$,$v_A(x) \in [0,1]$,且满足条件 $0 \leqslant u_A(x) + v_A(x) \leqslant 1$。定义 $\pi_A(x) = 1 - u_A(x) -$

$v_A(x)$，表示直觉模糊集 X 中元素 x 属于 X 的犹豫度，且 $0 \leq \pi_A(x) \leq 1$，称 $A = (u_A, v_A, \pi_A)$ 为直觉模糊数，可简记为 (u_A, v_A)。任意两个直觉模糊数 $A = (u_A, v_A, \pi_A)$ 和 $B = (u_B, v_B, \pi_B)$ 的距离为

$$d(A,B) = \sqrt{\frac{1}{2}\left[(u_A - u_B)^2 + (v_A - v_B)^2 + (\pi_A - \pi_B)^2\right]} \qquad (10\text{-}22)$$

4）语言型。专家在决策的评审过程中经常会给出文字评语，评语表达了专家的真实想法，成为评审的重要依据，将其转化为模糊数处理，其评估标记和相应的直觉模糊数见表10-5。

表 10-5 语言型指标体系处理标准

语言变量	标记	直觉模糊数
极差/极低	EP/EL	(0.05, 0.95, 0.00)
非常差/非常低	VP/VL	(0.15, 0.80, 0.05)
差/低	P/L	(0.25, 0.65, 0.10)
偏差/偏低	MP/ML	(0.35, 0.55, 0.10)
一般/中等	F/M	(0.50, 0.40, 0.10)
偏好/偏高	MG/MH	(0.65, 0.25, 0.10)
好/高	G/H	(0.75, 0.10, 0.15)
非常好/非常高	VG/VH	(0.85, 0.15, 0.05)
极好/极高	EG/EH	(0.95, 0.05, 0.00)

10.3.2 再制造服务供应方决策框架模型

再制造决策问题较为复杂，往往含有多个决策目标和多个决策变量，难以通过定量分析做出正确的决策，再制造服务供应方决策如图10-3所示。本节在传统制造系统决策目标成本（C）、时间（T）、质量（Q）的基础上，考虑再制造柔性（F）和环境性（E），构成再制造服务供应方决策的五大类决策目标。每一大类决策目标又细分为众多子决策目标。如：成本（C）可细化为设备成本、劳动力成本、材料成本、能源成本和维护成本等。同样，决策变量也可分为几大类，并且每一大类可细化为多个子决策目标。决策过程就是寻求决策变量在各决策目标下的最优值（最大值或最小值）。

在再制造服务过程中，废旧产品的数量、批次有随机性，质量、工艺路线有不确定性，这使得再制造服务供应方在生产柔性、技术能力、价格成本等方面有更高要求，而在决策过程中，评价信息不易获取，决策指标的建立与决策环境更加复杂。如何提高数据的准确性、实用性和保证决策的有效性成为决策的关键。供应方选择实际上应由采购、生产、物流等多个部门共同决定，考虑

影响各个服务环节的诸多因素，以及妥协最优解更符合企业管理，那么这实质是一个多准则群决策（Multiple Criteria Group Decision Making，MCGDM）的决策模型。上述再制造决策模型中的五大类决策目标在 10.2.2 节中已具化为十个评价指标，而决策变量就是各个潜在的供应方，其决策就是对综合评价信息进行决策得到供应商的优先排序。所以，多准则群决策模型可描述为如下矩阵：

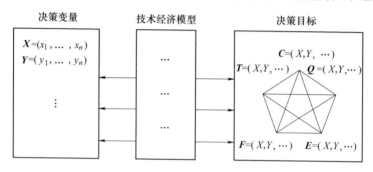

图 10-3　再制造服务供应方决策流程

$$U_{jr}^{i} = (u_{jr}^{i})_{ml} = \begin{matrix} & & D_1 & D_2 & \cdots & D_l \\ & & \lambda_1 & \lambda_2 & \cdots & \lambda_l \\ C_1 & \omega_1 \\ C_2 & \omega_2 \\ \vdots & \vdots \\ C_m & \omega_m \end{matrix} \begin{bmatrix} u_{11}^{i} & u_{12}^{i} & \cdots & u_{1l}^{i} \\ u_{21}^{i} & u_{12}^{i} & \cdots & u_{2l}^{i} \\ \vdots & \vdots & & \vdots \\ u_{m1}^{i} & u_{m2}^{i} & \cdots & u_{ml}^{i} \end{bmatrix} \quad (10\text{-}23)$$

式中，决策者 $D_r(r=1,2,\cdots,l)$ 按照指标体系 $C_j(j=1,2,\cdots,m)$ 对各个潜在供应商 $A_i(i=1,2,\cdots,n)$ 的评价为 U_{jr}^i；$\lambda_r(r=1,2,\cdots,l)$ 为决策者权重；$\omega_j(j=1,2,\cdots,m)$ 为各指标权重。其决策过程就是将评价信息加权形成综合评价矩阵后用 VIKOR 方法决策排序选择出最优供应商。

10.3.3　权重的确定方法

1. 决策者权重

决策者权重的确定一直都是多准则群决策问题的关键之处。目前，决策者权重的选择往往靠主观赋权或经验判断，这样必定会受到主观影响，很难具有客观性和说服力。在基础权重上增加变权，可以使权重在一定意义上产生变化，但是变权也是以基础权重进行不断迭代，且无法描述系统本身的属性值，不能很好体现可选对象的涵义。信息熵是信息理论中的基本概念，主要用来描述系统的不确定性。信息熵越大，表示系统不确定性越大，越不稳定，而信息论构建的模型本身就是一个多属性决策模型。因此，可以将信息熵的概念应用于多属性决策问题。

决策者对方案评价的不确定程度直接影响最终方案排序，不确定程度越大，则客观权重越小。将信息熵的原理应用到多属性决策的权重确定中，能使结果更客观。定义信任函数为 $B_r(\pi)$，其中，π 为决策者 D_r 对供应方主观评价直觉模糊数的犹豫度值，决策者客观权重为 λ_r，有

$$B_r(\pi) = \frac{-1}{\sum_{i=1}^{n}\sum_{j=1}^{m}\pi_{ij}^r \ln(\sum_{i=1}^{n}\sum_{j=1}^{m}\pi_{ij}^r)} \tag{10-24}$$

$$\lambda_r = \frac{B_r(\pi)}{\sum_{r=1}^{l} B_r(\pi)} \tag{10-25}$$

2. 指标权重

各个指标的重要程度通常因决策环境和客户偏好的变化而变化。结构简单、报废量巨大的废旧产品再制造时对成本、价格已不太敏感，常追求产品的适应性等目标；对于大型结构复杂且急需的再制造产品，性能和交付能力是客户主要关心的问题。根据不同领域专家对决定指标权重的评判，对各评价准则（指标）采用语言变量进行评价，并将其转化为直觉模糊数，按照式（10-24）和式（10-25）求出决策者权重，并对指标评价信息加权算得一阶矩阵 T_j。选取一个最优评价值 $\alpha_{\max}$，则可得各评价准则的权重 ω_j，其中，e_j 为中间变量。

$$e_j = -\frac{d(t_j, \alpha_{\max})}{\sum_{j=1}^{m} d(t_j, \alpha_{\max})} \ln\left[\frac{d(t_j, \alpha_{\max})}{\sum_{j=1}^{m} d(t_j, \alpha_{\max})}\right] \tag{10-26}$$

$$\omega_j = \frac{1-e_j}{\sum_{j=1}^{m}(1-e_j)} \tag{10-27}$$

将上述所求的决策者权重 λ_r 对供应方主观评价值加权求值，再用各指标权重 ω_j 对供应方全部评价值加权集结，得到综合评价矩阵 F_{ij}，进行下一步决策。

10.3.4 基于 VIKOR 的供应方决策

1. VIKOR 方法与 TOPSIS 方法比较

改进型多准则妥协解排序方法（VIKOR），能够有效处理混合数据以及保持数据转换过程中的真实性，在解决多准则群决策问题上有较大优势。VIKOR 方法是基于与理想解接近的折衷思想，通过最大化群体效益和最小化个体遗憾，对有限决策方案进行折衷排序，得到决策者可接受的妥协解，适用于准则间冲突或不可公度，以及决策者无法准确描述偏好但能接受妥协方案的情况。

优劣解距离法（TOPSIS）也是常用的供应方决策方法，其中"理想解"和

"负理想解"是 TOPSIS 法的两个基本概念。理想解指的是最优解,该解的各个属性值与所有方案相比,在所有评价指标中都是最优的;而负理想解则刚好相反,它是所有方案中最差的,其各属性值在所有指标的评价中是所有方案中最劣的。采用 TOPSIS 方法对方案排序时,认为评价结果越靠近理想解的方案越好,而越靠近负理想解的方案越差。

TOPSIS 方法采用函数 $S_i = \dfrac{D_i^-}{D_i^- + D_i^+}$ 对方案排序,其中 D_i^- 是与临界方案的加权距离,D_i^+ 是与理想方案的加权距离,S_i 为方案的贴近度。当某一方案满足 $D_k^- = D_k^+$ 时,即 $S_k = 0.5$,则任意方案只需满足 $D_i^- > D_i^+$,即使 $D_i^+ > D_k^+$,仍有 $S_i > S_k = 0.5$,即方案 A_i 比 A_k 更优,这与实际决策不符。TOPSIS 方法与 VIKOR 方法的不同在于,TOPSIS 方法更适用于既希望决策最大化利润的同时,又能最大化地规避风险的情形;而 VIKOR 方法适用于希望决策能最大化收益的情形。

2. 基于 VIKOR 方法的决策流程

根据上述求得的供应方综合评价矩阵 F_{ij},对供应方进行决策择优,步骤如下:

1) 确定理想值,令各备选方案 $A_i(i = 1, 2, \cdots, n)$ 在相应评价准则 $C_j(j = 1, 2, \cdots, m)$ 下的评价值为 f_{ij},f_j^* 与 f_j 分别表示最优值和最差值,则有:$f_j^* = \max f_{ij}$,$f_j = \min f_{ij}$,C_j 为效益型准则;$f_j^* = \min f_{ij}$,$f_j = \max f_{ij}$,C_j 为成本型准则。

$$f_j^* = (f_1^*, f_2^*, \cdots, f_m^*) = (\max r_{i1}, \max r_{i2}, \cdots, \max r_{im}), i = 1, 2, \cdots, n \quad (10\text{-}28)$$

$$f_j = (f_1, f_2, \cdots, f_m) = (\min r_{i1}, \min r_{i2}, \cdots, \min r_{im}), i = 1, 2, \cdots, n \quad (10\text{-}29)$$

2) 根据上述 f_j^* 与 f_j 分别计算 S_i、R_i 和 Q_i 的值,有

$$S_i = \sum_{j=1}^{m} \omega_j \frac{d(f_j^*, r_{ij})}{d(f_j^*, f_j)} \quad (10\text{-}30)$$

$$R_i = \max_j \left[\omega_j \frac{d(f_j^*, r_{ij})}{d(f_j^*, f_j)} \right] \quad (10\text{-}31)$$

$$Q_i = v \frac{(S_i - S^-)}{(S^* - S^-)} + (1 - v) \frac{(R_i - R^-)}{(R^* - R^-)} \quad (10\text{-}32)$$

式中,S_i 为最大群体效用;R_i 为最小个体遗憾;$S^* = \max S_i$,$S^- = \min S_i$,$R^* = \min R_i$,$R^- = \max R_i$;$v \in [0,1]$ 为决策机制系数,$v > 0.5$ 表示依据最大化群体效用机制进行决策,$v < 0.5$ 表示依据最小化个体遗憾机制进行决策,$v = 0.5$ 表示依据经协商达成共识机制进行决策。

3) 确定折衷方案,根据 S_i、R_i 和 Q_i 对备选方进行排序。其中,S_i 和 Q_i 数值越小表示方案越优,R_i 数值越大表示方案越优。按照 Q_i 值递增的方案排序为 $A^{(1)}, A^{(2)}, \cdots, A^{(j)}, \cdots, A^{(n)}$,若为最优方案且同时满足:①$QA^{(2)} - QA^{(1)} \geq$

DQ，DQ $=1/(n-1)$；②方案 $A^{(1)}$ 依据 S_i、R_i 排序也是最优方案，则判定 $A^{(1)}$ 为稳定的最优方案。若不能同时成立，则得到妥协解方案，分两种情况：若条件②不满足，则妥协解方案为 $A^{(1)}$，$A^{(2)}$；若条件①不满足，则妥协解方案为 $A^{(1)}$，$A^{(2)}$，…，$A^{(j)}$，其中 j 是由式（10-33）确定的最大值。

$$Q(A^{(j)} - A^{(1)}) < \mathrm{DQ} \tag{10-33}$$

10.4 工程实例：轧辊再制造服务供应方评价与决策

废旧钢铁产品是一种宝贵的资源，使用再制造技术使其变废为宝不仅能提高企业效益，还能节约自然资源、保护生态环境。国内外已涌现出一大批具有再制造能力的企业和服务商，选择合适的再制造服务供应方能保证再制造产品质量，降本增效。以废旧轧辊的再制造服务为例，废旧轧辊的再制造服务活动并不复杂，可由单独的供应方负责。再制造服务平台中现有四个潜在供应方（A_1, A_2, A_3, A_4），三个决策者（D_1, D_2, D_3），参照前文所建立的十个指标（C_1, $C_2, \cdots, C_{10}$）对供应方的相关要素展开评价，最后决策出最优供应商。

10.4.1 轧辊再制造服务供应方的评价

1. 再制造能力评价

轧辊结构简单，容易获得再制造能力子指标 $\{\mu_{11}, \mu_{12}, \mu_{13}, \mu_{14}, \mu_{15}\} = \{0.8, 0.67, 0.8, 0.78, 0.65\}$，通过层次分析法确定各子指标权重，专家对各子指标的评价值见表 10-6。经计算得再制造能力子指标的权重值 $\{\omega_{11}, \omega_{12}, \omega_{13}, \omega_{14}, \omega_{15}\} = \{0.29, 0.06, 0.06, 0.42, 0.17\}$。对其进行检验得 $\lambda_{max} = 5.08$，CR $= 0.02 < 0.1$。所以，表 10-6 中判断矩阵具有令人满意的一致性，可得再制造能力 $F_1 = 0.8 \times 0.29 + 0.67 \times 0.06 + 0.8 \times 0.06 + 0.78 \times 0.42 + 0.65 \times 0.17 = 0.76 > 0.6$。

表 10-6 再制造能力评价指标判断矩阵

μ_{ij}	μ_{11}	μ_{12}	μ_{13}	μ_{14}	μ_{15}
μ_{11}	1	5	5	1/2	2
μ_{12}	1/5	1	1	1/5	1/3
μ_{13}	1/5	1	1	1/5	1/3
μ_{14}	2	5	5	1	3
μ_{15}	1/2	3	3	1/3	1

2. 产品性能评价

产品性能（F_2）由安全性（μ_{21}）、稳定性（μ_{22}）、耐用性（μ_{23}）、操作性

（μ_{24}）和维护性（μ_{25}）构成，子指标集为 $F_2 = \{\mu_{21}, \mu_{22}, \mu_{23}, \mu_{24}, \mu_{25}\}$。

采用层次分析法可得 $W_2 = \{\omega_{21}, \omega_{22}, \omega_{23}, \omega_{24}, \omega_{25}\} = \{0.49, 0.23, 0.07, 0.14, 0.07\}$。确定评价尺度为5级分数制：很高（0.9分）、较高（0.7分）、一般高（0.5分）、较低（0.3分）、很低（0.1分），即 $E = \{0.9, 0.7, 0.5, 0.3, 0.1\}$。邀请9名专家对产品性能评价项目集进行投票评价。评价结果见表10-7。

表10-7 产品性能评价结果

评价项目集 F_2		安全性（μ_{21}）	稳定性（μ_{22}）	耐用性（μ_{23}）	操作性（μ_{24}）	维护性（μ_{25}）
权重 W_2		0.49	0.23	0.07	0.14	0.07
评价值	0.9	0	1	2	3	2
	0.7	6	3	3	4	5
	0.5	2	3	3	1	2
	0.3	1	1	1	1	0
	0.1	0	1	0	0	0

确定隶属度矩阵：

$$R_2 = \begin{bmatrix} 0.00 & 0.67 & 0.22 & 0.11 & 0.00 \\ 0.11 & 0.33 & 0.33 & 0.11 & 0.11 \\ 0.22 & 0.33 & 0.33 & 0.11 & 0.00 \\ 0.33 & 0.44 & 0.11 & 0.11 & 0.00 \\ 0.22 & 0.56 & 0.22 & 0.00 & 0.00 \end{bmatrix}$$

计算综合评定向量：

$$S_2 = W_2 \cdot R_2 = (0.49, 0.23, 0.07, 0.14, 0.07) \begin{bmatrix} 0.00 & 0.67 & 0.22 & 0.11 & 0.00 \\ 0.11 & 0.33 & 0.33 & 0.11 & 0.11 \\ 0.22 & 0.33 & 0.33 & 0.11 & 0.00 \\ 0.33 & 0.44 & 0.11 & 0.11 & 0.00 \\ 0.22 & 0.56 & 0.22 & 0.00 & 0.00 \end{bmatrix}$$

$$= (0.1, 0.53, 0.24, 0.1, 0.03)$$

计算优先度：

$$N_2 = S_2 \cdot E^T = (0.1, 0.53, 0.24, 0.1, 0.03) \begin{bmatrix} 0.9 \\ 0.7 \\ 0.5 \\ 0.3 \\ 0.1 \end{bmatrix} = 0.62$$

3. 环保水平评价

环保水平评价过程同再制造能力。环保水平子指标 $\{\mu_{31}, \mu_{32}, \mu_{33}\} = \{1, 0.78,$

$0.65\}$,层次分析法确定的权重$\{\omega_{31},\omega_{32},\omega_{33}\}=\{0.4,0.4,0.2\}$,可得环保水平$F_3=1\times 0.4+0.78\times 0.4+0.65\times 0.2=0.84$。

▶ **4. 企业文化评价**

企业文化子指标包括声誉(μ_{41})、管理能力(μ_{42})、创新能力(μ_{43})和服务能力(μ_{44})。

采用层次分析法可得$W_4=\{\omega_{41},\omega_{42},\omega_{43},\omega_{44}\}=\{0.54,0.27,0.12,0.07\}$。确定评价尺度为5级分数制:很高(0.9分)、较高(0.7分)、一般高(0.5分)、较低(0.3分)、很低(0.1分),即$E=\{0.9,0.7,0.5,0.3,0.1\}$。邀请9名专家对企业文化评价项目集进行投票评价。评价结果见表10-8。

表10-8 企业文化评价结果

评价项目集F_4		声誉(μ_{41})	管理能力(μ_{42})	创新能力(μ_{43})	服务能力(μ_{44})
权重W_4		0.54	0.27	0.12	0.07
评价值	0.9	4	2	3	3
	0.7	2	3	2	3
	0.5	2	2	2	2
	0.3	1	1	1	1
	0.1	0	1	1	0

确定隶属度:

$$\underset{\sim}{R}_4=\begin{bmatrix}0.44 & 0.22 & 0.22 & 0.11 & 0.00 \\ 0.22 & 0.33 & 0.22 & 0.11 & 0.11 \\ 0.33 & 0.22 & 0.22 & 0.11 & 0.11 \\ 0.33 & 0.33 & 0.22 & 0.11 & 0.00\end{bmatrix}$$

确定评价综合向量:

$$\underset{\sim}{S}_4=W_4\cdot\underset{\sim}{R}_4=(0.54,0.27,0.12,0.07)\begin{bmatrix}0.44 & 0.22 & 0.22 & 0.11 & 0.00 \\ 0.22 & 0.33 & 0.22 & 0.11 & 0.11 \\ 0.33 & 0.22 & 0.22 & 0.11 & 0.11 \\ 0.33 & 0.33 & 0.22 & 0.11 & 0.00\end{bmatrix}$$

$$=(0.36,0.26,0.22,0.11,0.04)$$

确定优先度:

$$\underset{\sim}{N}_4=\underset{\sim}{S}_4\cdot E^T=(0.36,0.26,0.22,0.11,0.04)\begin{bmatrix}0.9\\0.7\\0.5\\0.3\\0.1\end{bmatrix}=0.66$$

5. 服务质量评价

服务质量子指标主要包括服务需求感知能力（μ_{51}）、服务过程管控能力（μ_{52}）及服务态度和服务行为规范性（μ_{53}）。

采用层次分析法可得 $W_5 = \{\omega_{51}, \omega_{52}, \omega_{53}\} = \{0.65, 0.18, 0.17\}$。确定评价尺度为 5 级分数制：很高（0.9 分），较高（0.7 分），一般高（0.5 分），较低（0.3 分），很低（0.1 分），即 $E = \{0.9, 0.7, 0.5, 0.3, 0.1\}$。邀请 9 名专家对服务质量评价项目集进行投票评价。评价结果见表 10-9。

表 10-9 服务质量评价结果

评价项目集 F_5		服务需求感知能力（μ_{51}）	服务过程管控能力（μ_{52}）	服务态度和服务行为规范性（μ_{53}）
权重 W_5		0.65	0.18	0.17
评价值	0.9	1	1	0
	0.7	2	2	2
	0.5	3	4	4
	0.3	2	1	2
	0.1	1	1	1

确定隶属度：

$$R_5 = \begin{bmatrix} 0.11 & 0.22 & 0.33 & 0.22 & 0.11 \\ 0.11 & 0.22 & 0.44 & 0.11 & 0.11 \\ 0.00 & 0.22 & 0.44 & 0.22 & 0.11 \end{bmatrix}$$

确定评价综合向量：

$$S_5 = W_5 \cdot R_5 = (0.65, 0.18, 0.17) \begin{bmatrix} 0.11 & 0.22 & 0.33 & 0.22 & 0.11 \\ 0.11 & 0.22 & 0.44 & 0.11 & 0.11 \\ 0.00 & 0.22 & 0.44 & 0.22 & 0.11 \end{bmatrix}$$
$$= (0.09, 0.22, 0.37, 0.2, 0.11)$$

确定优先度：

$$N_5 = S_5 \cdot E^{\mathrm{T}} = (0.09, 0.22, 0.37, 0.2, 0.11) \begin{bmatrix} 0.9 \\ 0.7 \\ 0.5 \\ 0.3 \\ 0.1 \end{bmatrix} = 0.5$$

上述为供应商 A_1 评价指标值的计算过程。其他供应商评价指标值同样按上述计算步骤可得，这里不再赘述。其他成本类指标易通过搜集市场数据获得，将其汇总成各供应方客观评价值，见表10-10。而装备能力与产品适应性由决策者评价后形成各供应方主观评价值，见表10-11。

表10-10 供应商的客观评价值

评价指标	A_1	A_2	A_3	A_4
再制造能力C_1	0.76	0.84	0.78	0.81
产品价值率C_2	[1.24, 1.31]	[1.12, 1.21]	[1.20, 1.31]	[1.15, 1.27]
再制造成本C_3/万元	[2.05, 2.21]	[1.92, 2.08]	[2.02, 2.18]	[1.98, 2.18]
产品性能C_4	0.62	0.68	0.595	0.70
环保水平C_7	0.84	0.86	0.81	0.74
企业文化C_8	0.66	0.64	0.72	0.64
物流成本C_9/万元	[0.12, 0.14]	[0.11, 0.12]	[0.12, 0.14]	[0.11, 0.13]
服务质量C_{10}	0.5	0.51	0.58	0.52

表10-11 供应商的主观评价值

D_1	A_1	A_2	A_3	A_4
装备能力 C_5	(0.6, 0.2)	(0.7, 0.2)	(0.7, 0.1)	(0.7, 0.1)
产品适应性 C_6	VG	G	G	G
D_2	A_1	A_2	A_3	A_4
装备能力 C_5	(0.5, 0.2)	(0.6, 0.1)	(0.6, 0.2)	(0.7, 0.1)
产品适应性 C_6	G	VG	G	F
D_3	A_1	A_2	A_3	A_4
装备能力 C_5	(0.6, 0.3)	(0.6, 0.1)	(0.7, 0.2)	(0.7, 0.1)
产品适应性 C_6	MG	G	MG	G

10.4.2 轧辊再制造服务供应方的决策

将表10-11统一成直觉模糊数型数据，并得出各犹豫度值（π），见表10-12。然后根据式（10-24）和式（10-25），对数据的犹豫度值进行计算，可得$B_1(\pi)=-0.152$、$B_2(\pi)=-0.256$、$B_3(\pi)=-0.152$，则决策者的权重分别为$\lambda_1=0.27$、$\lambda_2=0.46$、$\lambda_3=0.27$。

表10-12 主观评价犹豫度值（π）

D_1	A_1	A_2	A_3	A_4
装备能力 C_5	0.2	0.1	0.2	0.1
产品适应性 C_6	0.05	0.15	0.15	0.15

（续）

D_2	A_1	A_2	A_3	A_4
装备能力 C_5	0.3	0.3	0.2	0.2
产品适应性 C_6	0.15	0.05	0.15	0.1
D_3	A_1	A_2	A_3	A_4
装备能力 C_5	0.1	0.3	0.1	0.2
产品适应性 C_6	0.1	0.15	0.1	0.15

决策者对各指标重要程度展开评价，评价值为语言型变量（表10-13），将其转化为直觉模糊数后，根据式（10-26）和式（10-27）对数据的犹豫度值进行计算可得各指标权重，见表10-14。

表10-13 评价指标的主观评价值

评价指标	D_1	D_2	D_3
C_1	EG	VG	EG
C_2	F	F	MG
C_3	MP	P	P
C_4	P	MP	P
C_5	VG	EG	VG
C_6	G	MG	F
C_7	MG	G	G
C_8	MP	F	F
C_9	F	F	MG
C_{10}	VG	EG	VG

表10-14 评价指标的权重值

评价指标	t_j	e_j	ω_j
C_1	(0.90, 0.07)	0.0089	0.1222
C_2	(0.54, 0.36)	0.2599	0.0912
C_3	(0.28, 0.62)	0.3359	0.0819
C_4	(0.30, 0.60)	0.3322	0.0823
C_5	(0.90, 0.08)	0.0134	0.1216
C_6	(0.64, 0.26)	0.2146	0.0968
C_7	(0.72, 0.18)	0.1614	0.1034
C_8	(0.46, 0.44)	0.2897	0.0876
C_9	(0.54, 0.36)	0.2599	0.0912
C_{10}	(0.90, 0.08)	0.0134	0.1216

将表 10-10 与表 10-11 主、客观评价信息数据根据 10.3.1 节所述方法进行规范化处理后，对直觉模糊数型（C_5）及语言型（C_6）指标用所求得的决策者权重对信息加权，得到供应商综合评价矩阵，见表 10-15。

表 10-15 综合评价矩阵

评价指标	A_1	A_2	A_3	A_4
C_1	0.91	1	0.93	0.96
C_2	[0.85, 0.9]	[0.92, 1]	[0.86, 0.93]	[0.88, 0.97]
C_3	[0.87, 0.94]	[0.92, 1]	[0.88, 0.95]	[0.88, 0.97]
C_4	0.89	0.97	0.90	1
C_5	(0.57, 0.23)	(0.63, 0.13)	(0.67, 0.17)	(0.70, 0.10)
C_6	(0.73, 0.17)	(0.78, 0.12)	(0.70, 0.15)	(0.73, 0.15)
C_7	0.98	1	0.94	0.86
C_8	0.92	0.89	1	0.89
C_9	[0.79, 0.92]	[0.92, 1]	[0.79, 0.92]	[0.85, 1]
C_{10}	0.86	0.91	1	0.90

观察表 10-15 得最优值 f^* 和最差值 f^- 为

$f^* = \{1, [0.92,1], [0.87,0.94], 1, (0.70,0.10), (0.78,0.12), 1, 1, [0.79,0.92], 1\}$

$f^- = \{0.91, [0.85,0.90], [0.92,1], 0.89, (0.57,0.23), (0.70,0.15), 0.86, 0.89,$
$[0.92,1], 0.86\}$

取 $v=0.5$，根据式（10-30）~式（10-32），分别计算各供应商的 S_i、R_i 和 Q_i 的值，见表 10-16。可知 S、Q 和 R 值的排序分别为 A_2、A_3、A_4、A_1，A_2、A_4、A_3、A_1，A_2、A_4、A_1、A_3。A_2 均为最优方案，因此，可以认为供应商 A_2 是该决策模型下的最优供应商。

表 10-16 各供应商 VIKOR 排序值

参　数　值	A_1	A_2	A_3	A_4
S	0.6867	0.4355	0.4930	0.5882
R	0.1222	0.1622	0.0968	0.1608
Q	0.8075	0.0000	0.6167	0.3144

采用 AHP 与 TOPSIS 方法对实例进行决策，AHP 方法中各供应商评分为（0.9772, 0.0071, 1.3400, 1.1106），TOPSIS 方法中各供应商贴近度为（0.0358, 0.1182, 0.0566, 0.0462），并将决策结果与本文所用方法进行比较，见表 10-17。

表 10-17　结果对比分析

决策方法	方案排序			
VIKOR	A_2	A_4	A_3	A_1
TOPSIS	A_2	A_3	A_4	A_1
AHP	A_2	A_1	A_4	A_3

TOPSIS 方法的最优供应商也为A_2，但A_3与A_4的排序不同，前文已述 TOPSIS 方法在理论上的劣势，在本案例上表现在权重较大的指标C_7、C_{10}上A_3的评价值优于A_4，从数据观点来看，采用 VIKOR 方法得到的结果更为可靠。由于 AHP 方法所确定的权重是主观权重，使得决策者对某一方案有主观偏向性，而且并没有考虑决策指标的重要性对决策的影响。综上所述，VIKOR 方法在再制造服务供应商决策中更加合理可行。

10.5　本章小结

本章针对再制造服务供应方评价与决策中存在的评价因素众多、数据丰富性不足、不确定性大等问题，建立了供应商评价与决策流程。一方面，构建评价多层次决策指标体系，丰富评价指标数据，并采用 AHP 和模糊评价方法对各供应方展开评价，以获得较为客观的评价结果。另一方面，针对决策问题较为复杂及决策者和准则的权重设置具有主观性与不确定性的问题，构建了再制造服务供应方决策框架模型，提出了一种基于 VIKOR 的供应商决策方法，引用定量和定性准则下的多种数据类型来描述评价信息，保持了数据的真实性和实用性，同时使用熵权法和信任函数求得各决策者与评价准则的权重，避免了主观赋权带来的二次不确定性。通过工程实例分析验证了所提模型与方法的可行性和准确性。

▶参数说明 （表 10-18）

表 10-18　再制造服务供应方评价与决策方法参数说明

参数	说明
t_i	拆卸第 i 类连接平均所用的时间
n_i	第 i 类连接数目
N	连接种类
T	拆卸时间参考值
μ_{11}	供应商拆卸能力
μ_{12}	清洗能力

(续)

参　数	说　明
μ_{13}	检测能力
μ_{14}	再制造加工能力
μ_{15}	再装配能力
α_j	第 j 类清洗方法的清洗程度
N_k	第 k 类零件再制造加工的数量
p_k	第 k 类零件再制造成功的概率
K	再制造加工的零件总数
λ	废旧产品利用率
M_{ru}	可直接再利用零部件的质量
M_{rm}	可再制造修复利用的零部件质量
M	再制造产品的质量
φ	供应商进行再制造的能源节约比率
E_j	继续使用第 j 类零件中包含的资源
E_r	再制造过程中消耗的能源
E_m	再制造产品材料中附含的能源总量
CI	一致性指标
RI	随机一致性指标
CR	随机一致性比率
R	产品价值率
P	再制造产品的价格
c	再制造产品的总成本
D_r	决策者（$r=1, 2, \cdots, l$）
C_j	指标体系（$j=1, 2, \cdots, m$）
A_i	潜在供应商（$i=1, 2, \cdots, n$）
U_{jr}^i	决策者按照指标体系对各个潜在供应商的评价
λ_r	决策者权重
ω_j	各指标权重
π	决策者对供应商主观评价直觉模糊数的犹豫度值
F_{ij}	供应商综合评价矩阵
S_i	最大群体效用
R_i	最小个体遗憾
v	决策机制系数
决策变量	说　明
M_j	掌握第 j 清洗方法，则 $M_J=1$ 没有掌握第 J 类清洗方法，则 $M_J=0$

参考文献

［1］尤筱玥,尤建新.基于区间二元语义 VIKOR 的外包供应商选择模型［J］.同济大学学报(自然科学版),2017,45(9):1407-1414.

［2］宋丹霞,黄卫来.服务供应链视角下的生产性服务供应商评价［J］.武汉理工大学学报(信息与管理工程版),2010,32(3):473-477.

［3］王蕾,夏绪辉,熊颖清,等.再制造服务资源模块化方法及应用［J］.计算机集成制造系统,2016,22(9):2204-2216.

［4］SHI Z Y. Optimal remanufacturing and acquisition decisions in warranty service considering part obsolescence［J］. Computers & Industrial Engineering, 2019（135）: 766-779.

［5］XIA X H, ZENG Y, WANG L, et al. The selection method of remanufacturing service knowledge resource based on DANP-GS［J］. Procedia CIRP, 2019（80）: 560-565.

［6］ABDULRAHMAN M D, SUBRAMANIAN N, LIU C, et al. Viability of remanufacturing practice: a strategic decision making framework for Chinese auto-parts companies［J］. Journal of Cleaner Production, 2015（105）: 311-323.

［7］BETTINELLI M, OCCELLO M, GENTHIAL D, et al. A decision support framework for remanufacturing of highly variable products using a collective intelligence approach［J］. Procedia CIRP, 2020（90）: 594-599.

［8］PENG S T, LI T, LI M Y, et al. An integrated decision model of restoring technologies selection for engine remanufacturing practice［J］. Journal of Cleaner Production, 2019（206）: 598-610.

［9］WANG Z, LI B, ZHU X D, et al. The impact of donation subsidy of remanufactured products on Manufacturer's pricing-production decisions and performances［J］. Journal of Cleaner Production, 2018（202）: 892-903.

［10］孙剑桥,王树礼,郑显柱.基于多属性决策的装备保障人员综合能力评估［J］.沈阳工业大学学报,2019,41(3):298-303.

［11］汤松萍.退役机床再制造评估与工艺方案决策研究［J］.山西大同大学学报(自然科学版),2019,35(5):76-82.

［12］周福礼,代应,王旭,等.基于扩展 VIKOR 的汽车产品质量经济性评价模型［J］.工业工程,2018,21(4):51-61.

［13］丁斌,马海庆.两级再制造的 S-M 闭环供应链的决策与绩效分析［J］.中国管理科学,2015,23(6):118-125.